KB073736

디지털시대 조합원을 위한
조합장이 되는 길

신인식 지음

도서
출판 범한

서문

　조합장 직선제가 실시 된지 25년이 되는 2015년 3월 두 번째 수요일 (3월 11일)에 농협조합장·산림조합장·수협조합장 선거가 전국에서 동시에 실시되었으며, 2019년 3월 13일에는 두 번째 전국동시조합장 선거가 실시되었다. 그동안 각계에서 조합장 직선제에 대한 논란은 많았으나 선거관리위원회에 선거를 위탁 관리하는 등 이제는 안정화 단계에 들어섰다고 볼 수 있다. 이제 세 번째 전국동시조합장 선거가 2023년 3월 두 번째 수요일(3월 8일)에 실시될 것이다.

　협동조합의 경영·조직·사업에 대한 연구와 조합장 리더십 및 일반 선거에 관한 학술서적과 논문은 다소 있으나, 성격상 협동조합에 대한 관심을 가지는 일반 독자나, 협동조합 및 사회과학에 대한 지식이 다소 부족한 조합원 및 임원 등의 독자들에게는 접할 기회가 많지 않을 뿐 아니라 간혹 읽어 볼기회가 있어도 논의 구조나 서술방식이 익숙하지 않아 쉽게 와 닿지 않는 경우가 많다.

　디지털시대 농업·농촌·조합원을 위한 조합장이 되기 위한 디지털농업 등 농업환경, 협동조합의 역사, 조합원 자격, 조합의 기관, 조합장선거제도, 과거선거현황, 선거운동방법, 조합발전을 위한 중앙회 사업, 조합원과의 대화법 및 조합원만족도 제고방안 등 자질향상을 위한 구체적인 책들을 찾아보기 어렵다. 더욱이 조합장 등 조합임원은 4차 산업시대 디지털 농업과 농협경영에 대해서도 알 필요가 있다고 생각한다.

협동조합 조합원·직원 그리고 임원들이 조합과 조합원을 위해 봉사하겠다는 일념으로 조합장이 되기도 한다. 그러나 의욕만 가지고는 다양한 사업을 경영하고 조합원의 만족도를 높이기에는 한계가 있다고 본다. 그러므로 이론에 너무 치우치지 않고 쉽게 읽을 수 있는 실천적인 책이 있어야겠다고 생각했다.

이에 따라 그동안 협동조합에 관한 많은 논문발표와 보고서를 발간하였을 뿐만 아니라 조합장·농업경영인 단체·농업인·여성조합원·대의원, 조합 이·감사·신임조합장 등을 위한 다년간의 교육경험과 임원들과의 대화 등을 토대로 책을 집필하였다. 이 책을 통하여 협동조합에 관심 있는 분들이나 조합원과 조합장 등 임원들이 협동조합을 이해하고 조합경영에 관한 사항을 습득하게 함으로써 협동조합 발전에 조금이나마 기여하는 계기가 될 것이라 생각된다.

논문이나 저서 형식의 집필은 딱딱한 글이 될 것 같아 가능하면 다수가 읽고 이해하기 쉽게 쓰는 방법이 없을까 고민한 끝에 사회자가 독자의 입장에서 질문 및 정리를 하고 이에 대한 답변을 필자가 하는 대담 형식을 택하였다. 실제로 대담을 하는 것이 아니라 글을 쓰는 형식으로 취하였기 때문에 대담의 사회자는 필자가 설명하고자 하는 점, 독자가 궁금하다고 생각하는 점을 쉽게, 체계적으로 설명할 수 있도록 질문을 하고 요약하는 형식으로 하였다. 이러한 형식은 이론이나 용어보다 가능하면 생활언어로 이야기함으로써 지루하지 않게 읽으면서 필요한 지식과 정보를 습득하는데 도움이 된다고 생각한다.

같은 교수에게 같은 내용의 강의를 들어도 학생의 성적은 천차만별이다. 이 책을 읽는 모든 독자가 모두 같은 효과를 보는 것은 아니라 생각되며 개개인에 따라 다를 것이다. 아무쪼록 협동조합에 관심 있는 모든 분 특히 조합원 및 조합장 등 임원 분들에게 조금이나마 도움이 되었으면 하는 기대를 가져본다.

2022년 5월
필자 신 인 식

차례

PART 2   지역·품목조합

PART 3   농·축협 경영과 중앙회

PART 4	조합원 만족경영 및 지지 확보

협동조합의 탄생과
사업 환경

제1장

협동조합의 탄생과 변천

1 협동조합의 탄생

🔁 **사회자** : 우리나라 협동조합의 탄생을 얘기하기 전에 협동조합의 탄생배경과 형태에 대해서 간략하게나마 짚고 넘어 가야겠지요.

🔁 **신인식** : 협동조합은 자본주의 경제의 성장과 같이 생성·발전하였으므로 자본주의가 먼저 시작한 유럽에서 협동조합운동이 처음 시작되었습니다. 유럽 각국의 사회적·역사적 환경에 따라 자본주의 발전과정이 다르므로 각국은 다른 형태의 협동조합 즉, 영국은 소비조합, 프랑스는 생산조합, 독일에서는 신용조합이 먼저 탄생하였습니다.

🔁 **사회자** : 우리나라 협동조합은 종합협동조합으로 소비조합, 생산조합, 신용조합성격을 모두 가지고 있다고 볼 수 있겠습니다. 그러므로 각 협동조합별 탄생을 모두 알아보는 것이 좋겠습니다. 먼저 영국 소비조합에 대해 설명해 주시지요.

🔁 **신인식** : 세계에서 가장 먼저 산업혁명이 시작된 영국은 빈곤한

서민들의 자구책에서 소비조합이 출발하였습니다. 협동조합운동의 아버지로 불리는 로버트 오웬(Robert Owen)은 1800년 스코틀랜드의 조그만 마을 뉴 라나크(New Lanark)의 수차방적 공장을 구입한 후 모범촌 건설 계획을 세우고, 1825년 미국 인디에나 주에서 생산과 소비를 직결시킨 뉴 하모니(New Harmony) 협동촌을 건설하였습니다. 그러나 로버트 오웬은 협동이상촌 건설을 주장하는 등 이상주의로 실패하였다고 볼 수 있습니다.

이후 윌리엄 킹(William King)은 오웬 사상을 구체화하기 위해 소비조합 운동 조직으로 조합매점 운동을 히였으나 종교적 색채가 강하고 조직 및 경영 미숙으로 실패하였습니다. 그러나 로버트 오웬과 윌리엄 킹의 사상에 많은 영향을 받아 근대적 협동조합의 효시인 로치데일 공정개척자 조합(Rochdale Society of Equitable pioneer)이 설립되었습니다. 이는 영국 랭커셔 주 로치데일(소도시)에서 방직공장 노동자 등 동맹파업에 실패한 28명의 노동자가 주축이 되어 1인당 1파운드씩 즉 28파운드의 출자금으로 일용품 등을 구입하여 저렴한 가격으로 조합원에게 판매하는 것부터 시작하였습니다.

🔄 **사회자** : 요약하면, 세계 최초의 협동조합은 영국 로치데일 지역에서 노동자들이 만든 소비조합으로 로치데일 공정개척자 조합이군요. 다음으로 프랑스의 생산조합에 대해 말씀해 주시지요.

🔄 **신인식** : 프랑스는 영국보다 산업혁명과 자본주의 발전이 50~60년 늦었습니다. 프랑스는 소공업 생산자와 소규모 자영농이 많았으며

이들이 협동으로 자본의 지배로부터 벗어나려 한 것이 생산조합 발생의 근원입니다.

영국의 로버트 오웬과 더불어 협동조합 사회주의를 대표하는 인물이라고 볼 수 있는 샤르르 푸리에(Charles Fourier)의 사상을 이어 받은 필립 붓세(P. J. Buchez)가 실제 활동에 관여하지는 않았으나 1831년 파리에 설립한 목공노동자 조합이 생산조합의 효시라고 볼 수 있습니다.

샤르르 푸리에는 공동생산·공동소비를 특징으로 하나 생산이 우선되는 일종의 생산조합 즉, 팔랑주(Phalange)라는 단위조합(구성원이 최소 800명, 복합형태는 1,500~1,600명으로 구성)으로 조직되는 팔랑스테르(Phalanstere)라는 조직체의 창설을 주장하였습니다. 이후 생산합리화를 위한 조합이란 뜻인 농업 상디카(syndicat)운동이 전개되었으며 1901년 상디카 조합원이 신용조합 조직이 가능해 근대적 농업협동조합으로 발전하였습니다.

🔁 **사회자** : 그러니까 프랑스는 소규모 공산품생산자 및 자영농이 많아 생산자조합이 최초로 발생하였군요. 다음으로 독일의 신용조합에 대해서 말씀해 주시지요.

🔁 **신인식** : 독일은 영국·프랑스에 비해 후진국으로 산업혁명이 영국보다 100년이나 늦었으며, 일부지역의 봉건적 요소가 남아있어 신용조합이 먼저 발생하였습니다. 다시 말해서 독일은 자본주의가 늦어 임금노동자의 분화가 영국보다 늦어 소비조합의 필요성이 영국보다 덜 하였으며, 프랑스 생산조합처럼 기업에 대응할 필요성이 적어 부분적 협

동이 필요한 생산자 조합이 발생하였습니다. 특히 생산자 조합 중에서도 자본이 부족한 소생산자들에게 자금융통을 위한 신용조합이 먼저 발생하게 되었습니다.

좀 더 구체적으로 보면 1950년 프란츠 슐체 델리치(Franz Hermann Shulze-Delitzsch)가 델리치 시(독일동부 작센주)에 노동자, 독립수공업자, 소상인의 고리채 해결을 위한 신용협동조합운동을 전개하여 목공과 제화공 원료의 구매자금을 빌려주는 대부조합을 설립한 것이 도시 신용조합의 효시라고 볼 수 있습니다. 그리고 농민의 농용자재구입을 위한 자금을 대부해 줌으로서 농촌고리채 해소 운동을 전계한 빌헬름 라이파이젠(Wilhelm Raiffeisen)이 농촌신용조합을 설립함으로써 근대적 농업협동조합의 원조가 되었습니다.

사회자 : 우리나라 신협 및 농협의 시초는 독일의 도시신용조합과 농촌의 농촌신용조합이라 할 수 있겠군요.

다음으로 협동조합의 UN이라고 할 수 있는 국제협동조합연맹(ICA : International Cooperative Alliance)의 발생과정에 대해 간략하게 말씀해 주시지요.

신인식 : 국제협동조합연맹은 영국·프랑스 협동조합운동가들의 교류에 의해 탄생하였습니다. 그 과정을 보면 1886 프랑스 협동조합 지도자 보아브(E. D. Boyve)가 모든 국가의 협동조합에 적합한 협동조합 원칙의 제정을 제안하였습니다. 다음해 보아브는 영국 칼라일 협동조합대회에서 국제협동조합기구 창설을 공식적으로 제안하여 동의를

받았습니다. 이후 홀리요크(G. J. Holyyoke)가 명칭을 ICA로 제안하였으며 드디어 1895년 런던에서 제1차 ICA 대회를 개최함으로써 국제협동조합연맹이 창설되었습니다.

② 한국 협동조합의 탄생

🔄 **사회자** : 협동조합의 발생도 유럽에서 시작하였으며 국제협동조합연맹도 영국과 프랑스의 협동조합 지도자가 주도하였군요. 이제 우리나라 협동조합에 대해서 얘기할 차례입니다.

🔄 **신인식** : 우리나라의 각 협동조합에 대한 이해를 위해서 각 협동조합의 발생과정을 간략하게 설명 드리겠습니다. 먼저 농협의 설립과정을 보면 1952년 농림부는 사단법인 "농촌실행협동조합"을 조직하였습니다. 조직된 이동단위의 실행협동조합과 이를 토대로 시·군단위의 시·군협동조합 그리고 전국단위의 협동조합 즉 3단계로 구성되었으나 법적 근거가 갖추어지지 않았었습니다.

1957년 농협법이 국회를 통과하여 농업은행과 농협설립에 관한 법률이 함께 공포되어 농업은행과 농협의 이원화로 시작되었습니다. 이후 신용사업과 경제사업의 유기적 보완을 목적으로 1961년 농업은행과 농협을 통합한 종합농협이 발족되어 오늘에 이르고 있습니다.

🔄 **사회자** : 농협의 설립과정에 대해서는 일반적으로 많이들 알고 있

다고 생각합니다. 다음으로 수산업협동조합(수협)의 설립과정을 설명해 주시지요.

🌐 **신인식** : 수협은 일제 강점기하 관제조합인 어업조합이 1944년 사단법인 조선수산회로 조직된 후 해방직후인 1949년 한국수산회로 개편되었습니다. 이후 1952년 대한수산중앙회로 개칭되었으며 1962년 수산업협동조합법의 제정 공포로 오늘의 수협이 되었습니다. 수협의 조직을 구분해보면 기업적 어업 경영자들이 조합원인 업종별 어업협동조합, 수산업 제조업자가 조합원인 수산제조업협동조합이 있으며, 1년 중 60일 이상 어업에 종사하는 어민을 조합원으로 하는 지구별 어업조합이 있습니다.

🌐 **사회자** : 수협은 업종별조합·제조업조합 및 지구별 조합으로 나눌 수 있군요. 다음으로 세계 최대 민간협동조합인 신용협동조합(Credit Union, 신협)과 중소기업협동조합에 대해 설명해 주시지요.

🌐 **신인식** : 우리나라 신협은 1962년 부산 메리놀 수녀원의 가브리엘라 수녀(Sister Mary Gabriella Mulberin)가 주도하여 협동조합교도 봉사회를 만들고 신용조합지도자 양성 코스를 개설하였습니다. 여기 수료생이 중심이 되어 전국신용조합 조직 만들기를 시작하였으며 1965년 서울에 신용조합 연맹을 결성하였습니다. 이후 1972년 신용협동조합법이 제정공포 되었으며 조직으로는 지역단위조합, 직장단위조합, 단체조합으로 구분해 볼 수 있습니다.

중소기업협동조합은 1961년 12월 중소기업협동조합법의 제정으로 설립되어 중앙회 산하에 전국조합과 업종별연합회(각 업종별 지방조합)가 있습니다.

🔹 **사회자** : 이제 산림조합 등 다른 협동조합의 설립과정을 간략하게 설명해주시기 바랍니다.

🔹 **신인식** : 먼저 산림조합을 살펴보면 조선시대 향약의 일종인 송계 (마을이나 친족의 공유산림을 보호하거나 선산을 지키기 위하여 조직된 계)가 산림조합의 근원이 되었습니다. 해방 후 1949년 중앙산련, 도산련, 시·군산림조합이 조직되었으며 다른 협동조합과 같은 시기인 1962년 산림법이 제정되어 산림계, 조합, 연합회의 3단계가 되었으며 1980년 산림조합법의 제정으로 오늘날의 산림조합이 운영되어오고 있습니다.

생협은 초기 소비자협동조합(소협)의 명칭으로 활동해오다가 1980년대 중반 처음 생활협동조합(생협)의 명칭이 등장한 후 1993년 생협 명칭을 공식적으로 사용하였습니다. 생협 설립은 처음 농촌과 광산촌에서 시작하여 1989년 최고조에 달하였습니다. 특히 1986년 한살림 중심 직거래 운동의 전개로 생협의 독특한 사업방식이 주목을 받게 되었습니다. 생협의 종류를 보면 구매생협, 대학생협, 의료생협, 산지생협 등이 있습니다.

③ 협동조합별 설립기준과 조합의 수

사회자 : 협동조합별 탄생에 대해서 알아보았습니다. 다음은 협동조합별 조합 설립기준에 대해 알아봅시다.

신인식 : 요즈음 협동조합기본법에 의한 협동조합이 우후죽순처럼 설립되고 있는데 기존 협동조합은 왜 설립이 어려운지 의문일 수 있습니다. 그러므로 기존협동조합(개별법에 의한 협동조합)의 설립기준에 대해서 말씀드리겠습니다. 먼저 농협을 보면 지역조합은 설립동의자수 1,000명 이상 출자금 납입확약총액 5억 원 이상이며, 품목조합은 설립동의자수 200인 이상 출자금 납입확약총액 3억 원 이상입니다. 산림조합은 당해 구역 내 30인 이상 조합원 자격을 가진 자를 발기인으로 하며 다른 사항은 대통령령으로 정하도록 되어있습니다. 그리고 지구별 수협은 구역 내 20인 이상 조합원 자격을 가진 자를 발기인으로 하며 기타(조합원 수·출자금 등)는 대통령령으로 정합니다.

신협은 조합의 설립과 구성원의 자격을 결정하는 기본단위인 공동유대에 소속된 30인 이상을 발기인으로 하며 금융감독위원회 인가는 조합원수 100인 이상입니다. 또한 소비자 생활협동조합은 조합원이 되고자 하는 자 30인 이상이 발기인이 되어야 하며 기타사항은 대통령령으로 정하도록 되어있습니다.

사회자 : 우리나라 협동조합의 설립에 대해서 말씀해 주셨습니다. 이제 2023년 3월 8일 전국 동시 조합장선거가 실시되는 농협·수협·산

림조합의 수 즉, 선거조합수가 협동조합별·지역별로 얼마나 되는지 관심이 많을 것 같습니다.

🔁 **신인식** : 먼저 협동조합별 조합수를 보면 농협·수협·산림조합이 각각 1,166개, 92개, 142개로 총 1,400개입니다. 합병 등 변화가 없다면 선거조합수가 1,400개가 된다는 의미이지요.

이를 협동조합별 시도별로 알아보겠습니다. 먼저 농협을 보면 중부권인 경기·강원·충청이 각각 162개, 83개, 220개로 모두 465개 조합이며 전체에서 40%를 차지하고 있습니다. 제주를 포함한 호남은 271개로 전체의 23%, 영남은 311개 27%, 7대도시가 119개 10%입니다.

산림조합은 중부권인 경기·강원·충청이 각각 20개, 15개, 26개로 모두 61개 조합이며 전체의 43%입니다. 재주를 포함한 호남은 37개로 전체의 26%, 영남은 44개 31%입니다.

수협을 보면 중부권인 서울경기·강원·충청이 각각 8개, 9개, 8개로 모두 25개 조합으로 전체의 27%입니다. 제주를 포함한 호남은 31개로 전체의 34%, 영남은 36개 39%입니다. 수협을 종류별로 보면 지구별 조합이 70개로 가장 많고, 다음으로 업종별 20개, 수산물가공조합 2개소입니다. 요약하면 지역별 협동조합 수가 농협과 산림조합은 중부권이 가장 많고 수협은 영남의 조합수가 가장 많습니다.

4 협동조합 기관

🔁 **사회자** : 조합은 기관에서 의사결정을 하고 집행을 하게 되므로 법상 요구되는 필치기관이 있습니다. 각 기관별로 상세하게 알아보기 전에 먼저 간략하게 조합의 기관에 대해서 설명해 주시지요.

🔁 **신인식** : 자연적인 생활체(자연인, 인간, Natural person)가 아닌 법인이 독립된 인격체로서 법률행위나 사회활동을 하기 위해서는 법인의 의사를 결정하고 그 의사에 기하여 외부에 대하여 법인을 대표하여 업무를 집행하고 업무집행상황을 감독하는 일정한 조직을 기관이라 할 것입니다.

🔁 **사회자** : 법인 운영을 위한 조직이 기관이군요. 그러면 먼저 법인에 대해서 간략하게나마 설명하는 것이 협동조합 기관을 이해하는데 도움이 될 것 같군요.

🔁 **신인식** : 법인은 자연인(인간)과 같이 권리·의무의 주체가 될 수 있는 법인격이 인정된 단체를 말합니다. 법인 중 사단법인은 인적요소로서 구성원이 있어야 하며 총회의 의결을 중심으로 자율적인 활동을 합니다. 이에 반해 재단법인은 일정한 목적에 바쳐진 재산, 즉 재단이 실체를 이루는 법인으로 설립자의 의사에 따라 타율적으로 구속되는 점이 있습니다.

협동조합은 조합원의 결합체로 사단법인이며, 이윤추구와 배당을 목적으로 하지 않고 구성원에게 사업을 통한 최대 봉사를 하는 단체로 비영리법인입니다. 또한 협동조합은 민법·상법 등 일반법에 의하여 설립되는 일반 법인이 아니고 개별협동조합법(농협법, 수협법 등)에 의한 특수법인입니다.

🌀 **사회자** : 정리해 보면 협동조합은 사단법인·비영리법인·특수법인이라고 할 수 있군요. 다음으로 협동조합 기관의 종류에 대해서 말씀해 주시지요.

🌀 **신인식** : 협동조합의 기관을 보면 농협·수협·산림조합이 상당히 유사하므로 농협을 중심으로 말씀드리겠습니다. 조합의 최고의사결정기관인 총회(대의원회), 업무집행에 관한 의사결정기관인 이사회, 업무집행 및 대표기관인 상임조합장(비상임조합장인 경우 조합장은 대표기관, 상임이사는 업무집행기관), 감독기관의 감사가 있습니다.

이해를 돕기 위해서 기관을 기준에 따라 분류를 해보겠습니다. 먼저 「구성원의 수」에 의한 것으로 조합장·감사는 단독기관이고, 총회(대의원회)와 이사회는 합의기관(회의체기관)입니다. 다음으로 「직무기준」으로 분류해보면 총회(대의원회)는 의사결정기관이고, 조합장·이사회는 집행기관이며, 조합장은 대표기관, 감사는 감독기관입니다. 그리고 법률에 의한 필치(필요)기관으로는 총회(대의원회), 이사회, 조합장, 감사이며 운영평가자문회의 등은 임의적인 기관입니다.

🌀 **사회자** : 협동조합기관은 의사결정기관, 대표기관, 업무집행기관, 감독기관으로 구분되는 군요. 그리고 직무기준으로 분류해보면 총회

(대의원회)는 합의기관·의사결정기관·필치기관이고, 이사회는 합의기관·집행기관·필치기관이며, 조합장은 단독기관·집행기관·대표기관·필치기관이고, 감사는 단독기관·감독기관·필치기관이군요.

제2장

협동조합사업 환경

사회자 : 앞서 협동조합 탄생배경과 기관에 대해 말씀해주셨습니다. 다음은 협동조합의 CEO인 조합장은 물론 임원 및 조합원과 협동조합에 관심 있는 분은 협동조합의 대내외적 환경변화를 알아야 된다고 생각합니다.

신인식 : 협동조합사업에 대한 경영은 상임이사·전무·상무 등의 전문가가 있습니다. 특히 조합장은 최고경영자로서 의사결정에 있어서 조합원을 위한 사업경영을 위하여 국내외 여건변화와 정부정책 등 모든 요인을 고려해야 한다고 생각합니다.

사회자 : 그렇다면 조합장은 만능인이 되어야 한다는 것이군요. 우선 조합장이 되기를 희망하는 사람은 협동조합의 우수성에 대해서 알아야 된다고 생각되는데……

1 경제사조와 협동조합의 우수성

⟳ **신인식** : 협동조합의 우수성을 말하기 전에 협동조합이 자본주의 체제하에서 약자의 사회적·경제적 지위향상을 위하여 탄생하였으므로 경제사조에 대해 먼저 설명을 드리겠습니다.

과거 300여 년간 사회를 지배해온 호모 에코노미쿠스(Homo eco-nomicus : 인간의 완벽한 합리성) 즉, 인간은 합리적 소비를 추구하고, 물질적 이익추구가 최우선인 다시 말해서 시장이 돈 있는 사람의 수요만 고려하고, 돈 없는 사람들의 필요를 무시하는 시장 만능주의가 한계에 봉착했습니다. 왜냐하면 인간은 완전하게 합리적이지도, 이상적이지도, 현실적이지도 않습니다. 상호 조화를 이룬다고 보아야 하겠습니다.

인간속성은 물질적 이익추구만 하는 것이 아니라 남을 생각하고 불공정 행위를 응징하는 상호적 인간인 호모 리시프로칸(Homo recipro-can)이므로 협동경제인 코오프 에코노미쿠스(Coop Economicus, 협동적 합리성)가 더욱 요구되게 되었습니다. 코오프 에코노미쿠스는 시장경제(이기성)·공공경제(공공성)·사회적 경제(상호성)·생태경제(자연과 공존)를 총망라하므로 이상적인 측면은 있으나 추구할 가치가 있다고 봅니다.

⟳ **사회자** : 결국 협동조합은 시장실패를 해결하기 위한 방안으로 볼 수 있겠군요. 이제 협동조합의 우수성에 대해 말씀해 주시지요.

⟳ **신인식** : 세계적으로 협동조합에 대해 긍정적인 측면과 우려하는

측면이 있는 게 사실입니다. 즉, 각 나라가 협동조합 사업을 비즈니스로 간주하여 기업화·상업화됨에 따라 기업출신을 CEO로 영입하는 경향이 있어 국제협동조합연맹(ICA) 등은 협동조합 존립 근거를 우려하고 있습니다.

긍정적인 측면으로 협동조합의 위험회피 전략으로 위기 상황 하 조직 및 경제 안정성에 긍정적 영향을 미치는 측면이 부각되어 협동조합의 비교우위가 있다는데 주시하고 있습니다. 우리나라도 IMF 하에서 농협의 위험회피 전략으로 타 부문에 비해 경쟁력을 가졌다고 볼 수 있습니다.

🌀 사회자 : 협동조합의 기업화·상업화에 대한 우려가 있으나 위험회피전략으로 경쟁력이 있군요. 그러면 협동조합의 비교우위사례를 구체적으로 알아봅시다.

🌀 신인식 : 전 세계 100여개 국가에서 10억여 명 이상이 협동조합에 참여하고 있으며 협동조합 직원 수도 1억여 명이나 됩니다. 또한 경제위기 국면에서 기업은 위축되는 반면 협동조합은 설립뿐만 아니라 조합원수가 증가하고 있습니다.

나라별로 비교우위 사례를 보면 캐나다의 사업체 5년 생존율이 일반기업은 38%인데 비해 협동조합은 65%로 생존율이 매우 높았습니다. 네덜란드의 라보뱅크는 네덜란드 전체 대출시장의 점유율이 40%를 상회하며, 영국 주택조합은 소매저축시장 점유율이 20%를 상회하며, 스페인 몬드라곤 협동조합은 스페인 내 3대 기업그룹의 하나로서 고용인

원 10만명, 매출액 24조원, 매출액 중 수출비율이 60%에 근접합니다. 미국 캘리포니아 애리조나 썬키스트 판매협동조합연합회는 독과점 횡포에 대응하는 등 비교우위 사례가 많습니다.

이러한 협동조합의 우수성으로 인하여 UN이 2012년을 "세계협동조합의 해"로 정하고 슬로건을 "보다 나은 세계를 만드는 협동조합(Co-operative enterprises build a better world)"으로 하였습니다. 동시에 매년 7월 첫째 토요일을 UN이 협동조합의 날로 정하고 협동조합의 강점과 사회경제적 역할에 대한 인식을 제고하였습니다. 이를 위하여 UN 회원국이 협동조합의 설립과 안정적 성장을 위해 정책과 법, 규정의 수립과 제도 개선 촉진에 박차를 가하였습니다.

사회자 : 해외 협동조합의 우수사례를 소상하게 말씀해 주셨습니다. 국내의 경우를 설명해 주시지요.

신인식 : 우리나라는 1997년 IMF 등 글로벌 금융위기 시 협동조합은 구조조정의 최소화, 빠른 경영정상화로 경제안정에 기여하였습니다. 이에 따라 우리나라도 '윤리경영' 및 '상생경영' 등 포용적인 새로운 경제사회 발전 대안모델로 협동조합이 부각되고 있습니다.

사회자 : 협동조합의 우수성에 대해서 설명하였습니다. 협동조합의 우수성 때문에 협동조합을 활성화하기 위하여 협동조합기본법이 제정되었다고 합니다. 이 부문에 대해서도 조합장뿐만 아니라 협동조합 경영에 관심 있는 조합원이나 직원 분들도 관심이 많으리라 생각됩니다.

② 협동조합 기본법

🔄 **신인식** : 협동조합기본법 제정 이후 협동조합 설립이 자유로워 많은 협동조합이 발생하고 있으므로 이에 대해 알아보아야겠지요. 우리나라 협동조합법은 8개의 개별법(농협법, 수협법, 엽연초 생산협동조합법, 산림조합법, 중소기협법, 신협법, 새마을금고법, 소비자생활협동조합법)으로 되어 있으므로 협동조합의 설립분야가 제한되어 있습니다. 그러므로 협동조합을 지향하고 협동조합적 사업운영을 희망하나 법인격이 없어 애로를 겪고 있는 단체가 다수 있습니다. 이를 해결하기 위하여 협동조합기본법이 2011년 12월 28일 국회 기획재정위원회 및 법사위원회의 의결을 거쳐 12월 29일 본회의에서 최종 의결되었습니다. 이 법은 4장 4칙 총 119조로 구성되어 있으며 2012년 12월 1일 시행되었습니다.

🔄 **사회자** : 협동조합의 활성화를 위해서 협동조합기본법이 만들어졌다는데 이를 구체적으로 설명해 주시지요. 특히 농협과 연계시켜 설명해 주시면 이해를 하는데 도움이 될 것입니다.

🔄 **신인식** : 그럼 먼저 협동조합기본법의 의미를 간략하게 말씀드리겠습니다. 협동조합기본법은 협동조합의 설립과 운영에 관한 법이지 협동조합의 지원·육성에 관한 법이 아닙니다. 구체적으로 보면 금융 및 보험업을 제외한 모든 부문의 협동조합 설립이 가능하며, 협동조합 설립 요건 및 기준이 완화되었습니다.

이를 지역농협과 비교하여 설명하면 지역농협 설립의 경우 조합원 자격이 있는 설립동의자수 1,000명 이상, 출자금 납입확약금액 5억 원 이상과 20인 이상 발기인이 정관을 작성하여 창립총회의 의결을 거친 후 농림축산식품부장관 인가를 받아야 합니다. 그러나 협동조합기본법에 의한 협동조합 설립은 출자금 규모와 상관없이 5인 이상으로 설립이 가능하며 주무부처에 신고를 함으로서 설립이 됩니다. 그리고 사회적 협동조합(비영리법인) 설립이 가능하고, 기존 8개 개별법에 의해 설립된 협동조합은 협동조합기본법 적용이 배제됩니다.

사회자 : 그러면 협동조합기본법에 의한 협동조합의 조합원 자격, 사업 및 잉여금 처리 및 연합회 등에 대해서 개별법에 의한 협동조합과 어떻게 다른지요.

신인식 : 8개 개별법에 의한 협동조합은 조합원 자격이 제한되어 있으나 협동조합기본법에 의한 협동조합은 조합원 자격 제한이 없어 누구나 조합원이 될 수 있으며 가입·탈퇴가 자유입니다. 기관을 보면 필치기관으로 조합원 총회·이사회가 있으며 조합원 수가 적어도 총회·이사회는 구분해야 합니다. 기존 협동조합처럼 조합원수가 일정규모 이상이면 대의원 총회를 둘 수 있습니다. 임원은 3명 이상의 이사, 1명 이상의 감사를 두며 이사장은 반드시 조합원 중에서 선출하나, 이사 및 감사는 조합원이 아니어도 됩니다.

협동조합 사업 및 잉여금처리에 대해서 보면 이월손실금 보전 10%, 법정적립 및 임의적립금은 정관으로 정하며, 반드시 이용고배당 후 출자배당을 하며 이용고배당은 배당총액의 50% 이상, 출자배당은 출자금의 10% 이내여야 합니다.

연합회는 3개 이상의 협동조합(회원)이 발기인이 되며, 의결권·선거권의 차등적용이 허용되나 협동조합기본법에 의한 일반협동조합과 사회적 협동조합이 함께 연합회를 설립하는 것은 불가능하며 협의회의 설립은 가능합니다.

사회자 : 협동조합기본법에 일반 협동조합과 사회적 협동조합이 구분되어 있는데 이를 명확하게 설명해 주시지요.

신인식 : 우선 법인격을 보면 협동조합기본법에 의한 일반 협동조합은 '법인'이고 신고대상인 반면, 사회적 협동조합은 '비영리법인'으로 기재부장관의 인가를 받아야 합니다. 그리고 사회적 협동조합은 잉여금의 100분의 30 이상 적립 및 배당을 금지하며 총 출자금 범위 내에서 조합원을 대상으로 하는 소액대출 및 상호부조가 가능합니다. 또한 해산 시 재산은 국고 등에 귀속됩니다.

사회자 : 협동조합은 조합원이 주인이고, 경영자이며, 이용자이기 때문에 일반기업과 다르다고 볼 수 있는데 이용측면에서 구체적으로 어떤 점이 다르다고 보십니까?

③ 조합원의 조합사업 이용형태

🔁 **신인식** : 협동조합 사업은 다른 조직에 비해 조합원 이용비율이 높기 때문에 협동조합별 조합원의 특성에 따라 사업 환경이 다를 것입니다. 예를 들어 협동조합 사업 중 신용사업에 대한 조합원의 이용방법을 보면 일반 시중은행의 경우 소수가 은행창구거래 즉, 직원과 대면거래를 하는 반면 협동조합 신용사업은 다수가 직원과 대면거래를 하므로 신용사업 직원의 노동생산성이 낮은 원인이 되고 있습니다. 그러나 이를 부정적인 측면으로만 볼 것이 아니라 협동조합이 인적단체이고 조합원이 주인이기 때문에 조합과 조합원의 접촉은 많을수록 좋다고 봅니다.

또한 협동조합은 사회적·경제적 약자의 단체이므로 이용자인 조합원의 사업이용 규모도 매우 영세합니다. 농협의 경우를 보면 우리나라 국민 5천만 명의 54%인 2,700만 명이 농·축협 계좌를 보유하고 있으나 예금(수신)거래 금액은 30만원 미만이 56%이며, 1천만 원 이상이 15%에 불과합니다.

🔁 **사회자** : 그러니까 협동조합은 이용자가 많으나 이용규모는 적고 거래방법도 타 조직과 달라 직원의 생산성이 낮은 것이 협동조합의 특성이며 이것이 협동조합의 단점이면서 장점이라고 볼 수 있겠군요.

다음으로 요즈음 고령화시대라고 하는데 이에 대한 협동조합 사업이용 유형은 어떻습니까?

🔄 **신인식** : 우리나라 인구변화 추세를 보면 2010년 80세 이상이 66만 명인데, 2020년에는 약 2배, 2030년 약 3배, 2040년에는 327만 명으로 약 5배 증가한다고 합니다. 90세 이상도 2010년 8만 3천명에서 2020년 약 2.5배, 2030년 약 5배, 2040년에는 8배 이상인 67만 명에 달한다고 합니다.

이러한 고령화는 협동조합사업에 큰 영향을 미칠 것입니다. 농협의 예를 들어 조합원의 연령을 보면 65세 이상이 49% 정도이며 60세 이상은 60%에 달합니다. 그리고 50세 미만은 14%에 불과합니다. 농·축협의 연령별 계좌보유 현황을 보면 10대와 20대가 각각 28%, 52%인데 비해 70대 이상은 80%가 농협 통장을 가지고 있다고 합니다.

🔄 **사회자** : 협동조합 이용자의 연령이 높으며, 고령화 사회가 되면 될수록 이용자의 연령이 더욱 높아지며 상대적으로 사업이용 규모가 작다고 볼 수 있겠군요. 사업환경 변화 중에서 고령화뿐 아니라 1인가구의 증대도 협동조합 사업에 많은 영향을 미칠 것 같은데 이에 대해 말씀해 주시지요.

4 1인가구의 증대

🔄 **신인식** : 1인가구의 증대는 세계적인 추세이며 협동조합사업에 영향을 미칠 것이므로 1인가구의 유형을 알아보는 것도 중요하겠지요.

1인가구 수의 현황을 보면 전 세계 1인가구 수는 2억 4,200만 가구로 전체 가구 수의 약 13%이며, 유럽 대도시의 경우에는 60%에 달합니다. 나라별로 보면 스웨덴이 47.1%로 세계에서 1인가구의 비율이 가장 높고, 다음으로 30% 이상인 국가가 프랑스(34.3%), 영국(34.2%), 일본(31.5%)입니다. 그리고 1인가구 비율이 20% 이상인 국가가 미국 27.6%, 한국 24.7%, 호주 24.5%입니다.

   우리나라의 1인가구 수의 증가속도도 세계에서 가장 빨라 2000년 15.6%이던 것이 2015년 27.2%, 2019년 30.2%, 2035년도에는 34.7%로 3가구당 1가구 이상에 달할 것입니다.

   🔊 **사회자** : 그러면 1인가구가 그렇게 빨리 증가한 요인은 무엇이라고 생각합니까?

   🔊 **신인식** : 1인가구 증가 원인은 경제·문화·사회적 요인이 복합적으로 작용한데 있습니다. 먼저 경제적 요인으로 소득 증가, 교육수준 향상, 여성고용 확대로 경제적 자립도가 증가한데 있다고 볼 수 있습니다. 그리고 문화적 요인으로 개인주의 확대와 초혼 연령이 높아진데 있습니다. 즉, 초혼 연령을 보면 1995년 남자 28.4세, 여자 25.3세이던 것이 2015년에는 남자 32.6세, 여자 30세로 높아졌습니다. 그리고 사회적 요인으로 고령화 심화와 남녀 평균수명 차이(2015년 남 78.5세, 여 85.1세)에 있다고 볼 수 있습니다.

   🔊 **사회자** : 1인가구 증가원인은 경제적 자립도 증가, 초혼연령 상승, 고령화 심화와 남녀 수명차이 등이군요. 다음은 1인가구의 내용을 설명

해주시지요.

　🔁 **신인식** : 1인가구 증가원인에서 보는바와 같이 남성은 젊은 층이 많고 여성은 고령층이 많은 것으로 나타나고 있습니다. 통계적으로도 2019년 남성 1인가구는 20~30대가 41%인 반면, 여성 1인가구는 60대 이상이 45%입니다. 또한 도시지역은 젊은 층 남자의 1인가구가 많고, 농촌지역은 고령층 여자의 1인가구 수가 많습니다. 이러한 1인가구 수의 증가와 1인가구의 내용을 파악하는 것은 협동조합사업에도 도움이 되리라 생각합니다. 즉, 1인가구 증대는 소비를 증가시키는 반면 고령화는 소비를 감소시킨다고 합니다. 그리고 청년층과 고령층의 소득증가 둔화로 가구 간 소득격차가 심화되는 것으로 나타났습니다.

　🔁 **사회자** : 1인가구의 증대원인을 파악하는 것도 협동조합 사업 활성화에 도움이 되겠군요. 다음으로 농협은 농업인이 조합원이므로 우리나라 농업의 위상변화를 파악하는 것도 농협을 이해하는데 많은 도움이 된다고 생각되는데……

5 농업의 위상 변화

　🔁 **신인식** : 농협조합장뿐만 아니라 농업·농촌·농협에 관심 있는 분은 당연히 농업의 현주소를 알아야 농업 및 조합경영이 가능하겠지요. 그러나 상세하게 말하자면 책 한권으로도 부족하나 가능하면 간략하게

말씀드리겠습니다.

　농업의 위상은 우리나라 경제 전체에서 보아야 하겠지요. 우리나라 경제의 세계적 위상을 보면 230여 개국 중 15위 정도로서 대학수학능력 성적등급으로 보면 거의 1등급에 해당됩니다. 그러나 농업부문은 우선 국민총생산(GNP) 측면에서 본다면 농업부문 GNP가 전체 GNP에서 차지하는 비중이 다른 나라에 비해 급격하게 감소하였습니다. 즉, 농업부문 GNP가 국민총생산에서 차지하는 비중이 40% 수준인 시점이 미국은 1840년, 프랑스는 1860년대인데 비해 우리나라는 1970년대로 100년 이상 차이가 납니다. 그리고 농업부문 GNP의 비중이 20%가 되는 시점을 보겠습니다. 영국 1840년대, 네덜란드 1860년대로 무려 150~170년 전입니다. 일본 만해도 1950년으로 60여 년 전인데 우리나라는 1980년대로 30년 전입니다.

　🔄 **사회자** : 이를 보면 우리나라 농업의 비중이 얼마나 급격하게 감소하였는지를 알 수 있군요. 반대로 말하면 공업화 등 경제발전 속도가 그 만큼 빨랐다고 보겠지요. 다음으로 농업의 위상변화를 나타내는 농업부문 취업자 비중 등 다른 지표를 제시해 주시지요.

　🔄 **신인식** : 전체 취업자에서 차지하는 농업부문 취업자 비중이 40%에서 16%로 감소하는데 영국 70년, 독일 60년, 미국 42년, 일본 31년이 걸렸으나 한국은 14년으로 비농업부문 취업자 수가 얼마나 빨리 증가하였는가를 알 수 있습니다.

　주요 농업경제 관련지표 추이를 보면 총 GDP에서 농업부문 GDP(국내총생산)가 차지하는 비중이 1995년 5.0%이던 것이 점차 감소하여 2015년 1.8%, 2019년도에는 1.5%에 불과하였습니다. 뿐만 아니라 도시가구소득에 비해 농가소득은 1995년 95% 수준에서 2015년도에는 64.4%(도시가구소득 5,779만원, 농가소득 3,721만원)로 감소하였으며 2025년도에는 47.4%로 감소할 것으로 추정하고 있습니다. 이러한 간단한 지표를 보더라도 농업의 위상이 경제발전 과정에서 매우 약화되었다는 것을 알 수 있습니다.

💫 **사회자** : 농업의 위상을 지표에 의해 단순 비교하는 것은 다소 무리가 있다는 견해도 있는데…….

💫 **신인식** : 어떤 부문에서는 단순 비교에 의한 비중 감소라 하기에는 무리한 측면도 있습니다. 예를 들면 농가 가구원수는 도시 가구원수보다 적기 때문에 2018년 농가소득은 4,207만 원으로 도시근로자 가구소득 6,419만원의 65% 수준입니다. 그리고 2019년도 농가호수 1,007천호 중 65세 이상이 46.6%에 달합니다. 그러므로 65세 이상이 대부분인 농가소득과 65세 이하가 대부분인 도시근로자 가구소득의 단순비교로서 농업이 열위에 있다고 하기는 어렵습니다. 더욱이 농가자산은 증가하는 반면 농가부채는 정체되어 있어 농가 경영여건은 그렇게 나쁘지 않다고 볼 수도 있습니다.

💫 **사회자** : 그러나 여러 부문에서 농업의 위상이 약화되었다는 것은 누구나 느끼는 것이겠지요. 그렇다면 농협의 위상 즉, 역할도 감소되고 이에 따라 농협조합장의 중요도도 감소하는 것이 아닌지요.

🔁 **신인식** : 농업의 위상이 저하되어 그렇게 생각하기 쉽지요. 그러나 반대로 생각합니다. 급속한 경제발전 과정에서 농업의 위치가 급속하게 감소하였으나 농업·농촌에 대한 중요성은 더욱 증가하였으며 앞으로는 더욱 중요하다는 것을 느끼게 될 것입니다. 후진국에서 중진국이 되려면 공업화가 필요조건이고 중진국에서 선진국이 되기 위해서는 농업발전이 필요조건이라고 한 노벨상수상자 쿠즈네츠(Simon Smith Kuznets)의 말을 상기하지 않더라도 인간이 행복하게 사는 기본조건은 안전하고 질 좋은 음식물 소비가 아니겠습니까?

농업의 중요성을 우리나라의 주식인 쌀을 예로 들어 말씀드리겠습니다. 우리나라는 쌀의 자급자족에 대한 국민공감대가 이루어지고 정부와 농협이 정책적으로 중요하게 생각하는 이유가 있습니다. 세계의 3대 위기를 보통 유가위기, 금융위기, 식량위기라고 합니다. 이중에서도 가장 중요한 것은 식량위기라고 생각됩니다. 쌀에 대해서 보면 세계적으로 쌀의 품종을 크게 나누면 두 가지로 볼 수 있습니다. 동남아 등 세계 쌀 생산량의 대부분을 차지하는 인디카 품종과 우리나라, 일본 등에서 생산하는 자포니카 품종이 있습니다. 우리가 먹는 자포니카 품종을 생산하는 나라는 대부분 자급자족을 위해서 생산함으로 곡물시장에 나오는 양은 생산량의 4%에 불과합니다. 그러므로 기후 등에 의해 생산량이 4% 이상 감소하면 가격이 폭등하게 됩니다. 이런 것을 보더라도 식량위기가 가장 무서운 것이 아닌가 생각합니다.

🔁 **사회자** : 우리나라 농업의 위상이 약화되고 있으며 앞으로도 계속

될 것이나 중요성은 더욱 커질 것이라 하였습니다. 그렇다면 이러한 농업여건 하에서 농협은 어떤 역할을 하였으며 앞으로 어떻게 해야 좋은지를 말씀해 주시지요.

🔄 **신인식** : 우리나라 농업의 위상이 급격하게 감소한 것은 경제발전 속도가 선진국에 비하여 매우 빠른데 있습니다. 공업화 등에 의한 경제발전 과정에서 농업부문의 비교열위 등 여러 가지 얘기가 많았습니다. 이런 가운데 농협이 생산자재, 농산물 유통, 영농지도 등 우리나라 농업을 지키는데 큰 역할을 했다는 것은 누구나 인정을 할 것입니다. 그러나 앞으로 농협이 중점을 두어야 할 것은 도·농 간 소득격차를 줄이는 것이라 생각합니다. 이것이 어떻게 보면 농협 본연의 의무인 조합원의 경제적·사회적 지위향상이 아니겠습니까?

🔄 **사회자** : 우리나라 농업의 위상에 대해서 간략하게 알아보았습니다. 그런데 한·중 FTA 등 무역자유화에 대한 농업부문의 대책방안에 대한 논의가 많습니다. 정부가 무역자유화를 추진하는 것은 국가 전체의 이익이 되니까 할 것인데 농업부문에서는 왜 반대를 하는지에 대해서 농업 및 조합에 관심을 가지는 사람은 기본적인 이해가 있어야 된다고 생각합니다.

6 FTA와 한국농업

🔁 **신인식** : 무역자유화에 대해 간단하게 얘기한다는 것은 매우 어려우나 간략하게 설명해 보겠습니다. 최초의 무역자유화에 대한 국제협정은 관세 및 무역에 관한 일반협정(GATT) 즉, GATT 체제로 2차 세계대전이 끝난 후 무역자유화에 의한 각국의 경제성장을 촉진하여 인류의 복지 향상을 도모하자는 목적 하에 1948년 발족하였습니다. GATT 체제하에서 각국은 국내 산업보호를 위하여 관세율로만 보호가 가능하도록 하였습니다. 그러나 1980년대에 와서 각국은 자국에 유리한데로 행동과 주장을 하였습니다. 즉, 보호무역이 유리하면 보호무역을 주장하고, 자유무역이 유리하면 자유무역을 주장하는 등 품목 등에 따라 자국의 이익만 주장하는 신보호주의가 대두되었습니다. 또한 유럽연합(EU), 북미자유무역협정(NAFTA), 동남아시아국가연합(ASEAN) 등 지역끼리 자유무역 협정 등 지역화 현상으로 세계경제가 침체되어 각국은 새로운 무역질서를 요구하게 되었습니다.

이에 따라 1986년 UR 협상이 시작되어 다자간 무역기구로 발전시키는 논의를 하였으며, 1995년 1월 1일 세계무역기구(WTO)가 공식 출범하였습니다. WTO 체제하에서는 산업·무역의 세계화와 함께 국경 없는 무한경쟁시대로 돌입하는 새로운 국제무역 환경기반을 조성하였습니다. 이에 따라 일부 국가가 쌍무 압력을 넣거나 국내정책에 대해 강요하는 등의 부담은 약해지고 다자주의가 힘을 얻을 수 있었습니다.

사회자 : FTA 등을 중심으로 왜 농업인 및 농민단체가 자유무역협정을 반대하는지 그 명분이 무엇인지 등을 구체적으로 말씀해주시기 바랍니다.

신인식 : 먼저 농업을 중심으로 한 우리나라 무역현황을 간략하게 말씀드리겠습니다. 우리나라는 국내시장이 협소하고 자원이 풍부하지 못하여 수출주도형 공업화 정책으로 경제가 발전되어 왔습니다. 구체적으로 보면 국내총생산액(GDP)에서 교역액이 차지하는 비중이 80%를 상회하여 대외무역의존도가 매우 높습니다. 특히 국내총생산액의 40% 이상을 수출하는 수출의존도가 높은 수출주도형 경제구조이므로 자유무역협정(FTA) 추진이 불가피합니다. 그러나 농업강국과 FTA 체결 시 농업부문의 부정적 영향이 우려됩니다.

2015년 농림축수산물 교역액이 약 305억 달러인데 수출이 57억 달러, 수입이 248억 달러로 191억 달러의 무역적자가 발생하였습니다. 더구나 FTA 체결국과의 농림축수산물 무역현황을 보면 국가전체 농림축수산물 교역액의 45.1%이며 농림축수산물 무역적자에서 차지하는 비중은 50.1%나 됩니다.

7 다자간 자유무역협정

사회자 : 최근 양자 간 자유무역협정(FTA)이 아닌 메가 FTA로서 미국 중심인 CPTPP와 중국이 중심이 된 RCEP가 한국농업에 미치는

영향에 대해서 알아봅시다.

1. 포괄적·점진적 환태평양경제동반자협정(Comprehensive and Progressive Trans - Pacific Partnership, CPTPP)

▶ **신인식** : CPTPP의 현황을 보면, 처음 미국과 일본이 주도해 만든 환태평양경제동반자협정(TPP)이 2015년 잠정 타결된 후 2017년 보호 무역을 주장하는 트럼프에 의해 미국이 탈퇴를 선언한 후 규모가 축소되고 CPTPP로 바뀌었습니다. 회원국을 보면 일본 주도하에 아세아 5개국(일본, 말레이시아, 싱가포르, 베트남, 브루나이), 북미 2개국(캐나다, 멕시코, 미국 2017년 탈퇴), 남미 2개국(칠레, 페루), 오세아니아 2개국(호주, 뉴질랜드) 등 태평양 연안 11개국인데, 2018년 12년 30일 6개국(일본, 케나다, 멕시코, 호주, 뉴질랜드, 싱가포르 등)으로 우선 발효되었고, 베트남도 7번째로 비준을 받았습니다. 참여를 적극 검토 중인 한국을 비롯하여, 영국, 대만, 태국, 콜롬비아 등이 참여를 검토하고 있습니다. CPTPP 회원국은 인구 5억 명, GDP가 전 세계의 13.9%, 교역량은 전 세계의 15.2%로서 USMCA(United States, Mexico, Canada Agreement, NAFTA 대체) 1위, RCEP 2위 다음 순위입니다. 그리고 미국도 조 바이든 대통령이 다자주의체제 회복선언 후 협정복귀를 검토하고 있습니다.

▶ **사회자** : 미국이 CPTPP에 가입하고 한국을 비롯한 참여국가가 모두 가입하면 메가 FTA가 되겠군요. CPTPP는 농축산물 수출국에 유리

하다고 하며, 회원국 중 상당수가 농축산물 수출국인데 수입국인 한국 농업에 미치는 영향을 설명해주시지요.

🔁 **신인식** : CPTPP는 원산지 범위를 폭넓게 인정하므로 회원국에서 원료를 수입하여 국내에서 가공하면 원산지는 국산이므로 농식품 기업은 원료공급선을 바꾸는 변화가 생길 것입니다. 그리고 지금까지 수출국전역의 가축질병 상황을 토대로 축산물 수입을 허용해 왔고, 아주 예외적으로 지역화인정을 하였습니다. 그러나 지역개념이 분명한 식물과 달리 동물은 가치사슬에서 지역을 넘나드는 특성이 있어 수출국은 하나의 계통을 구획으로 인정해 수입을 허용해달라는 요청을 하고 있는 등 지역화와 구획화를 인정하라는 국제규범의 요구에 맞추어 국내제도를 정비하여야 할 것입니다.

🔁 **사회자** : 지역화는 일반적으로 이해가 가나 구획화는 어떤 의미인지요.

🔁 **신인식** : 동물의 구획화는 1개 이상의 시설에서 사육되고, 특정질병에 대해 차별화한 동물 위생 상태를 가지고 있고, 공통된 차단방역 관리체계에 의해 다른 감수성 동물 집단과 구분돼 관리되는 동물 소집단을 구획으로 정의하고 있습니다. 특정동물 전염성질병과 관련해 구획화 인정을 요청하고자 하는 수출국은 국제기준에 부합되도록 구획을 설정하고, 이를 입증할 서류를 첨부해 농림축산식품부 장관에게 인정을 요청해야 한다고 규정하고 있습니다.

🔹 **사회자** : 수출국의 구획화 인정을 하면 농축산물수입에 어떤 영향을 미치는지요.

🔹 **신인식** : CPTPP의 동식물 위생·검역조치(SPS) 규정에는 가축전염이나 식물발생 범위를 국가·지역단위보다 농장·도축장 등 계통단위로 구획화 하여 주요과실과 축산물에 대한 수입허용을 지역과 구획별로 세분화해 요청할 것이며, 분쟁 시 180일 내 신속히 처리해야 하며 정부의 수출물류비 지원을 금지하고 있습니다. 그동안 신선축산물은 관세보다 검역으로 수입을 억제하였는데 앞으로 질병발생국 축산물 수입을 원천 봉쇄하기가 어렵다고 생각됩니다.

🔹 **사회자** : CPTPP 가입 후 예상되는 문제점에 대해서 좀 더 구체적으로 설명해주시지요.

🔹 **신인식** : CPTPP는 기존 통상규범보다 강화된 규범을 회원국에 요구합니다. 즉, 수입국의 SPS 조치에 엄격한 과학성과 객관성을 요구하고 있습니다. 이에 따라 2021년 9월 농림부는 "지정검역물의 수입에 관한 수입위험분석요령 일부개정고시안"을 행정 예고하였습니다. 즉, SPS 조치, 국영기업, 수산보조금, 디지털 통상 등 4개 분야에 대해 국내제도를 정비하겠다고 하였습니다. 병해충 유입가능성을 이유로 신선상태의 사과, 배 등을 수입하지 않았으나 가입 후는 수입금지가 어려울 것입니다. 그리고 협정문에 국영기업이 정부권한을 대행할 경우 협정상의무준수, 정부의 특혜제공이 안되므로 쌀, 콩, 고추 등 주요농산물

을 국영무역으로 들여와 국내시장에 공급하는 aT(한국농수산식품유통센터)가 영향을 받을 수 있습니다.

🔁 **사회자** : CPTPP 가입 후 농업분야의 피해 최소화 방안에 대해서 설명해주시지요.

🔁 **신인식** : 동식물위생검역(SPS)이 철저한 과학적 근거에 따라 이뤄지므로 검역인력과 조치확충 및 시설, 설비 보강이 필요하다고 봅니다.

2. 역내·포괄적 경제동반자협정(Regional Comprehensive Economic Partnership, RCEP)

🔁 **사회자** : 메가 FTA로서 CPTPP와 쌍벽을 이루는 RCEP의 현황에 대해서 설명해주시지요.

🔁 **신인식** : RCEP는 중국이 주도하였으며 2013년 협상시작 이후 2019년 20 챕터의 협정문이 타결된 이후 2020년 타결되었습니다. 회원국은 아세안 10개국, 한국, 중국, 일본, 호주, 뉴질랜드 등 15개국으로 세계최대규모의 다자간 자유무역협정입니다. 규모를 보면 세계 인구의 48%(36억 명), 세계 GDP의 32%(27조 4천억 달러), 교역 29%(9조 6천억 달러)입니다.

🔁 **사회자** : 다음은 RCEP가 우리나라 농업부문에 미치는 영향에 대해서 구체적으로 설명해주시지요.

신인식 : 아세안 10개국이 가입되어 있으므로 아세안산 냉동열대 수입과일 증가로 국내산 수박·참외 수요를 대체할 것이며, 파파야도 소비시기가 겹치는 국내산 사과·배·토마토 가격에 영향을 줄 것입니다. 관세가 단계적으로 감소되어 10년 후에는 무관세가 될 것이므로 두리안·파파야·대추야자·망고스틴·구아바 등의 수입이 증가할 것입니다. 관세철폐효과에 대한 농촌경제연구원(KREI) 연구에 의하면 수입가격이 1% 낮아지면 두리안 2.95%, 망고스틴 2.31%, 파파야 1.61%의 수입량의 증가가 예상된다고 하였습니다.

사회자 : 그러니까 우리나라는 대외무역의존도가 높으므로 자유무역을 해야 되나 농업부문이 피해를 보니까 이에 대한 정책적 배려로 농업의 경쟁력을 높여야 한다는 것이지요. 다음으로 조합장 선거의 유권자인 농업인 및 농촌 구성원이 바뀌는 경향을 보이고 있습니다. 조합장 및 임원이 되기를 희망하는 분들은 유권자인 조합원 즉, 농업인의 구성변화에 대해서도 관심이 많을 것이며 또한 알아야 농업·농촌의 미래를 예측하는데 도움이 될 뿐만 아니라 선거 전략에도 도움이 되리라 생각이 됩니다.

8 농촌 구성원의 다양화

신인식 : 우리나라 농업인은 그동안 조상대대로 농지를 물려받아 농사를 지어왔습니다. 그러므로 조합원은 대부분 그 지역의 토박이들

로서 상호 연대가 매우 강하다고 볼 수 있습니다. 그러므로 선거 전략도 학연·혈연 중심으로 이루어졌다고 볼 수 있습니다. 그러나 최근에 와서 토박이의 이농·이촌의 증가로 토박이 농업인은 점차 감소하고, 귀농·귀촌자는 증가하며, 외국여성 결혼이민자도 농업인의 한축을 이루고 있습니다. 뿐만 아니라 복수조합원의 허용으로 농촌여성의 조합원 가입이 많아지고 있습니다.

사회자 : 농촌의 구성원과 조합원은 과거 토박이·남성 중심에서 다양화되고 있군요. 먼저 농촌에서 여성의 지위가 변화되고 있다는데 이에 대해 설명해주시지요.

신인식 : 여성의 지위변화를 역사적으로 보면, 조선시대 이전 여성의 위치는 매우 높았습니다. 신라시대에는 선덕여왕, 진성여왕 등 여왕도 있었지요. 그러나 조선시대 성리학이 지배이념이 되면서 여권은 서서히 하락하였습니다. 조선 전기까지만 해도 여성은 남자와 같은 지위로 출가 후 재산권보장 및 재사권이 있었습니다. 조선 후기에 와서 여성에게 제사권이 없고, 상속권·재산권에도 차별을 하였습니다. 최근에 와서는 우리나라도 여성의 참여가 높아져 여성공무원 점유율이 증대되고, 전체 인구 중 여성비율이 감소하는 반면 농가의 여성비율은 증가하고 있습니다. 특히 농촌의 고령여성 비율은 매우 높습니다. 이제 여성 농업노동력은 농업부문에 보조자가 아닌 농업노동력의 구성 요소입니다. 1990년대 이후에는 농업경영주체로서 남성과 동등 혹은 우위의 위치에 있다고 볼 수 있습니다.

🔄 사회자 : 농촌에서 여성의 지위가 상승하였을 뿐만 아니라 농협의 여성조합원수도 많이 증가하였군요. 다음으로 이농·이촌뿐만 아니라 귀농·귀촌자를 알아보는 것도 중요하다고 생각되는데…….

🔄 신인식 : 귀농·귀촌자는 새로운 조합원이 될 수 있으므로 중요하다고 봅니다. 먼저 우리나라 귀농·귀촌의 역사를 보면 1세대 즉 산업화 이전 이조시대에 선비가 고향으로 낙향하여 농업 및 지역의 리더 역할을 하였습니다. 그리고 2세대는 1930년대 농촌계몽운동가들을 들 수 있겠습니다. 요즈음 귀농·귀촌자(베이비부머 세대)를 3세대라 할 수 있습니다.

🔄 사회자 : 다음은 귀농·귀촌자의 성향에 대해서 구체적으로 설명해 주시지요.

🔄 신인식 : 전국 귀촌자수는 2013년 405천여 명, 2017년 497천여 명으로 약 23% 증가하였으나, 이후 감소하여 2019년도에는 444천여 명으로 감소하였습니다. 귀농인구수는 2013년 17천여 명에서 2016년 21천여 명으로 약 23% 증가하였으나 이후 감소하여 2019년도에는 16천여 명이 되었다. 그런데 전국 귀농·귀촌 가구 중 농사짓는 가구 수는 3.8%에 불과하며 경기도는 1.4%로 농업인력 해소에 미치는 영향은 매우 적다고 볼 수 있습니다.

귀농자를 분석해보면 재배작목은 과수, 노지채소, 논벼 순으로 많이 재배하였으며, 귀농자 농업소득은 40대가 2,817만 원으로 가장 많고 70대 이상은 478만 원으로 가장 낮았습니다. 그리고 귀농가구원 중 동반가구원이 있는 귀농자수는 2013년 41.3%에서 2018년 31.1%, 2020년 25.9%로 감소하였습니다.

🔊 **사회자** : 농촌에 귀농·귀촌자와 여성결혼 이민자의 비중이 점차 높아지고 있어 농촌·농업인의 구성이 토박이 중심에서 세 그룹으로 변화하고 있는 추세인데 이는 농협의 경영에 큰 영향을 미칠 뿐만 아니라 농업경영 패턴에도 변화를 가져 올 것입니다. 그리고 세 그룹 간에 융화의 문제도 있을 것입니다. 이에 대한 의견을 말씀해 주시지요.

🔊 **신인식** : 우선 농업경영 측면에서 본다면 토박이는 모두 그런 것은 아니지만 전통적인 방법을 선호하는 경향이 있고 새로운 기술 및 문화 수용에 시차가 있다고 봅니다. 그리고 귀농자는 상대적으로 과학적이고 새로운 기술수용에 혁신적이라고 볼 수 있습니다. 그러므로 국제화의 무한경쟁시대에 농업경쟁력 제고에 기여할 것입니다.

다음으로 농촌구성원의 변화가 바로 조합원 구성의 변화를 가져오므로 농협경영 패턴에도 변화를 가져올 것입니다. 우선 토박이 중심의 조합원인 경우 조합장·조합임원·대의원 및 조합원 모두가 서로 씨족이거나 학교선후배로 학연·혈연·지연으로 연계되어 있어 농협의 의사결정이 쉬웠다고 볼 수 있습니다. 즉, 경영측면에서 이사회나 대의원회에서 이의제기가 적었을 것입니다. 그러나 귀농자의 숫자가 증가하면서 학연·지연·혈연과 관계가 없고 경영 및 계수에 밝은 귀농자가 많아 철저한 검증을 거쳐야 함에 따라 조합의 경영이나 조합의 의사결정이 쉽지 않다고 볼 수 있습니다.

사회자 : 농협조합원 구성원의 다양화로 요구조건이 다양할 뿐만 아니라 농협경영에 대한 의사결정 전에 철저한 검증이 이루어진다는 얘기군요. 또한 상호 이질적이라서 융화가 쉽지 않을 것 같은데요.

신인식 : 농촌구성원이 토박이 중심에서 귀농·귀촌자, 외국여성 결혼이민자 등 다양화 되어가고 있습니다. 이와 같이 상호 이질적인 그룹이 같은 공간에서 동일 목적으로 살아가는데 상호 융화가 쉽지 않을 것입니다. 토박이 들은 도로·마을회관 등 농촌에서 오랫동안 고생해서 이루어온 편이시설 등의 이용에 무임승차를 한다고 생각함으로써 텃세를 하는 경향이 있습니다. 또한 귀농·귀촌자들은 토박이들의 텃세에 대한 불만이 많습니다. 또한 외국 여성결혼 이민자 들은 후진국에서 왔다고 해서 홀대를 한다고 생각합니다. 뿐만 아니라 농촌 토박이의 우리전통 고유문화와 귀농·귀촌자의 도시문화, 태국·중국·베트남 등의 여러 나라에서 온 외국 여성결혼 이민자의 다양한 외국문화로 상호 융화가 쉽지 않다고 생각합니다. 그러므로 농촌의 지도자들 특히 조합장은 농촌구성원의 상호 이질적인 다양한 문화를 잘 융합하여, 여러 가지 음식 재료로 비빔밥이라는 독특한 맛을 내듯이 농촌의 새로운 문화(비빔밥문화)형성으로 농촌이 발전할 수 있는 기틀을 마련하는 능력이 있어야 될 것입니다.

사회자 : 요즈음 농촌의 국제화가 도시보다 빠르다고 합니다. 이는 외국여성 결혼이민자의 증가에 있다고 하는데 이에 대해 말씀해 주시지요. 이들 모두 조합원이거나 앞으로 조합원이 될 것이므로 앞으로

관심을 가져야 한다고 생각되는 군요.

9 농촌의 국제화

🔄 **신인식** : 일반적인 상식과 다르게 우리나라는 농촌의 국제화가 도시보다 빠르게 진행되는 현상을 보이고 있는데 이는 그동안 농촌 총각이 외국여성과의 결혼이 증가한데 기인된다고 볼 수 있습니다. 국제화는 우리나라의 농촌뿐만 아니라 세계적인 추세입니다. 세계인구 68억 중 2억여 명이 타국에 거주하는 신 유목 지구촌 시대를 맞이하고 있습니다. 우리나라의 외국인 거주자가 130만 명에 달하며, 최근 결혼한 5쌍 중 1명이 외국인과 결혼하였습니다. 특히 농어업종사자 남성 40%가 외국여성과 결혼하였습니다.

🔄 **사회자** : 그러니까 우리나라는 요즈음 다문화시대를 맞이하고 있군요. 우리나라 국제결혼의 역사와 농촌 다문화 사회형성에 대해서 구체적으로 말씀해 주시지요.

🔄 **신인식** : 우리나라 국제결혼의 역사를 보면 해방이후부터 6.25 전후 미군주둔에 의해 한국여성과 미군의 결혼이 국제결혼 1세대라고 볼 수 있습니다. 당시에는 국제결혼에 대해 사회적 인식이 낮아 국제결혼자들의 어려움이 많았습니다. 다음으로 1980년대 후반 외국인 남성 노동이주자(외국인 전문직 종사자)와 한국인의 해외근무(전문직, 파견직

등)에 의한 결혼을 2세대라고 볼 수 있습니다. 그리고 '90년대 중반이후부터 외국인 여성 결혼이주가 시작되는 3세대의 국제결혼 시대를 맞이하고 있습니다.

농어촌 여성결혼이민자의 국적별 순위를 보면 베트남이 가장 많고 다음으로 중국, 필리핀, 캄보디아, 일본, 태국, 미국, 우즈백, 러시아 등 순이었습니다.

통계를 보면 우리나라 다문화사회를 농촌이 주도한다는 것을 알 수 있습니다. 우리나라 전체의 여성결혼 이민자 비중은 2005년 0.5%에서 2020년도에는 6.2% 증가할 것으로 추정됩니다. 농어촌의 여성결혼 이민자 비중추이를 보면 2010년 총 결혼건수가 326천 건인데 이중 10.8%가 국제결혼입니다. 국제결혼 건수 중 40%가 농어촌 국제결혼 건수입니다. 이에 따라 19세 미만 농가인구 중 여성결혼 이민자 자녀비중은 2005년 2.5%에 불과하였으나 급격하게 증가하여 2020년에는 49%가 될 것으로 추정됩니다.

🔄 **사회자** : 농촌에 여성결혼이민자수에 대해 알아보았습니다. 그러나 농촌에 외국인 근로자의 비중이 증가하고 있다고 합니다. 이에 대해 논의해보는 것도 의미가 있다고 봅니다.

🔄 **신인식** : 전체 외국인력 도입 규모는 정부가 매년 국내인력수급동향을 파악한 후 경제활동인구의 2% 범위 내에서 업종별 도입규모를 결정합니다. 이에 따라 연간 도입규모가 2010년 34,000명에서 2015년 55,000명, 2020년 56,000명으로 증가하였으며 농·축산업부문 연간도

입규모는 전체에서 10%를 상회하여 제조업 다음 순위로 나타났습니다. 그러나 코로나 팬데믹으로 2020년 도입인력 56,000명 중 농업분야 도입규모는 10%를 상회하는 6,400명이었으나 실제로 400명만 들어와 어려움이 많았습니다.

사회자 : 농업부문 외국인근로자의 비중이 높아지고 있군요. 외국인 근로자수의 증가는 농촌경제와 노동시장에 큰 영향을 미칠 것입니다. 이에 대해 말씀해 주시지요.

신인식 : 영향을 간략하게 설명하면 농업인력 감소에 따른 농업인력부족의 해결을 위해 외국인력 도입은 유효한 방안 중의 하나로 생각합니다. 그러나 농촌지역의 심리적 불편, 치안문제, 내외국인 간 갈등 문제점도 있습니다.

10 농촌의 고령화

사회자 : 농촌의 과제 중 하나가 다양화 되어가고 있는 구성원 들을 융화하는 것이군요. 또한 농촌의 큰 변화 중 하나인 농촌의 고령화에 대해서 말씀해주시고 이에 대한 해결방안 등을 얘기해 주시지요.

신인식 : 장수사회는 축복이나 고령화 사회는 재앙이라는 말 즉, 자기가 오래 사는 것은 축복이지만 다른 사람들이 오래 사는 것은 재앙

이라는 편협한 이기심은 재앙의 근원입니다. 우리나라 고령화 사회의 위기는 현재가 아니고 미래에 올 수도 있으므로 이를 극복하여 축복으로 만들어야 할 것입니다. 고령화의 기준은 전체 인구에 대한 65세 이상의 비율을 얘기하는데 이 기준은 세계보건기구(WHO) 기준인데 이는 독일 철혈재상 비스마르크가 1889년 사회보장정책 도입 시 노령연금 수령연령을 65세로 한데서 시작되었습니다. 당시 독일의 평균수명은 50세 정도일 때이므로 많은 나라에서 연령을 70세로 상향하는 논의를 하고 있습니다. 고령화는 노동시장에 3S 즉, 노동력 부족(shortage), 생산성 저하(shrinkage), 세대 간 일자리 경합(struggle)을 초래합니다.

▶ **사회자** : 우리나라의 고령화속도는 세계에서 가장 빠르다고 하는데 고령화 사회의 구분은 어떻게 하는지요.

▶ **신인식** : 고령화속도를 알기 위해 먼저 고령화 사회 구분에 대해 말씀드리면 전체 인구에서 65세 이상 인구가 차지하는 비중이 7% 이상이면 고령화 사회, 14% 이상이면 고령사회, 20% 이상이면 초고령사회라고 합니다. 고령화 사회가 초고령사회로 진입하는 기간으로 보면 대부분 선진국이 70년 이상이었으나, 한국은 26년 정도로 예상되고 있습니다. 연도별로 보면 우리나라는 2000년 고령화 사회, 2008년 고령사회로 진입하였으며 2026년도에 초고령사회 진입이 예상되고 있습니다. 특히 농촌은 2011년 65세 이상 인구비중이 36.2%로 오래전에 초고령사회로 진입하였습니다.

제3장

디지털 혁명과 농업·농협

① 산업혁명과 농업

1. 산업혁명의 개념

🔄 **사회자** : 4차 산업혁명에 대해서 사회적으로 많은 논의가 되고 있습니다. 그러므로 농업과 연계하여 설명하기 이전에 산업혁명에 대하여 이해하는 것이 중요하다고 생각합니다. 4차 산업혁명이라고 하니 1차, 2차, 3차 산업혁명도 있겠지요. 4차 산업혁명의 개념 이해를 돕기 위하여 먼저 이에 대해 설명해 주시지요.

🔄 **신인식** : 1차 산업혁명은 18c~19c 중반, 영국 제임스 와트의 증기기관 발명에 의한 생산의 기계화로 제조업이 형성된 것을 말합니다. 이로서 공업화가 급속하게 발달하였고 도시인구의 폭발적 증가를 가져왔습니다. 그리고 농업에 종사하던 일부 사람이 제철공업, 면직물 공업 등으로 옮겨갔습니다. 2차 산업혁명은 19c 후반, 미국 에디슨의 전기발명에 의한 생산대량화로 제조업이 성장하였습니다. 이로서 대기업이 부상하였고 중공업의 발달을 가져왔습니다. 3차 산업혁명은 20c 후반

미국 등 IT 선진국들에 의한 전자 / IT, 컴퓨터, ICT, 생산자동화로 IT 산업성장으로 산업의 디지털화 공유경제가 확산되었습니다. 이로서 인터넷 통신 미디어에 관련 된 직종이 생겨나면서 새로운 부의 이동이 일어났습니다.

🌀 **사회자** : 1차 산업혁명에서 생산의 기계화로 제조업이 형성되었고, 2차 산업혁명에서 생산의 대량화로 제조업의 성장을 가져왔군요. 그리고 3차 산업은 생산자동화 등 IT(Information Technology)산업이 성장하였군요. 이를 바탕으로 4차 산업을 구체적으로 설명해 주시지요.

🌀 **신인식** : 4차 산업혁명은 한마디로 아날로그 세상에서 디지털 세상으로 변화된 것이라고 볼 수 있으며 최근에 주요 IT 선진국에 의해서 논의가 시작되었습니다. ICBM, AI 등에 의한 생산최적화로 모든 산업에 활용되며 초 연결사회의 도래를 가져왔습니다. 온라인 가상세계와 오프라인 현실세계의 조합으로 전혀 다른 개념의 서비스와 기술로 제조업과 서비스업 간 경계가 모호하면서 획기적인 산업 간 융합이 가능하여 졌습니다.

🌀 **사회자** : 4차 산업을 설명하였는데 좀 추상적인 것 같으니 예를 들어 주면 이해하는 데 도움이 될 것 같습니다.

🌀 **신인식** : 4차 산업은 2016년 스위스 세계경제포럼(다보스포럼)에서 언급되었는데, 간략하게 말하면 센스를 통해 각종 상품과 기계의 정보를 모으고 사람의 생각까지 연결해 새로운 제품과 서비스를 공급한

다는 구상이 핵심이라고 볼 수 있습니다. 좀 더 구체적으로 4차 산업을 ICBM (대륙간 탄도미사일이 아님)으로 설명 드리겠습니다. 먼저 사물 인터넷(Internet of Things, IoT), 유무선(인터넷기반)으로 수집한 자료를 저장하고(클라우드, Cloud), 저장된 자료를 분석(빅데이터, Big Data)하여 관련 산업에 이용(모바일, Mobile)하는 것입니다. 즉, ICBM 기술들을 적절히 조합시키면 인공지능(Artificial Intelligence)과 로봇처럼 인간노동력에 더하여 지능과 지혜까지 대체하는 새로운 혁신수단이 될 것입니다. 이러한 4차 산업혁명은 21세기 AI, IoT, 로봇, 드론서비스, 대체 에너지자원 그리고 암호 화폐를 준비하는 사람들에게 새로운 부의 이동 기회가 주어지기도 합니다.

사회자 : 다음은 5차 산업, 6차 산업에 대해서 설명해 주시지요.

신인식 : 그동안 3차 산업은 제1차 산업, 제2차 산업을 제외한 모든 산업을 포함하는 의미였으나 산업의 발달로 성격이 다른 산업을 3차 산업 만으로 분류하기에는 산업정책 수립에 비효율적이라는 이론이 제기됨에 따라 4차 산업, 5차 산업으로 구분하자는 논의가 일어났습니다. 확정된 개념으로 볼 수 없으나 3차 산업을 좁은 의미로 금융, 보험, 상업, 수송 등으로 국한시키고 4차 산업은 정보, 교육, 의료 등의 산업으로 분류하고, 5차 산업은 취미나 여가 생활(오락, 패션, 관광 등) 등으로 분류하기도 합니다. 그러므로 5차 산업은 마음의 산업 즉, 마음의 욕구(육체적 요구와 정신적 욕구)를 충족시키는 것으로 볼 수 있습니다.

6차 산업(산업 간 융합)은 농·공·상 융합으로 학술적으로 창작된 용어입니다. 6차 산업 의미는 1차 + 2차 + 3차 = 6차, 1차 * 2차 * 3차 = 6차를 의미하기도 합니다. 6차 산업의 목적은 생산에서 가공·판매까지 영역확대에 의한 부가가치 증대로 1차생산자의 부가가치를 높이자는 의미이기도 합니다.

2. 5차 산업과 농업

💬 **사회자** : 4차 산업혁명에 의한 로봇, 무인자동화 시스템 등으로 대부분의 산업에서 인력을 대체한다고 볼 수 있으므로 사람은 시간적 여유가 있을 것이므로 5차 산업에 대한 수요가 증가할 것으로 봅니다만……

💬 **신인식** : 5차 산업은 레저산업으로 패션, 오락, 관광 등으로 인간의 마음의 욕구를 충족시키는 산업이라고 볼 수 있습니다. 마음의 욕구는 육체적·정신적 만족으로 채울 수 있습니다. 정신적 만족을 위한 산업으로 관광농업, 스토리텔링, 추억의 장소 등을 들 수 있습니다. 또한 예외적이겠으나 육체적 욕구의 수요 충족을 위한 향락산업이 발달할 수도 있습니다.

💬 **사회자** : 4차 산업의 발달로 인간의 시간적 여유가 증가하면 5차 산업의 수요가 증가하는 군요. 그러면 5차 산업은 어떤 방향으로 발전하는 것이 바람직한가요.

💬 **신인식** : 산업 특히 4차 산업의 발달에 의한 인간상실의 치유산업

은 농업이라고 봅니다. 번성하던 서로마제국의 멸망 원인 중의 하나가 도덕의 타락(목욕문화, 성문란 등)을 들 수 있습니다. 사람이 시간적·정신적 여유가 생기면 도덕의 타락을 초래하여 인류의 발전을 저해할 수도 있습니다. 그러므로 농업을 중심으로 한 산업 간 융합 즉 15차 산업 (1차 + 2차 + 3차 + 4차 + 5차)이 발달 되어야 합니다. 즉, 산업화 발전 과정의 문제점을 해결하기 위해 산업의 원점인 농업을 중심으로 인간성을 되찾는 치유산업입니다.

🔄 **사회자** : 농업을 중심으로 한 1차, 2차, 3차, 4차, 5차 산업의 융합인 15차 산업을 좀 더 구체적으로 설명해 주시지요.

🔄 **신인식** : 15차 산업의 용어는 필자의 생각으로 예를 들어 설명해 보겠습니다. 농업인이 콩을 생산하고, 콩을 가공하여 메주, 청국장, 된장을 생산한 후 이를 사용한 청국장 전문 식당을 하면 6차 산업으로 농업인의 부가가치가 증대할 것입니다. 그리고 콩을 생산·가공·판매에서 4차 산업이 번성하면 농업인의 시간적 여유가 있겠지요. 이는 비농업분야도 같은 현상이 일어납니다. 시간적 여유가 있으면 레저산업이 발달할 것인데 이의 일환으로 콩 재배와 메주 만들기 체험 등 농업을 기준으로 스토리텔링, 추억 만들기 등 농업(자연)을 중심으로 하자는 의견입니다.

2 스마트팜

사회자 : 4차 산업과 농업에 대해서 설명해주셨는데 최근 디지털 농업 즉, 농업기술에 정보통신기술(ICT) 접목으로 지능화된 농장인 스마트팜에 대해서 관심이 매우 높습니다. 정부와 농협에서도 중점적으로 추진하고 있는 것 같은데 이에 대해 구체적으로 논의해보는 것도 큰 의미가 있을 것 같습니다.

신인식 : 스마트팜으로 농업의 생산·유통·소비과정에 걸쳐 생산성과 효율성 및 품질향상 등과 같은 고부가가치 창출이 가능합니다. 스마트팜은 사물 인터넷 기술을 이용하여 농작물 재배시설의 온도·습도·햇볕량·이산화탄소·토양 등을 측정 분석하고, 분석결과에 따라 제어장치를 구동하여 적절한 상태로 변화시키고, 스마트폰과 같은 모바일 기기를 통해 원격관리도 가능합니다. 다시 말하면 온실·논·밭에 설치된 센서를 통해 생육정보를 모으는 기술인 사물인터넷, 각종 농식품 정보가 쌓인 빅데이터, 데이터를 해석할 수 있는 인공지능 로봇, 드론, 농기계 등을 생산현장에 적용하는 것입니다.

사회자 : 스마트팜에 대해서 너무 포괄적으로 설명하였는데 좀 더 피부에 와 닿게 구체적으로 알아볼 필요가 있다고 생각합니다. 먼저 스마트팜의 발전단계와 한국의 수준에 대해서 아는 것이 중요하다고 생각합니다.

🔄 **신인식** : 스마트팜의 발전 수준은 1·2·3세대로 구분해 볼 수 있습니다. 1세대 모델은 정보기술(IT)을 활용해 시설의 환경정보를 모니터링하고 스마트폰으로 원격 제어하는 수준으로 의사결정은 사람이 합니다. 2세대 모델은 빅데이터·인공지능·사물인터넷(IoT) 등을 기반으로 정밀 생육관리가 가능하며, 3세대는 지능형 로봇농장처럼 IT·빅데이터·인공지능·로봇 등 첨단기술의 융합을 통한 무인·자동화 모델입니다. 국내 스마트팜 수준은 농가 보급 측면에선 1.5세대, 기술 연구 측면에선 2.5세대 수준이라고 볼 수 있습니다.

🔄 **사회자** : 스마트팜 도입 및 확산을 위해서는 청년농 육성이 중요합니다. 그러므로 정부의 스마트팜 청년인력 양성계획을 알아봅시다.

🔄 **신인식** : 농림축산식품부는 스마트팜 청년인력을 2022년 까지 600명을 양성하기 위하여 전문교육과정을 신설하고 우수자를 해외연수 보낼 계획을 하고 있습니다. 그리고 임대형 스마트팜 운영과 대규모 스마트팜 단지를 조성하였습니다. 2019년부터 스마트팜 청년창업보육센터 4곳을 지정하고 장기전문교육과정(최대 1년 8개월)을 운영하고 있습니다.

3 디지털농협

1. 디지털농협 구현

사회자 : 농업분야 4차 산업혁명에 선제적으로 대응하기 위해 농협은 디지털농협 구현을 가장 가치 있는 핵심과제로 판단하고 있습니다. 지금부터 디지털농협구현에 대해서 논의해보도록 합시다. 먼저 디지털농협의 개념에 대해서 설명해주시지요.

신인식 : 디지털농협 구현은 농협의 중장기 발전 전략인 '비전 2025'의 근간을 이루는 5대 핵심 가치 중 하나이기도 합니다. 즉, 농협은 디지털농협 구현을 통해 지역 농·축협 사업과 농업 및 농촌 생활의 디지털화를 가속화한다는 구상입니다. 또한 각종 사업 추진 및 업무 방식도 디지털로 속속 전환한다는 계획을 가지고 있습니다. 디지털농협을 정의해보자면 "신농법·신농자재·신농기계를 보급하고 범 농협사업(유통·금융 등)과 농촌생활 전반의 디지털화를 선도해가는 농협"이라고 할 수 있습니다.

사회자 : 디지털농협이란 농업·농촌·농협사업 전반의 디지털화라고 할 수 있군요. 그러면 이를 추진하기 위한 조직은 어떻게 되어 있습니까?

신인식 : 디지털농협 구현을 위한 조직을 보면 기획조정본부 산하의 '연구개발(R&D) 통합전략국'과 농협미래경영연구소 내 '4차 산업혁

명 추진센터'를 통합하여 디지털혁신부를 설립하여 디지털농협 구현을 위한 범 농협 컨트롤타워 역할을 수행하도록 하였습니다. 그리고 스마트농업 활성화를 위한 실행 조직으로 디지털혁신부 산하 '디지털농업지원센터'가 있습니다. 여기서는 농민 대상의 스마트농업 교육을 주로 담당하며, 농협형 스마트팜 개발도 적극 추진하고 있습니다. 예를 들면, 기존에 보급된 여러 스마트팜을 종합적으로 분석해 중·소농들이 적은 돈을 들여 지을 수 있는 모델을 개발하고, 노지 등 개방된 공간에서 활용할 수 있는 센서 기반의 자동화 농기계도 시험·보급합니다.

2. 디지털농업 추진

▶ **사회자** : 디지털농협에 대한 정의와 조직에 대해 알아보았습니다. 그러나 설명이 좀 추상적이라고 생각되는데 이해하기 쉽게 좀더 구체적으로 분야별로 설명하는 것이 이해를 하는데 도움이 될 것 같습니다. 먼저 농협의 디지털농업추진에 대해서 설명해주시지요.

▶ **신인식** : 농협은 디지털농업 추진을 위해 2022년 3월에 농협전체 보유 농업관련데이터를 통합 관리하는 "빅데이터 플랫폼"을 개발완료 후 시범을 시작할 계획입니다. 그리고 플랫폼 구축 후 농산물가격예측서비스, 스마트팜 최적 생육환경가이드(농촌진흥청 등이 보유한 데이터와 연계), 농·축협 고객기반 신용·경제통합데이터 제공, 데이터 기반 소매유통영업지원 등의 서비스를 제공할 계획입니다. 또한 농업관련뉴스, 스마트팜자재정보, 정부지원제도, 농촌여행정보 등과 농민의 각종

의견을 자유롭게 교환하는 커뮤니티 즉 "다재다능농사도우미"를 표방하는 NH농업인포털정보시스템을 개발 중입니다. 스마트 농업 인큐베이터 추진을 위해 농협은 청년농·중소농이 느끼는 스마트농업의 진입장벽을 낮추고자 보급형 스마트팜 추진을 위해 농협대학에 스마트팜시범모델을 설립하고 작물재배를 시작하였습니다. 여기서는 스마트농업에 적합한 작물과 자재를 실험하고, 중소농·청년농이 부담 없이 견학할 수 있는 교육장으로 활용할 계획입니다. 즉, 농협의 최종 청사진은 농협 스마트팜 전 주기의 통합지원 플랫폼으로 농사준비시작·판매·유통·경영지원 등 일관체계 구축에 있습니다.

　사회자 : 다음은 농협의 스마트팜 보급촉진을 위한 대출상품에 대해 소개해주시지요.

　신인식 : 농협은행은 스마트팜 도입을 돕는 대출상품으로 "NH스마트팜 론"을 출시하였습니다. 이는 스마트팜에 도전하는 강소농과 청년농에게 유용한 대출상품으로 영농경력과 교육이수실적을 토대로 하는 NH팜 성공지수를 자체개발하여 성공지수에 따라 최대 1.6%포인트의 우대금리제공과 신용대출한도를 추가로 증대하였습니다. 최대 15년간 시설자금지원을 하며, 대출한도는 농민 5억 원, 농업법인 10억 원입니다.

3. 상호금융과 디지털 혁신

사회자 : 디지털농협 추진 중 스마트농업추진에 대해서 설명하였습니다. 다음은 지역 및 품목 농·축협에서 관심이 매우 많을 농협상호금융의 디지털혁신에 대해서 설명해주시지요.

신인식 : 농협상호금융의 디지털 혁신은 빅데이터 활용입니다. 빅데이터는 21c 원유라고 할 수 있으며, 정치·경제·사회 등 모든 분야에서 활용되고 있습니다. 농협상호금융도 빅데이터 플랫폼 구축으로 농·축협 마케팅에 활용하고 고객에게 맞춤형서비스제공으로 경쟁력을 높여야 할 것입니다.

사회자 : 농협상호금융부문에 빅데이터 플랫폼 구축으로 경쟁력을 높여야 한다고 설명하였는데 구체적으로 어떻게 추진한다는 것인지 단계별로 설명해주시지요.

신인식 : 농협 상호금융 빅데이터 플랫폼 추진단계를 보면, 1단계(2018)는 빅데이터 플랫폼 구축으로 전국 농·축협 고객들의 계좌와 카드 실적 등 금융거래 정보, 농·축협의 사업손익, 고객현황 등을 수집해 저장·가공·분석·처리하는 것입니다. 2단계(2019~2020)는 공간분석, 빅데이터 시각화와 점주권 분석화면 개발 등 1차 고도화로 분석데이터를 실무부서에 지원하여 사업계획·교육자료·보고서 등 작성 시 빅데이터를 활용하는 것입니다.

사회자 : 2단계에서는 분석데이터를 실무부서에 지원하여 활용한다고 하였는데 이를 구체적으로 예를 들어 설명하는 것이 이해가 빠를 것 같군요.

신인식 : 예를 들면 ATM(현금 자동입출금기) 수수료 현황과 거래우대 사유 분석으로 ATM 운영전략 수립, 비대면 전용상품 거래현황을 분석한 데이터로 상품판매 통계작성뿐만 아니라 고객 대상 마케팅이나 지점개설·이전 등에 빅데이터 활용이 가능합니다. 그리고 보험료 출금계좌 정보를 활용해 신용카드로 보험료 납입을 유도하는 등 맞춤형 마케팅 실시가 가능합니다. 또한 지점인근 아파트고객 점유율을 분석해 준조합원 가입 추진 및 지점이전 결정 시 거래고객자료로 활용합니다. 뿐만 아니라 분석보고서를 주기적으로 발행 제공하여 농·축협 자동화기기 거래현황분석, 인터넷전문은행 가입고객 현황 분석, 코로나 19에 따른 소비성향 분석 등이 가능합니다. 최종목표는 3단계(2021~2022)인 빅데이터 포털 구축으로 농·축협들이 자체적으로 빅데이터를 활용하고, 앞으로 고객관리와 마케팅뿐만 아니라 대출연체를 예측하는 등 다양하게 활용될 것입니다.

4. NH농업인포털정보시스템

사회자 : 농사와 농촌생활 정보를 총망라해 제공하는 "농업판 네이버"라고 할 수 있는 농협중앙회가 개발하는 "NH농업인포털정보시스템"은 어떤 것인지요?

🔹 **신인식** : "NH농업인포털정보시스템"은 농사와 농촌생활 정보를 총망라해 제공하는 것입니다. 이는 영농·교육·생활정보에 대한 개인별 맞춤형 콘텐츠를 한눈에 볼 수 있고, 농업부문 공공·민간 기관에 흩어져 있는 각종 정보를 하나의 채널에서 찾을 수 있습니다.

🔹 **사회자** : "농업판 네이버"라고 할 수 있다고 하였는데 … 좀 더 구체적으로 설명해주시지요.

🔹 **신인식** : 농업인포털에는 농민전용 온라인 채널, 영농지원서비스, 온라인커뮤니티로 분류·정리하여 농업인이 원하는 정보를 쉽게 활용할 수 있도록 하는 것입니다. 농민 전용 온라인채널에는 농협경제지주, 농협대학, 농민신문사 등과 협업 시스템구축으로 영농지원, 스마트농업, 온라인커뮤니티, 교육·생활정보 등 농업·농촌 관련 콘텐츠를 한데 모아 제공합니다.

🔹 **사회자** : 농업인포털은 농민전용 온라인 채널로 농업판 네이버이군요. 예를 들어 설명하면 좀 더 이해가 쉬우리라 생각됩니다.

🔹 **신인식** : 예를 들어 영농지원 서비스는 농업·농촌 관련 뉴스, 온도·습도·풍속·강수량 등 기상정보, 병해충예측지도를 포함한 지리정보, 농축산물 가격정보 등을 제공할 뿐만 아니라 위치기반서비스를 토대로 작목별 표준 농사달력, 온라인 영농일지 등도 탑재합니다. 온라인 커뮤니티는 농민이 중심이 된 소통채널로서, 농협 임직원, 전문가, 선도농가 등이 참여해 최신농업정보와 영농기술 노하우를 공유하는 장으

로서 전국 1,118개 농·축협별로 온라인 커뮤니티가 생성되어 현장지도가 강화되고 즉각적인 정보공유가 가능합니다.

예를 들면 폭우 예상 시 영농지도사가 피해예방조치 관련 글을 올리면 알림서비스를 통해 조합원이 바로 확인하고 대처 할 수 있게 합니다. 뿐만 아니라 스마트농업 서비스를 위하여 농협형 스마트팜 전용브랜드인 "NH OCTO"를 농업인 포털에 탑재하여 중·소농과 청년농을 위한 서비스를 합니다. 예를 들면 스마트팜 정부지원정책과 스마트팜모델소개, 농협형 스마트팜 견적 산출 등을 할 수 있습니다.

4 디지털시대 농업·농업인·농업경영

🔁 **사회자** : 4차 산업혁명에 의한 디지털농업 즉, 스마트팜·수직공장 등은 토지·노동·자본 등 생산요소이용이 전통적인 농업과 다르므로 농업·농업인·농업경영 등에 대한 개념의 재정립이 필요하다고 생각합니다. 특히 농업의 가장 기본요소인 농지에 대한 개념도 다시 생각해보아야 한다고 생각합니다. 그러므로 먼저 농지에 대한 개념에 대해서 생각해봅시다.

1. 농지

🔁 **신인식** : 농지는 토지의 용도별 종류 중 하나라고 볼 수 있으므로 먼저 토지의 개념을 보면 마샬은 토지를 대자연의 무상공여물로서 인

간에게 도움이 되는 물질로서 공급량이 자연적으로 결정되기 때문에 인간이 임의로 조작할 수 없는 땅과 하천 지하자원 등 일체라고 하였습니다(A. Marshall, 1959). 그러므로 토지의 공급은 지구상에 있는 모든 자원 즉, 지상·지하·해역 및 자연환경 등을 통틀어 일컫는 물리적 공급으로 고정되어있습니다. 이중 사람이 사용하고 있는 부문을 경제적 공급이라고 할 수 있습니다.

사회자 : 토지의 공급은 지구상에 있는 모든 자원을 물리적 공급이라고 하고 물리적 자원 중 인간이 사용하고 있는 토지를 경제적 공급이라고 하는 군요. 다음은 토지의 용도별 종류를 설명해주시지요.

신인식 : 토지는 용도별로 농경지·목초지·임산지를 포함한 농업용 토지, 택지, 상·공업용 토지, 관광휴양지, 광업용지, 교통용지, 공공시설용지, 나지, 볼모지, 황무지 등이며 용도별 상호 경합이 일어나며 용도의 결정은 시장거래를 통해 결정된다고 볼 수 있습니다.

사회자 : 다음은 농지의 개념을 정리하고, 농업의 ICT 융복합기술 적용 등 환경변화에 따른 농지의 개념을 논의해 봅시다.

신인식 : 농지는 농산물을 생산하는 흙, 토지, 땅 즉, 농업을 경영하기 위하여 사용하는 토지로서 토지대장지목에 따르지 않고 토지현상에 따라 결정됩니다. 농지에 대한 법적개념을 보면, "농지"란 다음 각 목의 어느 하나에 해당하는 토지를 말한다. 가. 전·답, 과수원, 그밖에 법적 지목(地目)을 불문하고 실제로 농작물 경작지 또는 대통령령으로

정하는 다년생식물 재배지로 이용되는 토지(농지법 제2조)입니다. 농지의 개념을 보면, 법적지목에 관계없이 경작을 하는 토지가 농지이며, 식량공급과 환경보전차원에서 제한과 의무가 따릅니다.

🌀 **사회자** : 최근 농업의 ICT 융복합기술 적용 등 환경변화를 보면 농지의 개념을 다시 논의해보아야 한다는 의견이 많습니다. 지하철역이나 아파트형에서 농산물을 생산하는 식물공장 등은 흙·토지·땅이 아니므로 농지라고 할 수 없으나 농산물을 생산하므로 농지라고 할 수도 있을 것입니다. 그리고 급격하게 확대되고 있는 도시농업 유형 중 주택활용형으로 베란다 난간이나 옥상이용, 도심형(빌딩텃밭) 즉, 고층빌딩 옥상활용에 의한 농산물 생산도 같이 논의가 되어야 한다는 의견이 많습니다.

🌀 **신인식** : 농지는 법적지목에 관계없이 농산물을 생산하는 토지라고 할 수 있으므로 도시농업이나 식물공장부지 등도 개념상 농지라고 할 수 있을 것이나, 농산물 생산방법이 다양하므로 세부적인 사항은 따로 규정하여야 할 것으로 보입니다.

🌀 **사회자** : 농지의 개념을 간단하게 정리할 수 있는 게 아니군요. 그러면 현실적으로 식물공장 등에 대한 농지의 개념을 외국의 사례와 우리나라는 법적으로 어떻게 처리하고 있는지를 설명해주시지요.

🌀 **신인식** : 우리나라에서는 식물공장에 관심이 많은 반면, 특별한 법이나 제도가 없기 때문에 식물공장은 기존의 농업 관련 법률들이 적

용되고 공장의 요소와 연관된 측면에 있어서는 소방법, 건축법 등 관련 법규들의 적용을 받게 될 것입니다. 식물공장은 농업생산시설이 아닌 탓에 농업진흥지구에 들어설 수 없고, 그렇다고 제조업에 속한 것도 아니기 때문에 농공단지에 입주할 수도 없습니다. 우리와 비슷한 농지법제를 가진 일본사례를 보면 식물공장의 부지는 공식적으로 '농지(農地)'에 포함되게 되어 있습니다.

2. 농업의 개념

💫 **사회자** : 농지와 마찬가지로 농업의 개념도 농업부문 ICT 융복합 적용 등 환경변화에 따른 개념의 변화가 있다고 보는데 먼저 기존의 농업 개념을 설명해주시지요.

💫 **신인식** : 테어와 슐츠, 등은 농업의 개념을 광의로 보면 인류의 욕망충족에 직접 또는 간접으로 유효한 식물성 및 동물성 물질을 생산하는 원시산업의 한 부문이고, 협의로 보면 토지를 이용해서 식물 및 동물을 육성하여 생산물을 얻으며, 또 때에 따라서는 이 생산물을 다시 가공하여 수익을 얻으려고 하는 경제적 활동이라고 하였습니다. 농업·농촌 및 식품산업 기본법 제3조를 보면 "농업이란 농작물 재배업, 축산업, 임업 및 이들과 관련된 산업으로서 대통령령으로 정하는 것을 말한다."고 되어 있습니다.

농업의 개념을 정리해보면, 흙, 토지, 땅을 이용하여 인간 생활에 필요한 식물을 가꾸거나, 유용한 동물을 기르거나 하는 산업으로 농산가

공이나 임업 따위도 포함합니다. 즉, 농업은 생산요소인 토지, 노동, 자본 및 경영을 투입하여 농산물을 생산하는 산업으로 반드시 땅을 이용하는 것으로 볼 수 있습니다. 오늘날의 농업은 농축산물의 생산뿐만 아니라 그들의 가공, 판매, 그리고 농토의 정비, 비료 및 농약, 종묘, 농기구 등의 관련 산업 분야에까지 확대되기도 합니다. 그러나 우리나라에서 농업의 정의는 기본법에서 보듯이 1차 산업에만 국한되어 있습니다.

🔁 **사회자** : 농업의 정의는 농산물 생산부문인 1차 산업이라고 하기도 하고 가공·판매를 포함하기도 하는 군요. 그리고 법적으로는 1차 산업에 국한하고 있군요. 그러면 농업부문 ICT 융복합기술 적용 등의 환경변화에도 1차 산업으로 국한할 수 있는지요.

🔁 **신인식** : 농업부문에 ICT 융복합기술 적용 등 환경변화는 농업의 정의가 1차 산업에 국한하거나 반드시 땅을 이용하여 농산물을 생산하는 것을 농업이라고 하기는 한계가 있다고 봅니다. 땅을 이용하지 않는 식물공장, 농산물가공과 판매 등 6차 산업, 도시농업 등을 농업으로 볼 것인가? 그리고 스마트팜이나 식물공장 등 2차 산업으로 공업, 중소기업으로 볼 것인가? 등도 논의가 되어야 할 것입니다. 즉, 유럽과 일본처럼 기본법에서는 포괄적으로 농산물 생산 등 포괄적으로 농업을 정의하고 개별 법률에서 목적에 맞게 정의하고 기준을 명시하는 방법도 생각해 볼 수 있습니다. 예를 들면 포괄적으로 농산물을 생산하면 농업이라고 정의하고 농산물 생산목적에 따라 전업농업, 취미농업, 자급농업, 도시농업, 관광농업, 기업농업 등으로 구분하고, 생산방법에 따라 스마

트농업, 수직농업, 6차 산업 등으로 구분한 후 생산목적과 방법에 맞게 정의하고 기준을 명시하는 방안입니다.

3. 농업인 자격

🔁 **사회자** : 통상 농촌마을에 살면서 마을공동체를 지켜나가고, 농사일에 전념하면서 여기서 나오는 소득에 의지하여 살아가는 사람을 농민이라고 생각합니다. 그러나 누구나 생각하는 진짜 농민을 구분할 수 있는 합의된 기준도 현실적 제도도 마련되어 있지 않아 농민의 법적요건은 명확하지 않다고도 합니다. 법에서 주로 사용하는 농업인은 우리가 생각하는 농민과는 심리적 거리가 있으나 법에 의한 농업인자격기준으로 농업부문 ICT 융복합기술 적용 후의 농업인자격을 논의하는 것도 의미가 있다고 봅니다.

🔁 **신인식** : 농업경영학 교과서에 의하면 "농업경영자는 농업경영을 조직하고 운영하며 그 재생산기능을 담당하는 사람, 보통 농가의 세대주이나 그 이외의 사람일수도 있고 법인일수도 있다"고 하였습니다. 법에 의한 농업인자격을 보면, 농업인이란 첫째, 1천 제곱미터(약 303평) 이상의 농지를 경영하거나 경작하는 사람. 둘째, 1년 중 90일 이상 농업에 종사하는 자. 셋째, 농업경영을 통한 연간 판매액이 120만 원 이상인 자. 넷째, 영농조합법인과 농업회사 법인에서 1년 이상 계속 고용된 자(「농어업·농어촌 및 식품산업기본법」 제3조 제2호 가목 및 동법 시행령 제3조 1항)로 되어 있습니다. 이를 보면 농업인의 범주를 일반

적인 생각보다 상당히 폭넓게 규정하고 있습니다. 최근 일부지역에서 도입하고 있는 농민수당의 대상자는 이법에 의한 농업인으로 하고 있습니다.

🔄 **사회자** : 현행 농업인에 대한 기준이 최소기준이기는 하나 경제적 관점에서 본다면, 경지면적 1,000㎡의 경우에도 농업소득을 얻기에는 매우 작은 면적이며, 소득적 관점에서 농산물판매액이 연간 120만 원 이상은 낮게 설정되었고 '연간 90일 이상 농업에 종사해야 한다'는 기준의 경우는 현실적으로 확인할 방법이 쉽지는 않습니다. 이에 대해 구체적으로 예를 들어 설명해주시지요.

🔄 **신인식** : 일본은 재배면적 3,000㎡ 이상과 판매금액 50만 엔 이상 재배농가를 판매농가로, 이하를 자급적 농가로 구분하여 농업정책대상과 복지정책대상을 구분하고 있습니다.

🔄 **사회자** : 최근 농산물생산에 ICT 융복합기술을 적용하는 4차 산업시대에 식품산업기본법과 농지법에 규정되어 있는 농업인 자격기준은 재검토되어야 한다고 보는데…….

🔄 **신인식** : 농업인이란 법적개념(농지법, 식품산업기본법 등)이 ICT 융복합기술을 적용한 스마트팜, 식물공장, 도시농업 및 6차 산업 등을 경영하거나 이에 종사하는 사람을 농업인이라 할 수 있는가에 대한 논의가 필요할 것입니다. 스마트팜과 식물공장의 면적과 수가 많아질 것이며, 스마트팜·식물공장·도시농업 등 생산목적과 방법이 기존생산방

법과 다릅니다. 즉, 농지를 이용하지 않으며, 면적도 100평 이하가 많아 농업인 기준에 맞지 않으나 농산물 판매액과 종사일수로 보면 농업인 자격기준에 부합하는 것입니다. 식물공장은 상시고용을 하는 등 중소기업이라고 볼 수 있으므로 운영자를 농업인이라 할 수 있느냐? 상시고용자도 고용일수가 90일 이상이므로 농업인인가? 스마트팜도 1, 2세대는 농업이라고 할 수도 있으나 3세대는 중소기업이라고 할 수 있으며 경영자와 고용자도 식물공장과 같이 논의되어야 할 것입니다.

사회자 : 농업과 농업인의 정의는 제1차 산업에만 국한되어 있어 농산물생산을 융복합할 수 있는 제2, 3차 산업은 언급되어 있지 않습니다. 이에 대한 대안을 설명해주시지요.

신인식 : 농업의 정의와 마찬가지로 농업인의 정의도 구체적으로 농업소득·농산물 판매액·농지면적 규모 및 농업종사일수 등으로 규정하는 열거주의는 규정위배에 대한 판단도 쉽지 않고 농업환경변화에 시의 적절하게 대처하기도 어려우므로 포괄적으로 규정하고 부문별 적용 시 구체적으로 규정하는 방안을 생각해 봅니다.

지역·품목조합

제4장

조합원

▐ 조합원의 자격

사회자 : 협동조합의 발생 및 변천 그리고 한국협동조합의 주변 환경 변화 등에 대해서 개략적으로 알아보았습니다. 이제 협동조합의 구성원이며 협동조합운영의 실질적인 주체이며, 조합임원 선거의 유권자일 뿐 아니라 출마자일 수 있는 조합원의 자격·종류 및 범위 등에 대한 것을 알아보는 것이 중요하겠지요. 그러나 요즈음 논의되고 있는 헌법 개정에 농업인의 경제적·사회적 권익보호 확대, 경자유전 원칙, 소작제금지 등에 관해 먼저 논의해보는 것이 좋겠습니다.

1. 경자유전의 원칙

신인식 : 우리나라 헌법은 1948년 제정 이후 9차례 개정되었는데 1987년 9차 개헌 이후 30년째 현행 헌법이 유지되고 있습니다. 그러므로 개정논의에서 농업·농촌의 역할이 시대변화에 따라 다양하게 변화되고 있으므로 이를 반영하여야 할 것입니다.

💬 **사회자** : 그러면 구체적으로 헌법에 어떤 조항을 어떻게 개정해야 하는지를 논의하도록 합시다. 논의되고 있는 것이 경자유전의 원칙과 소작제도금지 등에 관한 것인데 하나씩 설명해 주시지요.

💬 **신인식** : 헌법 제121조 1항에 "국가는 농지에 관하여 경자유전의 원칙이 달성될 수 있도록 노력하여야 하며, 농지의 소작제도는 금지된 다."고 명시되어 있습니다. 그리고 2항에 "농업생산성의 제고와 농지의 합리적인 이용을 위하거나 불가피한 사정으로 발생하는 농지의 임대차와 위탁경영은 법률이 정하는 바에 의하여 인정된다."고 되어 있습니다. 먼저 경자유전의 원칙을 강화해야 한다는 의견이 많습니다. 경자유전은 국토·환경보전, 식량주권수호, 농업의 다원적 가치 보전·계승이란 헌법의 핵심가치이므로 더욱 강화되어야 한다는 의견이 많습니다.

소작제도 금지규정은 121조 2항에 소작제를 의미하는 농지임대차와 위탁경영 허용 조항이 있으므로 삭제되어야 하며, 동시에 불가피한 사정이란 용어 삭제로 예외조항을 엄격하게 할 필요가 있다는 의견도 있습니다.

2. 조합원 현황

💬 **사회자** : 헌법 개정은 국민적 합의가 있어야겠지요. 여기서는 이런 조항들이 논의 필요가 있다는 정도로 하고 조합원의 자격문제를 논의하기 전에 농협조합원 현황을 먼저 알아볼 필요가 있다고 생각합니다.

🔁 **신인식** : 농협조합원수는 농가인구의 감소로 인하여 복수조합원을 허용하였음에도 불구하고 급격하게 감소하였을 뿐만 아니라 고령화가 심화되고 있습니다.

농협 조합원 수 추이를 보면 2011년 2,447천 명, 2015년 2,292천 명, 2020년에는 2,085천 명으로 2011년 대비 약 15% 감소하였습니다. 조합원 연령별 비중을 보면(2018) 70세 이상이 38%, 60세 이상은 70%를 상회하고 있습니다.

🔁 **사회자** : 복수조합원을 허용하였음에도 농가인구 감소로 조합원 수가 급격하게 감소하고 있군요. 특히 고령화조합원의 증가도 조합원수에 영향을 미치겠군요. 그러면 조합별 조합원수의 현황을 알아보는 것이 중요하다고 생각됩니다.

🔁 **신인식** : 2020년 기준 농협의 조합 당 조합원수는 1,865명인데 1천 명 미만인 조합이 183개 조합이며, 500명 미만도 40개 조합에 달합니다. 조합별로 조합원수가 1천 명 미만인 조합의 수를 보면 농협은 지역농협과 품목농협이 각각 64개, 27개 조합이며, 축협은 지역축협과 품목축협은 63개와 21개 조합입니다. 500명 미만인 조합도 지역농협이 1개, 품목농협이 8개 조합이며, 지역축협과 품목축협은 각각 8개 20개 조합입니다.

3. 조합원의 자격

1) 산림조합과 수협의 조합원 자격

🔁 **사회자** : 농·수·산림조합 조합원의 자격요건은 협동조합 개별법 즉, 농협법·수협법·산림조합법에 규정되어 있습니다. 먼저 산림조합의 조합원 자격에 대해서 말씀해 주시지요.

🔁 **신인식** : 산림조합 조합원 자격은 해당 구역에 주소 또는 산림이 있는 산림소유자나 사업장이 있는 임업인 입니다. 대통령령이 정하는 (산림조합법 시행령 제2조 대통령령 제29115호 일부개정 2018.8.22.) 임업인의 범위는 3ha 이상의 산림에서 임업을 경영하는 자나 1년 중 90일 이상 임업에 종사하는 자와 임업경영을 통한 임산물의 연간 판매액이 120만원 이상인자입니다.

그리고 등록된 산림용 종묘생산업자, 300제곱미터 이상 포지에 조경수 또는 분재소재를 생산하거나 산채 등 산림부산물 재배자, 대추나무와 호두나무 1,000제곱미터 이상 재배하는 자, 밤나무 5,000제곱미터 이상 재배하는 자, 잣나무 10,000제곱미터 이상 재배하는 자, 연간 표고자목 20제곱미터 이상 재배하는 자입니다.

🔁 **사회자** : 다음은 수협의 조합원 자격에 대해서 말씀해 주시지요.

🔁 **신인식** : 수협은 지구별 수협·업종별 수협·수산물가공수협 등으로 구분되는데 각각의 조합원 자격 요건을 보면, 지구별·업종별 수협은 공히 1년 중 60일 이상 어업을 경영하거나 종사하는 자이며, 지구별 수

협은 구역에 주소·거소·사업장이 있어야 합니다.

2) 지역 농·축협의 조합원 자격

🔁 **사회자** : 조합원 자격을 보면 산림조합의 경우 산림소유자와 1년 중 90일 이상 임업에 종사하여야 하며, 수협은 1년 중 60일 이상 종사하여야 하는 군요. 그러면 농협의 조합원 자격에 대해서 설명해 주시지요.

🔁 **신인식** : 지역농협 조합원의 자격(농협법 제19조)을 보면 지역농협의 구역에 주소, 거소(居所)나 사업장이 있는 농업인(지역축협은 축산업을 경영하는 농업인)이어야 하며, 둘 이상의 지역농협에 가입할 수 없습니다. 그리고 「농어업경영체 육성 및 지원에 관한 법률」에 따른 영농조합법인·영어조합법인과 농업회사·어업회사 법인으로서 그 주된 사무소를 지역조합의 구역에 두고 사업을 경영하는 법인은 지역조합의 조합원이 될 수 있습니다. 또한 특별시 또는 광역시의 자치구를 구역의 전부 또는 일부로 하는 품목조합도 해당 자치구를 구역으로 하는 지역농협의 조합원이 될 수 있습니다.

🔁 **사회자** : 조합원 자격에 대해 총괄적으로 말씀하셨습니다. 좀 더 구체적으로 알아보는 것이 좋을 것 같습니다. 조합원의 자격요건이 농업인이어야 하는데 농업인의 범위를 좀더 구체적으로 설명해주시지요.

🔁 **신인식** : 농협법에 의한 지역농협 조합원의 자격요건인 농업인의 범위(시행령 제4조)는 다음과 같습니다.

첫째, 1천 제곱미터(약 303평) 이상의 농지를 경영하거나 경작하는 자. 둘째, 1년 중 90일 이상 농업에 종사하는 자. 셋째, 잠종 0.5상자(2만립 기준상자)분 이상의 누에를 사육하는 자. 넷째, 농지에서 330제곱미터(약 100평) 이상의 시설을 설치하고 원예작물을 재배하는 자. 다섯째, 660제곱미터(약 200평) 이상의 농지에서 채소·과수 또는 화훼를 재배하는 자. 여섯째, 대가축(소, 말, 노새, 당나귀) 2두, 중가축〈돼지(젖먹는 새끼돼지 제외), 염소, 면양, 개, 사슴〉5두(개20마리), 소가축(토끼) 50마리, 가금(닭, 오리, 칠면조, 거위) 100마리, 꿀벌 10군 이상을 사육하는 자입니다.

🔄 **사회자** : 조합원 자격에 필요한 가축의 사육 기준을 농림축산식품부 고시 제2020-57호로 개정하여 고시하였습니다. 특히 최근에 포함된 곤충사육농가의 구체적 기준을 고시하였습니다. 이를 구체적으로 설명해주시지요.

🔄 **신인식** : 먼저 지역농협의 경우 조합원 자격에 필요한 가축사육기준은 오소리와 타조가 각각 3마리이상, 꿩과 메추리 300마리 이상입니다. 그리고 곤충은 지역 농·축협 모두 흰점박이 꽃무지 1,000마리, 장수풍뎅이 500마리, 갈색거저리 6만 마리, 넓적사슴벌레와 톱사슴벌레가 각각 500마리 이상입니다. 다음으로 지역축협을 보면, 소·말·노새와 당나귀가 2마리, 착유우 1마리, 돼지 10마리, 오리·거위·칠면조 200마리, 꿩은 1,000마리 이상이며, 염소·개·양·오소리와 타조도 각각 20마리, 사슴 5마리, 토끼 100마리, 육계·꿩·메추리 1,000마리, 산

란계 500마리, 꿀벌 10군 이상입니다. 지역축협의 조합원 자격의 최소 가축사육두수는 지역농협보다 크게 많습니다. 그러나 곤충의 조합원 자격요건은 지역농협과 기준이 같습니다.

3) 품목농·축협의 조합원 자격

😊 **사회자** : 다음은 품목 농·축협의 조합원 자격에 대해 설명해주시 지요.

😊 **신인식** : 먼저 품목농협을 보면 시설채소 2천 제곱미터(606평), 채소·과수·유실수 5천 제곱미터(1,515평), 시설화훼 1천 제곱미터(303 평), 화훼 3천 제곱미터 이상입니다. 그리고 완초·버섯·특용, 약용은 자율결정하며, 인삼은 경작자입니다. 다음 품목축협은 한육우·사슴 10마리, 착육우 5마리, 돼지·토끼 200마리, 염소·개 50마리, 여우 100마리, 밍크 300마리, 말 2마리, 육계 1만 마리, 산란계 5천 마리, 오리 1천 마리, 말 2마리, 꿀벌 20군 이상입니다.

4) 조합원 자격의 명확화

😊 **사회자** : 농협법 등에서 조합원 자격을 규정하고 있으나 이에 대한 구체적 설명이 필요하다고 생각됩니다. 먼저 1천 제곱미터(약 303 평) 이상의 농지를 경영하거나 경작하는 자에 대해 명확하게 설명해주시 지요.

🔁 **신인식** : 농지는 지목이 전·답으로 되어 있으면 당연히 농지이나 지목이 전·답이 아닌 토지에서 다년생식물 재배지(농지법시행령 제2조 제1항)는 농지로 봅니다. 다년생식물은 목초, 종묘, 인삼, 약초, 잔디 및 조림용 묘목, 과수, 뽕나무, 유실수 그 밖의 생육기간이 2년 이상인 식물, 조경 또는 관상용 수목과 그 묘목(조경목적 식재 제외) 등입니다. 그러나 농지로 보지 않는 경우는 「측량·수로조사 및 지적에 관한 법률」에 따른 지목이 전·답, 과수원이 아닌 토지로서 농작물 경작지 또는 지목이 다년생식물 재배지로 계속하여 이용되는 기간이 3년 미만인 토지, 지목이 임야인 토지로서 그 형질을 변경하지 아니하고 다년생식물의 재배에 이용되는 토지, 형질변경 임야인 토지를 절토·성토 등으로 농지로서의 형태를 갖추는 행위, 「초지법」에 의하여 조성된 초지 등입니다. 그리고 판매목적의 관상용 수목을 재배하는 경우도 농지를 경영하거나 경작하는 것으로 볼 수 있으므로 조합원 가입이 가능할 것입니다.

🔁 **사회자** : 복수조합원의 허용으로 동일가구 내 가구원도 조합원 자격이 있는데 가구원 각자가 이 조건을 갖추어야 하는지요.

🔁 **신인식** : 동일가구 내 가구원에 대해 대법원의 조합원 자격 판례 (2010. 9. 30 선고)로서 설명하겠습니다. 농협법 제19조 제1항 또는 낙농협동조합 정관에 조합원의 자격으로 조합의 구역 안에 주소·거소·사업장이 있으며, 착유우 5두 이상 사육하는 농업인이라고 규정하고 있을 뿐이므로 동일가구 내의 여러 사람이라도 이 요건을 구비하는 한 모두가 조합원이 되고 각자가 별도로 축사를 운영하여야만 하는 것은 아니

라고 하였습니다.

사회자 : 농협법의 농업인의 범위 중 셋째 항부터는 명확하나 첫째와 둘째 항에 대해서는 좀 더 설명이 필요하다고 생각됩니다. 먼저 농지를 경영하거나 경작한다는 의미에 대해서 설명해 주시지요.

신인식 : 농업인의 범위를 엄밀하게 정의한다는 것은 쉬운 일이 아닙니다. 농지를 소유하고 있으나 영농에 직접 종사하지 않는 자(지주), 농지가 없으나 직접 영농에 종사하는 사람들이(관리인, 농업노동자) 있습니다. 가족 경영의 경우 농지를 소유하면서 직접 영농에 종사하므로 농업인의 규정이 용이합니다. 이 경우 가족원도 당연히 농업인으로 규정할 수 있습니다.

다음으로 경영과 경작에 대해서 설명하겠습니다. 가족농의 경우 경영과 경작을 모두 한다고 볼 수 있습니다. 즉, 경영자이면서 경작자라 할 수 있습니다. 그러나 자본가적 농업경영에서는 경운·파종·시비 등의 농작업은 하지 않으나 관리자·사업가로서 작목선택·생산요소 결합·영농계획 및 수지계획·경영분석 등을 하는 것도 경영자라 할 수 있습니다.

사회자 : 농업경영자이면서 농작업자이면 당연히 농업인이고, 직접 농작업을 하거나 의사결정 등 경영을 하는 사람도 농업인으로 본다는 의미이군요. 다음으로 1년 중 90일 이상 영농에 종사하는 자는 어떻게 확인할 수 있는지요?

신인식 : 90일이라는 것이 추상적이지요. 하루에 1시간씩 일을 할 수도 있고, 영농계획을 수립하는 것 등도 농업에 종사하는 것으로 보아야 하는 등 규정하기가 어렵습니다. 그래서 농림수산식품부 고시 제2015-155호에 다음의 증명서류를 제출하게 되어있습니다. 첫째, 가족원인 농업종사자는 농업인의 자격기준을 갖춘 농업인(시행령 제4조의 어느 하나에 해당하는 농업인)의 가족원으로 등록된 주민등록등본 또는 초본, 둘째, 국민연금법과 국민건강 보험법의 지역가입자임을 확인할 수 있는 서류를 제출하여야 합니다. 그리고 가족원이 아닌 농업종사자는 농업경영주와 1년 중 90일 이상 농업경영이나 농지경작활동의 고용인으로서 종사한다는 것을 내용으로 체결한 서면 계약서를 제출하여야 합니다. 서류에 의해 확인이 어려운 경우 「농어업 경영체 육성 및 지원에 관한 법률」 제14조에 따른 농어업경영정보등록여부를 통해 농업종사여부를 확인합니다.

농지법, 농어업·농어촌 및 식품산업기본법, 대통령령 등에서 정한 농업인의 정의에 의한 조합원 자격을 정의해 보면 농업을 경영·경작 즉, 농업에 종사하여야 하므로 어느 정도 계속적·반복적으로 활동하여야 한다고 볼 수 있습니다.

5) 조합원 자격의 확인방법

사회자 : 농업인의 정의에 대해 구체적으로 설명하였는데 농업인임을 확인할 수 있는 확인서류를 구체적으로 설명해주시지요.

🔁 **신인식** : 농지원부, 농업경영체 등록확인서 및 자경증명서 등의 서류에 의해 확인할 수 있습니다. 그러나 개, 꿀벌 등 농업인 확인서류를 제출할 수 없는 경우에는 직원이 현지실태조사 및 객관적 입증자료를 통해 확인해야 합니다. 가축사육기준으로 조합원 가입은 가축매매증서, 사료구매실적, 가축출하실적 등으로 확인하며, 해당 가축을 조합원 자격인정 기준인 최소 가축 사육두수로 나누어 동일세대에서 다수가 복수조합원 가입은 안 됩니다. 그리고 쇠고기 이력제는 등록되어 있으나 해당 조합원 앞으로 사료구매실적, 가축출하실적 등 객관적인 증빙자료가 없는 경우 조합원 가입은 안 됩니다. 뿐만 아니라 조합원이 축산을 경영 또는 사육하지 않고 가축시장에서 가축을 구매하여 해당 축협에 출하하는 경우에도 조합원가입은 불가합니다.

🔁 **사회자** : 조합원 자격확인을 위해서 지역 농·축협이 조합원실태조사를 매년 하는데 이에 대해서 설명해주시지요.

🔁 **신인식** : 지역 농·축협은 조합원을 대상으로 조합원 자격이 있는지를 1년에 1차례씩 점검하는 조합원 실태조사를 하고 있습니다. 이는 조합원이 아닌 자가 조합장선거 등에 참여하거나 조합으로부터 각종 혜택을 받는 것을 막기 위한 목적입니다. 조합원임을 증명하려면 조합원이 읍·면·동사무소를 방문하여 농지원부를 발급받거나 국립농산물품질관리원 시·군사무소에서 농업경영체 확인서를 떼야합니다.

🔁 **사회자** : 갈수록 조합원이 고령화되는 농촌현실에서 조합원이 조

합원임을 증명하기 위한 서류 발급을 받기가 번거롭다 는 불만이 많은 데…….

신인식 : 고령자에게는 번거로울 것입니다. 그러나 2020년 8월 15일부터 정부의 농림사업정보시스템(AGRIX)에서 조회했던 농업경영체등록확인서를 국립농산물 품질관리소가 아닌 농협의 조합원관리시스템에서 조회할 수 있습니다. 즉, 지역농·축협에서 발급받을 수 있습니다. 단 개인신용정보 수집·이용 동의서(조합원 자격심사확인용)를 미리 제출해야 하며, 발급받은 농업경영체 등록확인서는 조합원 자격 확인을 위한 목적이외에는 사용할 수 없습니다. 또한 농업경영체 등록확인서 열람 권한은 농·축협의 조합원 담당자 1명만 할 수 있습니다.

사회자 : 농업경영체 등록확인서에 대해서 설명하였습니다. 그러면 농업경영체등록 관리는 어떻게 하고 있습니까?

신인식 : 원칙적으로 영농상황이 바뀌면 농민은 14일 이내에 국립농산물품질관리원에 방문하거나 유선 또는 온라인으로 할 수 있습니다. 그러나 농민이 정보갱신을 거부하거나 연락이 두절되면 정보현행화에 어려움이 있었습니다. 이에 따라 농어업경영체 육성 및 지원에 관한 법률 시행령 및 시행규칙 개정안이 2020년 8월 12일부터 시행되었습니다. 이에 의하면 농업경영체에 등록한 농민과 농업법인은 최초등록 또는 변경등록 후 3년이 지나기 전에 경영정보를 변경 등록해야 합니다. 3년이 지니도록 변경등록하지 않으면 등록정보가 말소됩니다.

즉, 등록정보의 유효기간이 3년입니다. 도입초기에는 6개월간의 유예기간을 두었습니다.

🌀 **사회자** : 조합원 전부 또는 일부를 대상으로 조합원 자격 유무 확인 시 일시적으로 조합원 자격요건이 상실된 경우 자격요건을 갖추기 위한 시간을 준다는데 이의 인정가능 사유를 구체적으로 설명해 주시지요.

🌀 **신인식** : 일시적으로 조합원 자격요건을 상실하였을 경우 자격요건을 구비할 시간을 주는 것으로 구체적으로 정관에 명시하고 있습니다. 이를 보면 농·축산업 경영에 사용되는 토지·건물 등 시설물의 수용 및 일시적인 매매, 가축의 일시적인 매매 및 가축의 살 처분, 기타 천재지변 등 불가피한 사유로 농업인의 범위를 충족하지 못한 경우로 제한하고 있습니다.

② 조합원의 종류

1. 복수조합원

🌀 **사회자** : 동일 가구 내 복수조합원 가입이 가능하면 한 가구에 3명, 4명의 조합원 가입도 가능하다는 것인데 그러면 그만큼 조합장 선거의 유권자가 많아진다는 것인데…… 무슨 목적으로 복수조합원을 허용하였는지 조합장 선거측면에서 보면 이해가 가지 않는 군요.

🔁 **신인식** : 농협은 설립 이래 1가구 1조합원제도를 채택해왔습니다. 그러나 경제개발과정에서 농촌인구의 감소에 의한 부녀자의 역할 증대와 조합원 감소로 농협조직 기반이 약화되었습니다. 뿐만 아니라 조합원의 고령화도 조합운영 활성화의 제약요인이 되었습니다. 그래서 기존 조합원과 동일가구에 속하는 실제 영농의 담당자인 동시에 농협의 이용자인 후계농민 및 부녀자 들이 농협운동에 주도적으로 참여할 수 있는 길을 열어주기 위해 복수조합원제도가 채택되었습니다.

🔁 **사회자** : 복수조합원제도가 지역농협에만 허용하고 다른 농협은 허용되지 않는다고 하는데…….

🔁 **신인식** : 그렇습니다. 지역축협과 품목별·업종별 농협의 경우 가족원은 복수조합원으로 가입할 수 없습니다. 그 결과 여성조합원의 비율이 2020년 1월 말 기준 지역농협은 33.8%인데 비해 지역축협은 1.5%, 원예농협 15.4%, 인삼농협은 18%에 불과합니다. 앞으로 여성경영주가 더욱 증가하는 추세이고 경영에 참여하는 비율이 높아지고 있으므로 지역축협·품목별·업종별 농협의 가족원도 조합원으로 가입할 수 있는 방안을 검토 하여야 할 것입니다.

2. 준조합원

🔁 **사회자** : 요즈음 많은 농협 특히 도시농협의 사업이용자가 조합원보다 준조합원의 이용이 많아진다고 합니다. 준조합원에 대해 설명해 주시지요.

◇ **신인식** : 지역농협은 조합의 구역에 주소나 거소를 둔 자로서 조합의 사업을 이용함이 적당하다고 인정되는 자 혹은 법인(주된 사무소가 농·축협의 구역에 있는 경우)을 준조합원으로 할 수 있습니다. 준조합원의 권리로 사업이용권, 이용고배당청구권 및 가입금환급 청구권이 있습니다. 의무로는 출자는 하지 아니하되 규정이 정하는 바에 따라 가입금(이사회 결정)·경비 및 과태금 납입 및 농·축협사업이용의무가 있습니다. 이사회는 매년 전체 준조합원을 대상으로 자격유무를 확인하며, 당연탈퇴사유에 해당하는 경우 정리 후 가입금을 환급합니다. 준조합원의 가입·탈퇴업무 전결권자는 직무범위규정에 의거 본점은 신용상무, 지점은 지점장입니다.

3. 명예조합원

◇ **사회자** : 명예조합원제도를 운영하는 농협이 있습니다. 이에 대해 구체적으로 설명해주시지요.

◇ **신인식** : 영농에서 은퇴한 고령농을 위해 2018년 농림축산식품부는 지역·품목·농·축협이 명예조합원제도를 도입할 수 있도록 정관례를 일부 개정 고시하였습니다. 명예조합원의 자격은 준조합원 중 일정요건을 갖춘 자 즉 연령 70세 이상 조합원가입기간 20년 이상을 최저요건으로 조합여건에 따라 총회에서 자율 결정합니다. 명예조합원의 권리는 사업이용권, 이용고배당청구권(우대 가능), 가입금환급청구권 등이 있습니다. 이용고배당 우대세부사항은 이사회에서 결정하며, 교

육지원사업 및 복지후생지원 등 세부사항은 총회에서 결정합니다. 그리고 명예조합원의 의무는 가입금 납부의무, 경비 및 과태금 납부의무, 농·축협사업이용의무가 있습니다.

🔄 **사회자** : 명예조합원 제도는 조합원이 수십 년 동안 농협의 조합원으로서 농협발전에 기여하였으나 고령화로 인하여 농업경영이 어려워 자식에게 양도 등에 의한 조합원 자격을 상실하는 경우 이분들을 예우하는 방안이군요. 구체적인 사례가 있으면 설명해주시지요.

🔄 **신인식** : 조합원 자격은 법에 정해져 있기 때문에 조합원 자격을 부여하는 것은 불가능하나 명예조합원제도 도입으로 고령조합원이 농촌사회의 구성원으로 자부심을 느끼게 하는 방안입니다. D농협의 사례를 보면 조합원 가입기간이 20년 넘고 만 70세 이상이면 가입금 100만 원을 납부하고 준조합원인 경우 명예조합원 자격을 부여하여 선거권·피선거권은 없으나 조합원과 같이 환원사업 등의 혜택을 주어 농협구성원으로서의 자부심을 느끼게 하고 있습니다.

또한 D 농협은 농협과 조합 간 신뢰 증대와 판매사업 활성화뿐만 아니라 조합원의 노후생활을 도우기 위해 퇴직금 제도를 도입하였습니다. 방법은 매출액의 0.9%에 해당하는 조합원 출하수수료(환원사업으로 지원)와 교육지원사업 0.2%를 지원함으로써 총 1.1%를 지원하는 것입니다.

🔄 **사회자** : 그러면 명예조합원은 정조합원·준조합원과 구체적으로

어떤 차이점이 있습니까?

　❷ **신인식** : 정조합원과 차이는 공익권 즉 의결권, 선거권, 피선거권이 없습니다. 그리고 준조합원에 비해 교육·복지·후생지원·이용고배당 등 조합원이 받는 혜택을 일부 받을 수 있습니다.

4. 약정조합원(우대조합원)

　❷ **사회자** : 경제사업에 대해서 조합원과 이용계약을 체결하고 성실하게 이행하는 조합원에게 우대하는 제도가 있다는데 이를 설명하여 주시지요.

　❷ **신인식** : 경제사업에 대해서 조합원과 이용계약을 체결하고, 이를 성실하게 이행하는 조합원(약정조합원)에게 사업이용·배당 등을 우대하는 제도로서 농협법(제24조 2항)에 명시되어 있습니다.

　그리고 조합은 약정조합원 육성계획을 매년 수립하여 시행하여야 하나 조합의 실정에 따라 규정하지 않을 수 있으나 판매사업 이용 조합원 비율이 10% 이상인 경우는 반드시 규정하여야 합니다.

③ 조합원의 가입·탈퇴 및 권리와 의무

1. 조합원의 가입

🔄 **사회자** : 요즈음 조합원 가입에 대해서 일부조합에서는 가입하기 어렵다는 얘기도 나오고 있습니다. 그러므로 조합원가입에 대해서 알아볼 필요가 있다고 생각됩니다.

🔄 **신인식** : 먼저 조합원 가입신청자에 대해 거절할 수 없는 가입자유의 원칙에 대해 말씀드리겠습니다. 협동조합은 헌법상 자율적 운영이 보장되는 조합원의 자주적인 협동조직이므로 조합원의 자격이 있는 자에게 정당한 사유 없이 가입을 거절하거나 그 가입에 관하여 다른 조합원보다 불리한 조건을 붙일 수 없습니다.

🔄 **사회자** : 조합원 자격이 있는 자에게 정당한 사유 없이 조합원가입을 거절할 수 없다고 하는데 정당한 사유에 대해 구체적으로 설명해 주시지요..

🔄 **사회자** : 정당한 사유에 대해 헌법상 명문규정이 없으므로 사회통념에 따라 판단할 수 있으나 엄격히 해석하여야 할 것입니다. 정당한 사유의 예를 들면 고의 또는 중대한 과실로 조합에 손실을 끼치거나, 신용을 잃게 하여 제명된 조합원으로서 가입허용의 경우 운영에 부정적인 영향을 우려하여 이사회에서 판단하는 경우입니다. 만일 정당한 사유 없이 조합의 일시적 사정이나 조합임원과 가입신청자의 개인적

감정적인 이유 또는 가입한 후 임원후보자 예상자로서의 경쟁자 배제 등에 의한 가입불허의 이사회의 의결은 법규위반으로 효력이 없습니다. 이 경우에는 농림축산식품부 장관에게 이사회 의결취소청구를 하거나 법원에 이의 취소를 주장할 수 있을 것입니다. 그리고 해당지역농협에 가입한지 1년 6개월 이내에는 같은 구역에 설립된 다른 지역농협에 가입할 수 없습니다(지역농협 정관례 제10조 5항, 2009.11.11).

사회자 : 요즈음 일부 농협에서 조합원 자격요건에 하자가 없음에도 불구하고 이사회 의결 등에 의해 가입을 제한하는 경우가 있다고 하는데…….

신인식 : 조합원 자격이 있는 자가 가입신청을 하면 이사회는 자격에 대한 심사를 할 뿐인데, 일부 조합에서 여러 가지 조건을 붙여 가입을 제한하는 경우가 있습니다. 이는 출자·이용고배당 및 조합원편익 등이 기존 조합원과 신규 조합원의 차별이 없어 기존 조합원이 신규가입자를 기피하는 것이라는 생각이 듭니다.

사회자 : 여러 가지 조건을 붙여 가입을 제한한다는데 구체적으로 설명해주시지요. 그리고 이러한 자격제한은 법적으로 문제가 없는지요?

신인식 : 일부 조합에서 조합원 자격요건은 갖추었으나 농협이용이 없는 조합원가입신청자에게 조합사업 이용조건에 부합하면 가입시켜주는 경우도 있습니다. 예를 들면 예탁금/적금, 대출금, 보험, 카드, 경제사업 및 로컬푸드 등의 이용에 대한 기준을 만들어 가입제한을 하

기도 합니다. 그러나 가입기준을 조합이 정할 수 있는 것은 아닙니다. 그러므로 가입거절 당한 조합원이 농림부나 법원에 이의를 제기 할 수 있습니다. 그러나 현실적으로 지역사회에서 이에 대한 이의제기 건수는 거의 없는 실정입니다.

사회자 : 만일에 조합원의 주소·거소·사업장이 다를 수도 있는데 이 경우 주소지를 구역으로 하는 지역농협과 사업장이 있는 지역을 구역으로 하는 지역농협에 동시에 가입할 수 있습니까?

신인식 : 지역농협은 둘 이상의 조합에 가입할 수 없습니다. 그러므로 주소·거소·사업장 어느 한곳을 구역으로 하는 조합에 가입하여야 합니다. 그러나 품목조합 조합원은 지역농협 조합원으로 가입할 수 있고, 역시 지역농협 조합원도 품목농협 조합원에 가입할 수 있습니다. 즉, 둘 이상의 지역농협에는 조합원으로 가입할 수 없으나 지역농협과 품목조합의 조합원으로는 두 개 조합이라도 조합원가입이 가능합니다.

조합원에 대해서 추가로 말씀드릴 것은 동일 가구 내의 복수조합원 가입상한 수 및 외국인 조합원 자격에 대한 제한 규정이 없으므로 조합원 자격요건을 갖추면 외국인도 조합원에 가입할 수 있고 동일 가구 내 2명이상의 복수조합원도 가입이 가능합니다. 그러므로 일반적으로 농가호수보다 조합원수가 많습니다.

2. 조합원의 탈퇴

⚙️ **사회자** : 다음은 조합원 탈퇴에 대해 논의해보지요. 조합원 탈퇴는 임의탈퇴와 법정탈퇴로 구분할 수 있으며, 임의탈퇴는 단순탈퇴와 양도탈퇴가 있습니다. 탈퇴의 종류 중에서 먼저 임의 탈퇴에 대해 구체적으로 설명해 주시지요.

⚙️ **신인식** : 임의탈퇴 중 단순탈퇴는 조합원이 조합에 탈퇴의사를 통지하고 탈퇴하는 제도입니다. 그러므로 조합원 일방의 의사표시에 의해 효력이 발생하는 것입니다. 그리고 양도탈퇴는 지분의 양도에 의한 탈퇴로서 조합의 승낙을 얻어 조합원이 지분의 전부를 다른 조합원에게 양도하였을 경우 양도회원은 조합에서 탈퇴하게 됩니다.

⚙️ **사회자** : 다음은 법정탈퇴 즉, 당연탈퇴에 대해 설명해 주시지요.

⚙️ **신인식** : 조합원에게 법상 규정된 일정한 사유가 발생한 경우 조합원이 당연 탈퇴되는 것을 법정탈퇴, 즉 당연탈퇴라고 합니다. 법정탈퇴의 사유로 조합원 자격이 없는 때, 즉 조합원 자격요건 상실 시로 이는 이사회의 확인을 거쳐 반드시 탈퇴 처리하여야 합니다. 이사회의 의결을 요하는 것이 아니고 당연 탈퇴사유를 확인하는 절차로 사유를 확인하는 날에 탈퇴등록 처리됩니다. 다음으로 조합원이 사망한때로 효력발생 시기는 사망 시입니다. 그리고 조합원이 채무완재불능의 상태에 도달하여 법원으로부터 파산선고를 받으면 당연탈퇴되며, 탈퇴 시기는 법원의 선고일이 됩니다. 그리고 조합원이 심신상실의 상태가 되

어 법원으로부터 금치산선고를 받으면 당연탈퇴 됩니다.

사회자 : 조합원의 탈퇴에는 임의탈퇴와 당연탈퇴 외에 제명이 있습니다. 이에 대해 구체적으로 설명해 주시지요.

신인식 : 제명이란 조합원의 의사와 관계없이 강제적으로 조합이 특정한 조합원에 대하여 조합원의 지위를 박탈하는 행위를 말합니다. 이는 조합원의 의사여부를 불문하고 강제적으로 조합으로 부터 추방하는 가장 중한 제제이므로 제명의 사유 및 절차 등의 법정요건을 충족하지 못한 경우의 제명은 무효가 됩니다. 제명의 사유를 보면, 1년 이상 조합의 사업을 이용하지 아니하였거나, 출자 및 경비의 납입·기타 조합에 대한 의무를 이행하지 아니한 조합원, 고의 또는 중대한 과실로 조합에 손실을 끼치거나 조합의 신용을 잃게 한 때, 그리고 법령, 법령에 의한 감독관청의 처분 또는 정관과 제 규정을 위반한 조합원입니다. 제명된 조합원은 2년이 지나지 않으면 가입을 거절할 수 있습니다. 신설된 제명사유로 2년 이상 경제사업 미이용 조합원도 제명사유가 됩니다.

사회자 : 제명사유로 2년 이상 경제사업 미 이용 조합원이 있는데 이는 조합원 자격 기준이 달라 모든 조합원에게 일률적으로 적용하기에는 문제점이 있을 것 같은데 이에 대해 설명해 주시지요.

신인식 : 2년 이상 경제사업 미이용 조합원의 제명 예외사유를 설명하는 것이 이해하는데 도움이 될 것 같습니다. 먼저 1년 중 90일 이상 농업에 종사하는 자의 자격기준으로 가입한 조합원은 예외입니다.

농업경영주의 가족자격으로 조합원이 된 조합원은 농업경영주가 2년 이상 경제사업 미 이용에 해당하지 않은 경우는 제외됩니다. 또한 제외 사유로 조합이 취급하지 않는 농·축산물을 생산하는 조합원의 경우와 다른 조합·조공법인의 경제사업을 이용하는 조합원의 경우입니다.

사회자 : 조합원의 제명사유는 명확하게 되어 있군요. 그러면 제명사유가 발생했을 경우 제명절차에 대해 알아봅시다.

신인식 : 제명은 총회의결사항으로 소수조합원권 행사에 의하거나 조합장의 결정 또는 이사회의 의결로 부의할 수 있습니다. 의안이 확정되면 조합장은 총회개최일 기준으로 10일 전에 해당조합원에게 제명사유를 통지하여야 합니다. 즉, 10일 전까지 도달되도록 행하여야 하므로 우편도달 기간을 감안하여 충분한 기간을 두고 통지하여야 합니다. 그러므로 제명결의는 긴급동의사항으로 처리할 수 없습니다. 총회 소집의 통지는 총회개최 7일전까지 회의 목적 등을 기재한 총회소집 통지서의 발송에 의합니다. 제명당사자에게는 총회에서 의견을 진술할 기회를 주어야 합니다. 그러므로 변명의 기회를 주지 않은 경우 무효가 된다고 볼 수 있으며, 기회를 주었는데 변명여부는 불문입니다. 조합원의 제명은 총회의 특별결의(과반수의 출석으로 개의 하고 3분의 2 이상의 찬성)입니다.

사회자 : 제명사유가 발생해도 총회의 의결을 거쳐야 하는군요. 총회제명의결에 대한 구제수단은 어떤 것이 있습니까?

◉ **신인식** : 제명의결에 대해 이의가 있는 경우의 구제수단으로 첫째, 소수조합원권 행사로 조합원 300인 또는 100분의 5 이상의 동의를 받아 재명의결의 취소 또는 무효 확인을 농림부장관에게 청구하는 것입니다. 청구사유로는 제명의결을 위한 총회의 소집절차, 제명의결방법, 의결내용이 법령, 법령에 의한 행정처분 또는 정관에 위반하였을 경우입니다. 둘째, 단독으로 할 수 있으며 제명의결이 적법하지 못 한 때에 조합원이 법원에 결의 취소 또는 무효 확인 및 부존재확인 청구소송을 제기할 수 있습니다. 셋째, 조합원의 청구가 없이 농림축산식품부장관 스스로 제기하여 부당한 경우 의결을 취소하거나 정지하게 하는 것으로 제명의결이 위법 또는 부당하다고 인정하는 경우입니다. 넷째, 제명 안이 정관 소정의 사유에 해당되지 않아 취소 또는 무효 확인되는 경우에는 제명을 제기한 관계자가 불법행위의 요건에 해당하는 경우에는 손해배상을 청구할 수도 있습니다.

◉ **사회자** : 탈퇴조합원은 당연히 조합원 지위를 상실하며 조합원으로서 조합에 대한 모든 권리와 의무를 잃게 되겠지요. 다음은 탈퇴조합원의 지분환급청구와 손실액부담에 대해서 설명해 주시지요.

◉ **신인식** : 탈퇴조합원의 손실액 부담을 계산함에 있어서 조합의 재산으로 그 채무를 완제할 수 없을 때에는 탈퇴한 조합원은 납입의무를 이행하지 아니한 출자액의 범위 안에서 그가 부담하여할 손실액을 부담합니다. 그리고 탈퇴조합원의 지분환급청구권은 납입출자금·회전출자금(사업이용고배당금 중 일정금액)·사업준비금(매회계연도 잉여금의

100분의 20 이상) 등이며 이월금은 환급에서 제외되어야 합니다. 지분의 환급은 2년간 행사하지 않으면 소멸되며 탈퇴당시회계연도의 다음 회계연도부터 청구할 수 있습니다. 2003년 12년 31일 이전가입자가 탈퇴할 경우 선급금을 지급합니다.

3. 조합원의 권리와 의무

🔁 **사회자** : 다음은 조합원의 권리와 의무에 대해 설명해 주시지요. 먼저 권리와 의무에는 어떤 것이 있는지를 개괄적으로 설명해 주시지요.

🔁 **신인식** : 조합원의 권리는 성질에 따라 공익권(관리권)과 자익권(재산권)으로 분류하며, 공익권은 다시 단독 조합원권과 소수 조합원권으로 구분합니다. 공익권은 조합원개인의 이익뿐만 아니라 조합의 이익을 위하여 행사하는 권리로서 경영관여 및 부당운영의 예방 등으로 관리권이라고 할 수 있으며, 자익권은 개인적으로 조합으로부터 경제적 이익을 받는 것을 내용으로 하는 권리로서 재산권이라고도 합니다.

🔁 **사회자** : 지금부터 조합원의 권리와 의무를 구체적으로 알아봅시다. 먼저 공익권 중 단독조합원권에 대해 설명해 주시오.

🔁 **신인식** : 조합원의 단독조합원권으로는 의결권, 선거권, 피선거권, 정관 등 서류열람권, 임시임원선거 청구권, 임원직무집행정지 및 직무대행자 선임 가처분 신청권, 의결 등의 취소 또는 무효 확인청구의 소제기권 등입니다.

사회자 : 단독조합원권이 여러 가지군요. 먼저 의결권에 대해서…….

신인식 : 의결권은 조합원이 총회에 참석하여 의견을 발표하고, 의안에 대한 설명을 요구하는 권리와 의결에 참가할 수 있는 권리입니다. 의결권은 조합원의 기본권이므로 정관이나 총회의 의결 등으로 박탈하거나 제한할 수 없습니다. 그리고 조합원은 출자액의 다소에 관계없이 평등한 의결권을 가집니다.

사회자 : 조합원의 의결권은 기본권으로 제한할 수 없군요. 그런데 조합원의 의결권은 직접 행사하는 것이 원칙이나 대리인으로 하여금 대리행사를 할 수 있으며, 이 경우 그 조합원이 출석한 것으로 본다고 하는데 의결권의 대리행사 허용이유와 대리인은 누가 할 수 있는지를 설명해 주시지요.

신인식 : 의결권의 대리행사를 인정(중앙회는 의결권의 대리행사를 인정하지 않음)하는 이유는 조합원이 사정이 있어 총회참석이 곤란한 경우에도 가급적 조합원의 의사를 총회에 반영시키는 길을 열어 주려는 것과 조합원이 널리 분산되어 있는 경우 총회운영에 필요한 정족수의 확보를 용이하게 하려는 측면도 있다고 볼 수 있습니다. 조합은 같은 조합의 다른 조합원 또는 동거하는 가족이 대리인(복대리인 선임 가능)이 될 수 있으며, 영농조합법인이나 농업회사법인인 경우에는 조합원. 사원 등 구성원이 대리인이 될 수 있습니다. 여기서 중요한 것은 대의원회에서는 의결권을 대리 할 수 없습니다.

🔹 사회자 : 다음은 조합원의 의사여부와 관계없이 반드시 해야 하는 것으로 법에 의해 강요되는 의무에 대해서 말씀해 주시지요.

🔹 신인식 : 조합원의 의무에는 출자의무, 경비부담의무, 과태금납부 의무, 손실액부담의무, 내부질서유지의무, 운영참여 및 사업이용의무 등이 있습니다.

🔹 사회자 : 조합원의 의무가 많군요. 의무 중 회원의 출자의무에 대해 좀 더 자세하게 설명해 주시지요.

🔹 신인식 : 조합원의 출자에는 협동조합의 본질상, 조합원당 출자한 도액의 제한, 출자배당제한 및 인출 등의 제한이 있습니다. 먼저 조합원의 출자좌수 및 출자금액을 보면, 출자1좌 금액은 5천 원(중앙회 1만 원, 공동사업법인 10만 원), 최소출자 좌수는 조합원당 20좌 이상 200좌 이내(법인 100좌 이상 1,000좌 이내, 중앙회 회원당 1,000좌 이상)이며 상한출자좌수는 조합원당 10,000좌 단 총출좌수 100분의 10 이내에서는 초과가능(중앙회 회원 당 총 출자좌수 100분의 10 이내)합니다.

출자는 일시에 납부하여야 하나 불가피한 경우 2회로 나누어 납입할 수 있으나 2회는 1회 출자납입일로부터 6개월 이내로 합니다. 그리고 출자배당금의 일부 또는 전부를 정관에 정하는 바에 따라 출자하게 할 수 있습니다. 출자납입은 조합에 대한 채권과 상계할 수 없고, 출자배당금의 출자전환금액은 채무와 상계할 수 없습니다.

🔹 사회자 : 조합은 자기자본의 확충을 통한 경영의 건전성을 도모하

기 위하여 잉여금배당에서 우선적 지위를 가지는 우선출자를 발행하는 데 이를 구체적으로 설명해 주시지요.

🔄 **신인식** : 먼저 지역농협의 우선출자 발행대상에서 다른 조합, 조합공동사업법인, 품목조합연합회, 중앙회는 제외라는 말씀을 드립니다. 우선출자자는 의결권과 선거권이 없으며, 배당률은 액면금액의 100분의 3 이상 100분의 10 이하의 범위 안에서 정기총회에서 정합니다. 그러나 이익잉여금이 우선출자금액의 100분의 3에 해당하는 금액에 미치지 못할 때 또는 우선출자자와 별도계약에 의해 달리 정할 수 있으며 부족액은 다음회계연도에 이월되지 않습니다. 그리고 우선출자자에게 손해를 미치게 되는 정관 변경 시에는 우선출자자 전원으로 구성되는 우선출자자 총회에서 총좌수의 과반수가 출석하고 출석출자좌수의 3분의 2 이상 찬성을 얻어야 합니다.

4 조합원의 선거권과 자격상실

🔄 **사회자** : 조합원의 많은 관심을 가지는 것 중 하나가 조합원의 선거권이라고 볼 수 있습니다. 이에 대해 구체적으로 말씀해 주시지요.

🔄 **신인식** : 선거권은 조합원이 농협의 업무를 담당하는 직위인 대의원과 임원을 선출하는 조합원 권 행사입니다. 조합원은 출자의 많고 적음에 관계없이 1인 1표의 선거권을 가집니다. 그러나 조합원 가입시기

가 조합장(임원 또는 대의원) 임기만료일(보궐선거의 경우 선거의 실시 사유가 확정된 날) 전 180일까지 해당 조합의 조합원으로 가입한자만 선거권을 행사할 수 있습니다. 이는 선거 임박한 시기 조합원가입의 집중 추진으로 인한 선거의 부당·불공정운영을 차단하기 위한 제도입니다. 조합원의 의결권은 동거가족이 대리(대의원회는 제외)할 수 있으나 선거권은 대리할 수 없습니다.

사회자 : 조합원 자격문제는 조합장 선거 시 가끔 문제가 된다고 합니다. 앞에서 조합원 자격에 대해서는 설명을 했습니다. 이제 조합원의 조합 탈퇴 등에 의한 조합원 자격상실에 대해서 말씀해 주시지요.

신인식 : 「농협법」 29조를 보면 조합원은 지역농협에 탈퇴의사를 알리고 탈퇴할 수 있습니다. 그러나 다음의 어느 하나 즉, "1. 조합원의 자격이 없는 경우 2. 사망한 경우 3. 파산한 경우 4. 금치산선고를 받은 경우 5. 조합원인 법인이 해산한 경우 중 어느 하나에 해당되면 당연 탈퇴되며 이사회는 조합원의 전부 또는 일부를 대상으로 위 각 호의 어느 하나에 해당하는지를 확인하여야 한다."고 규정하고 있습니다.

이에 대한 판례(대법원 2010. 9. 30. 선고)를 보면 「조합원이 당연 탈퇴의 사유에 해당하면 그 자체로 조합원의 자격을 당연히 상실하고, 이사회의 확인은 사무 처리의 편의와 일관성을 위한 것일 뿐 그 확인이 없다고 하여 조합원의 자격이 그대로 유지되는 것으로 볼 것은 아니다」고 하였습니다.

사회자 : 조합원이 당연 탈퇴의 사유에 해당되면 이사회의 확인이

없어도 조합원 자격이 상실된다고 볼 수 있군요. 다음으로 탈퇴조합원의 조합원 양수·양도에 대해서 설명해 주시지요.

🌀 **신인식** : 기존 조합원이 다른 조합원의 지분을 양수 또는 상속 받는 경우 이사회 의결 없이 조합장 결재로 양수도 및 지분상속이 가능합니다. 그러나 양수. 상속에 의한 조합원 신규 가입 시 가입일은 이사회 승인일이 됩니다. 그리고 조합원 지분은 농협 간, 축협 간 양수도가 불가하고 조합원 간 일부 양수도 안 됩니다.

5 무자격조합원과 조합장 선거

🌀 **사회자** : 조합원의 자격은 앞에서 논의하였습니다. 그런데 현실적으로 많은 조합에서 무자격조합원이 존재한다는 것은 공공연한 현실입니다. 특히 2015. 3. 11. 전국조합장 동시선거 전 무자격조합원의 정리에 많은 노력을 하였습니다. 어떻게 조합원정리를 하였는지 말씀해 주시지요.

🌀 **신인식** : 무자격자를 선거인명부에 등재시키면 부정선거가 되어 선거가 무효처리되고 관계자들이 형사처벌을 받을 수도 있습니다. 그러므로 모든 농협은 매년 조합원실태조사를 통해 무자격조합원의 실태를 소상하게 파악하고 있고 이를 전산 등록시키고 있습니다.

전국적으로 정리된 조합원의 수를 보면 2012년 8만 2천 504명,

2013년 9만 1천 612명, 2014년 17만 115명으로 급증하였습니다. 이는 2015년 조합장 동시선거를 앞두고 예년에 하던 간이조사 대신 조합별 정밀조사가 이루어진데 있다고 봅니다. 뿐만 아니라 농협중앙회와 농림축산식품부가 지역 농·축협 무자격 조합원에 대한 지도와 현지점검을 강화한 데도 원인이 있습니다. 정밀조사에서는 조합별로 논란이 됐던 원로조합원(오래 전부터 해당 조합원으로 활동했지만, 나이가 들면서 일정면적의 경작을 하지 않거나 농·축산 일을 하지 않는 무자격자)이 대대적으로 탈퇴처리 되어 논란이 일고 있습니다.

🔁 **사회자** : 전국동시조합장 선거 전 농협 전 임직원이 무자격조합원 정리를 위하여 많은 노력을 하였군요. 그러면 무자격조합원 미정비 적발 등 위법행위는 어떤 처벌을 받습니까?

🔁 **신인식** : 조합원 미정비 적발 시 위법행위에 대해서는 임직원 직무 정지·면직 등 행정처분 조치, 농협중앙회 자금지원 중단, 신용점포 설치 제한 등 강력하게 제재하고 있습니다.

🔁 **사회자** : 아무리 철저하게 무자격 조합원을 정리해도 무자격 조합원이 있을 수 있으며 이들이 조합장선거에 투표함으로서 문제가 발생할 수 있습니다. 실제로 사례가 있으면 말씀해 주시지요.

🔁 **신인식** : 지난 2015. 3. 11. 제1회 전국 동시 조합장선거 때 당선된 조합장이 무자격 조합원 투표권 행사에 대한 고발사례를 말씀 드리겠습니다.

K농협 조합장선거에서 상대후보자가 무자격 조합원이 선거에 참여했다는 이유로 법원에 조합장선거 무효 확인 소송을 내 1심판결에서 선거무효확인을 받았습니다. 1심판결을 근거로 조합장 직무 집행정지 가처분신청을 하였습니다. 조합장은 조합장 직무대행 체재로 가면, 현재 추진하고 있는 사업이 위축되고 대외적으로 이미지가 크게 실추되고, 법정다툼 장기화로 조합원의 갈등과 파행운영이 계속되는 상황을 마무리하기 위해 조합장을 사퇴하였습니다. 그러나 "선거무효확인 소송은 조합원 자격에 대한 농협중앙회 지도문서 실무편람 30쪽과 실태조사서를 통해 선거인을 확정했으나 법원에서 이를 인정하지 않은 점은 유감스럽게 생각한다"고 토로했습니다. S 축협 역시 무자격조합원이 선거에 참여한 사실이 드러남에 따라 법원이 선거무효 판결을 하였습니다.

사회자 : 지난 2019. 3. 13. 제2회 전국 동시 조합장선거 때 무자격조합원 선거참여로 당선무효가 된 사례가 있으면 설명해주시지요?

신인식 : F농협에서 무자격조합원이 150여 명인데 이중 120여 명이 투표에 참여하였으며 경쟁자와 표 차이가 70여 표로 당선에 영향을 주어 당선무효 판결을 한 사례가 있습니다.

사회자 : 그러면 조합장 당선자가 조합원 자격이 없어 당선무효가 된 사례가 있습니까?

신인식 : 제2회 전국동시선거에서 외형만 농업인이므로 조합장

자격이 없어 2심에서 당선무효 판정을 한 사례가 있습니다. 즉, 타인에게 임대를 줬을 뿐 직접 농지를 경영하거나 경작사실이 없어 조합원 자격이 없으므로 조합장 당선인으로 결정된 것은 무효라는 소를 제기하였습니다. 반면 피고 주장은 자신의 책임과 계산 하에 타인에게 토지의 경작을 부탁하고 주기적으로 방문, 농지를 관리·감독해 왔다고 하였습니다. 1심에서 "농지경영을 통한 수익창출이 아닌 조합원 자격을 취득하기 위해 토지를 매수한 것으로 보인다며 단순히 외형만 갖춘 사람을 조합장으로 선출되도록 허용하는 것은 법률취지에 반한다"고 원고 측 손을 들어주었습니다.

사회자 : 무자격조합원수 정리로 조합원수가 감소하는 등 문제가 발생할 수 있는데, 조합당 조합원수는 얼마나 되는지요?

신인식 : 조합에서는 조합원수가 가장 중요하므로 조합원수의 감소는 설립기준에 미달되어 합병이 유도되는 등 여러 가지 문제가 발생합니다. 2017년 말 기준으로 농협조합원수는 221만 6,221명이며, 조합원수 규모별 조합수를 보면 5,000명 이상 32개 조합, 3,000명 이상 123개 조합, 2,000명 이상 217개 조합으로 2,000명 이상 조합원을 가진 조합은 전체 조합수의 32.2% 정도입니다. 1,000명 이상 2,000명 미만 조합은 643개 조합으로 전체의 56.9%입니다.

제5장

총회(대의원회)와 이사회

① 총회 의결사항

사회자 : 협동조합의 구성원이며 협동조합운영의 실질적인 주체인 조합원에 대해 자세히 설명하였습니다. 지금부터 조합의 최고의사결정기관이며 법정기관으로서 조합원으로 구성되는 총회의 의결사항에 대해서 설명해 주시지요.

신인식 : 총회는 매년 1회 정관으로 정하는 시기에 소집하는 정기총회와 필요할 때에 수시로 소집하는 임시총회가 있습니다. 먼저 총회의결 후 농림수산식품부 장관의 인가를 받아야 효력이 발생하는 의결사항을 보면 정관의 변경, 해산·분할 또는 품목조합으로의 조직변경과합병입니다. 단 농림축산식품부장관이 정하여 고시한 정관례에 따라변경하는 경우에는 장관인가를 받지 않아도 됩니다.

다음 총회 의결사항으로 조합원의 제명, 임원의 선출 및 해임, 규약의 제정·개정 및 폐지, 사업계획의 수립, 수지예산의 편성과 사업계획및 수지예산 중 정관으로 정하는 중요한 사항의 변경, 사업보고서·재무상태표·손익계산서·잉여금 처분안과 손실금처리 안, 중앙회의 설립 발기인이 되거나 이에 가입 또는 탈퇴하는 것, 임원의 보수 및 실비변상, 기타 조합장이나 이사회가 필요하다고 인정하는 사항입니다.

🔄 **사회자** : 조합의 의사결정 사항 중 중요한 것은 총회의 의결을 거치게 되어있군요. 정기총회는 매년 1회 회계연도 종료 후 2개월 이내에 하는 것으로 정관(례)에 정하고 있으나 임시총회는 필요에 따라 수시로 소집하는데 소집권자에 대해서 설명해 주시지요.

② 총회의 소집권자

🔄 **신인식** : 총회의 소집권자는 원칙적으로 조합장입니다. 임시총회를 소집하는 경우를 보면 조합장이 필요하다고 인정하는 경우, 이사회가 필요하다고 인정하여 소집을 청구할 때, 조합원이 조합원 300인 또는 조합원 100분의 10 이상의 동의를 얻어 소집의 목적과 이유를 기재한 서면을 제출하여 조합장에게 소집을 청구한 경우, 감사가 조합의 재산상황 또는 업무집행에 대하여 부정한 사실을 발견하고 이를 총회에 신속하게 보고할 필요가 있다고 인정하여 조합장에게 소집을 요구한 경우입니다.

🔄 **사회자** : 이사회·조합원의 청구나 감사의 요구 때도 조합장이 소집권자이군요. 그러면 조합장이 소집하지 않는 경우는 어떻게 합니까?

🔄 **신인식** : 그런 경우는 잘 발생하지 않겠지만 발생하였을 경우를 생각해서 감사나 조합원 대표가 소집할 경우가 있습니다. 우선 감사가 소집권자가 되는 경우를 설명 드리겠습니다. 조합장이 이사회, 조합원(일정요건 갖추었을 경우)의 소집요구에 대해 청구한 날부터 2주일 이내에 정당한 사유 없이 총회를 소집하지 않는 경우, 감사가 소집 요구하였으나 7일 이내에 조합장이 총회를 소집하지 아니한 경우는 감사가 5일 이내에 총회소집통지서를 발송하여야 하며, 의장의 직무를 수행합니다. 다음으로 조합원이 일정요건을 갖추어 총회소집을 요구하였으나 조합장이 소집하지 않고, 감사도 소집 통지서를 발송하지 않는 경우에는 총회소집을 청구한 조합원 대표가 총회를 소집합니다.

🔄 **사회자** : 조합장이 총회의 소집권자인데 조합장이 소집하지 않으면 감사가 하고 감사가 하지 않으면 조합원대표가 한다는 얘기군요. 다음으로 총회 소집통지방법과 의사록에 대해서 말씀해 주시지요.

🔄 **신인식** : 총회를 소집하려면 총회 개최 7일 전까지 회의목적·부의안건 및 회의일자 등을 적은 총회소집통지서를 조합원 명부에 적힌 조합원의 주소나 거소로 발송하여야 하며 개의정족수 미달이나 개의 후 회의가 무산되어, 같은 목적으로 총회를 다시 소집할 때는 개회 전날까지 알립니다. 주의하여야 할 것은 총회가 0시부터 시작하는 것이 아니므로 전날부터 역산하여 7일째 되는 날의 전날이 됩니다. 예를 들어 1월 20일 오전 10시 총회 개최를 한다면 늦어도 12일까지는 발송하여야 합니다.

총회의 의사에 관하여는 의사록을 작성하여야 하며 의사록에는 의사의 진행상황과 그 결과를 적고 의장과 총회에서 선출한 조합원 5인 이상이 기명날인하거나 서명하여야 합니다.

🔁 **사회자** : 총회소집통지는 개최 일에서 8을 차감한 날짜까지는 발송하여야 되는군요. 다음으로 총회 개의와 의결에 대해 말씀해 주시지요.

🔁 **신인식** : 법에 다른 규정이 없으면 조합원 과반수의 출석으로 개의하고(개회선언 이후에도 개의정족수의 충족여부를 지속적으로 확인해야함) 출석조합원 과반수의 찬성으로 의결합니다. 그러나 정관변경, 해산·분할 또는 품목조합으로 조직변경, 조합원의 제명, 조합원 5분의 1 이상의 동의로 총회에 임원의 해임을 요구한 경우 및 긴급동의안의 채택 등은 조합원 과반수의 출석과 출석자 3분의 2 이상의 찬성으로 의결합니다.

🔁 **사회자** : 총회의 의결사항인데 조합원의 투표로 총회의 의결을 갈음 할 수 있는 총회 의결의 특례에 대해서 설명해 주시지요.

🔁 **신인식** : 총회 의결의 특례로 해산, 분할 또는 품목조합으로의 조직변경(조합원 과반수의 투표와 투표한 조합원 3분의 2 이상의 찬성으로 의결), 조합장의 선출(최다득표자), 조합원 5분의 1 이상의 동의로 총회에 임원의 해임을 요구한 경우(조합원과반수 투표와 투표한 조합원 3분의 2 이상의 찬성으로 의결), 그리고 합병(조합원 과반수의 투표와 투표한 조합원 과반수 찬성으로 의결)의 경우입니다.

사회자 : 총회의 의결은 통지한 사항에 한해 의결하는 의결권제한이 있습니다. 그러면 통지한 사항이 아니면 의결사항이 될 수 없는지요.

신인식 : 통지한 사항이 아니지만 긴급한 사항으로 조합원 과반수의 출석과 출석조합원 3분의 2 이상의 찬성이 있을 때에는 정관의 변경, 해산·분할 또는 품목조합으로의 조직변경, 조합원제명, 합병, 임원선출 및 해임, 조합장 및 감사에 대한 징계 및 변상 이외의 의결사항에 대해 의결할 수 있습니다.

사회자 : 총회의 의결사항을 조합원이 제안할 수 있는지? 할 수 있다면 어떤 방법으로 하는지 설명해주시지요.

신인식 : 조합원이 조합원 100인이나 100분의 3 이상의 동의를 받아 총회 개최 30일 전까지 조합장에게 서면으로 일정한 사항을 총회의 목적 사항으로 할 것을 제안할 수 있습니다. 이 경우 조합원 제안의 내용이 법령이나 정관을 위반하는 경우를 제외하고는 이를 총회의 목적사항으로 하여야 하고, 조합원 제안자가 청구하면 총회에서 그 제안을 설명할 기회를 주어야 합니다. 그리고 농협과 조합원의 이해가 상반되는 의사를 의결할 경우에는 해당 조합원은 그 의결에 참여할 수 없습니다.

사회자 : 총회에 대해서 요약하면 조합의 최고의사결정기관이며 법정기관인 총회는 매년 1회 회계연도 종료 후 2개월 이내에 소집하는 정기총회와 필요에 따라 소집하는 임시총회가 있으며 소집권자는 조합

장이며 조합장이 소집하지 않으면 감사가 하고, 감사가 하지 않으면 조합원 대표가 하고, 개의와 의결은 과반수의 출석과 출석자 과반수의 찬성으로 의결하는 보통의결과 과반수의 출석과 출석자 3분의 2 이상의 찬성으로 의결하는 특별결의 등이 있군요. 그리고 총회의결특례로 조합원투표가 있군요.

다음은 총회에 갈음하여 대의원회를 두고 있는데 이에 대해 설명해 주시지요.

③ 대의원(대의원회)

◈ 신인식 : 대의원회 제도는 조합의 의사결정기관을 구성하는 구성원이 다수일 때 이로 인해 의사결정 과정의 번잡과 비능률을 피해 효율적인 토의와 의결을 위해 채택된 대의기관 제도로서 조합정관(례)에서 대의원회를 두도록 하고 있습니다. 이러한 대의원회의 운영은 총회에 관한 규정이 준용되기 때문에 법과 정관에서 「총회」로 되어 있는 것은 대부분 「대의원회」를 의미하는 것으로 볼 수 있습니다.

그러나 대의원회에서 의결할 수 없는 사항으로 조합의 해산·분할·품목조합으로의 조직변경, 조합원이 총회 또는 총회 외에서 투표로 직접 조합장을 선출하는 경우, 조합원 5분의 1 이상의 동의를 받아 총회에 임원의 해임을 요구하는 경우 등입니다.

◈ 사회자 : 대의원회가 총회를 갈음하므로 대의원의 역할은 중요하

다고 생각됩니다. 그러므로 대의원의 선출방법과 대의원의 수에 대해서 설명해 주시지요.

🔁 **신인식** : 조합의 대의원은 임기 2년이며 선출구역 별로 구역안의 조합원 중에서 선출합니다. 그리고 여성조합원의 적극적인 경영참여를 보장하기 위하여 전체 조합원수 중에서 여성조합원수의 비율을 감안하여 대의원 선출구역 중 일부구역에서 여성대의원을 의무적으로 선출하거나 여성대의원 선출구역을 별도로 둠으로서 조합정관에서 정한 수 이상의 여성대의원을 확보하도록 하고 있습니다.

대의원이 임기만료연도 결산기의 마지막 달부터 그 결산기에 관한 정기총회 전에 임기가 끝난 경우에는 정기총회가 끝날 때까지 임기를 연장하되 그 정기총회가 속하는 연도의 6월을 초과할 수 없습니다.

대의원의 정수(조합장 제외)를 보면 농협이 50인 이상~200인 이하 (1992년 이전 50~100명), 산림조합은 100인 이상(조합원 1,000명 이하는 30인 이상), 수협은 30~40인(조합원 2,000명 미만은 20~30인)에서 자율적으로 조합정관에 결정하도록 하고 있습니다.

🔁 **사회자** : 대의원 후보자 등록결과 등록된 후보자가 당해 선거구에서 선출하여야 할 대의원 수 이하이면 전원 당선인으로 한다는데 그래도 전체적으로 정관에서 정한 대의원수 보다 부족할 경우에는 어떻게 합니까?

🔁 **신인식** : 정관에서 정한 대의원 정수보다 부족할 경우 재선거를 실시합니다. 재선거 실시 후 궐위된 대의원 수가 정수의 10분의 1 미만

이거나 잔여임기가 3월 이내인 경우에는 선거를 실시하지 아니할 수 있습니다.

🎯 **사회자** : 선출구역별로 구역 내 조합원 중에서 대의원을 선출한다는데 조합원은 대의원선거에 대해서 관심이 많을 것이므로 좀 더 상세히 알아 둘 필요가 있다고 생각합니다. 먼저 선거일정 및 절차에 대해 설명해 주시지요.

🎯 **신인식** : 대의원선거일은 대의원의 임기만료일전 60일부터 15일까지 이사회에서 결정합니다(정관례 125조). 그리고 대의원 임기만료 외의 사유로 인한 선거 실시는 조합장이 결정하며 선거 실시 사유가 발생한 날부터 30일 이내에 실시합니다. 선거일 공고는 선거일전 10일 주된 사무소(신용사업을 수행하는 지사무소를 포함) 및 조합장이 정하는 선거구내의 장소로 하며 선거인에게 선거일공고일전 5일까지(정관례 제128조) 선거구의 명칭, 선출하여야 할 대의원의 수, 선거일시 및 장소, 피선거권자, 후보자등록접수장소, 후보자등록기간(정관례 제102조 제3호부터 6호까지의 사항), 투표개시시각 및 종료시각, 기타 필요한 사항의 공고내용을 서면으로 발송하여야 합니다.

🎯 **사회자** : 다음은 후보자 등록 및 선거인명부작성 등에 대해 설명해 주시지요.

🎯 **신인식** : 대의원선거 등록기간은 (정관례 제137조, 정관례 제101조의3 제1항) 선거일전 10일부터 2일간(공휴일 포함)이며 접수시간은

매일 오전 9시부터 오후 5시까지입니다. 후보자 등록기간 내에 후보자 등록이 없을 때에는 등록기간을 2일간 연장하고 선거일을 2일 연기하여 이를 즉시 공고하여야 합니다. 선거인 명부는 선거일공고일 현재 조합원명부를 기준으로 선거구별로 선거일 공고일로부터 2일 이내에 작성하며, 대의원의 임기만료일(보궐선거 등의 경우 그 선거의 실시사유가 확정된 날) 전 180일 후 조합원으로 가입한 자는 제외합니다.

🔵 **사회자** : 다음은 대의원의 선거권과 피선거권에 대해서 설명해 주시지요.

🔵 **신인식** : 대의원 선거인의 자격은 대의원의 임기만료일(보궐선거 등의 경우 그 선거의 실시사유가 확정된 날)전 180일까지 조합원으로 가입한 자이며 선거권을 대리하여 행사하게 할 수 없습니다. 대의원 피선거인의 자격은 대의원의 임기만료일(보궐선거 등의 경우 그 선거의 실시 사유가 확정된 날)전 180일까지 조합원으로 가입한 사람으로서, 선거공고일 현재 해당 선출구역(선거구)조합원명부에 조합원으로 등재된 자이며 임원의 결격사유 준용규정을 따릅니다.

🔵 **사회자** : 여성조합원수의 비율 증가로 일정 비율의 여성대의원수를 선출하여야 한다고 하는데 어떻게 선출하는지요?

🔵 **신인식** : 여성대의원 선출구역을 별도로 두지 않는 경우 여성대의원수는 전체 조합원수 중에서 여성조합원수가 차지하는 비율을 감안하여 결정하며, 여성대의원 선출구역을 별도로 두는 경우 여성대의원의

선출은 선출구역 안의 여성조합원 중에서 선출합니다.

🔁 사회자 : 대의원의 선거에 관해 설명하였습니다. 끝으로 대의원의 해임에 관해 설명해 주시지요.

🔁 신인식 : 조합원은 대의원 선출구역안의 조합원 5분의 1 이상의 서면동의를 얻어 조합장에게 대의원의 해임을 위한 투표를 요구할 수 있습니다. 이 경우 대의원의 해임은 대의원 선출구역 안의 조합원 과반수의 투표와 투표조합원 3분의 2 이상의 찬성으로 결정합니다. 해임요구가 있을시 조합장은 10일 이내에 투표일을 정하여 대의원 선출구역 안의 조합원으로 구성된 회의를 소집하며, 소집의 통지는 개회 7일전까지 목적·일시·장소 등을 적은 회의 소집통지서를 발송합니다. 회의의 의장은 출석한 조합원 중에서 호선하며, 의장은 출석 조합원 중 투·개표관리자 각 2명을 선정하여 투·개표사무를 관리하게 합니다. 의장은 회의에 관한 의사록을 작성하고 투·개표관리자와 함께 기명날인하여 조합장에게 제출하고, 조합장은 그 결과를 즉시 공고합니다.

4 이사회

🔁 사회자 : 대의원회와 대의원의 선출방법 등을 알아보았습니다. 지금부터 농협의 의사결정에 가장 중요한 역할을 하는 이사회에 대해서 알아보도록 하겠습니다.

신인식 : 이사회는 업무집행에 관한 주요사항의 의사결정과 이사회 의결사항에 대한 조합장(상임이사)의 업무집행상황을 감독하는 회의체기관이며 법에 의한 필치기관입니다. 또한 총회(대의원회)에서 의결한 의사결정 내용에 따라 조합의 구체적인 업무집행에 관한 의사를 결정하는 업무집행기관으로도 볼 수 있으나 직접적인 집행은 조합장이 합니다.

사회자 : 간략하게 요약하면 이사회는 회의체 기관·법정필치 기관·업무집행 기관이라 할 수 있군요. 이제 이사회의 구성에 대해서 설명해 주시지요.

신인식 : 이사회의 구성원은 조합장·상임이사·조합원 이사·사외이사이며 감사가 참가합니다. 이사회의 구성원인 이사의 정수를 보면 조합장 1인을 포함하여 이사 7명 이상 25명 이하의 이사로서 조합정관에서 정하도록 되어 있습니다. 구체적으로 보면 총회승인을 얻은 결산보고서에 기재된 자산총액이 2천 5백억 원 이상이면 조합장을 비상임으로 운영하고, 1천 5백억 원 이상이면 반드시 상임이사를 두어야 합니다. 그리고 이사의 3분의 2 이상은 조합원이어야 합니다. 조합 임원의 정수는 조합이 자율적으로 결정하므로 감사를 포함하여 임원의 수가 가장 적은 조합은 9명이며 가장 많은 조합은 27명이 되겠습니다.

사회자 : 농협의 임원은 조합장·이사·감사이며, 9명 이상 27명 이하에서 조합 자율적으로 결정한다고 하였는데 수협과 산림조합 임원의

숫자는 농협과 같은지요.

신인식 : 규모와 여건에 따라 다르겠지요. 먼저 수협을 보면 조합장을 포함한 7명 이상 11명 이하의 이사와 2명의 감사를 두므로, 임원은 9명 이상 13명 이하가 됩니다. 산림조합은 조합장을 포함한 7명 이상 15명 이하의 이사와 2명의 감사를 두므로 임원은 조합에 따라 최대 9명에서 최고 17명이 되겠습니다.

사회자 : 이사회의 구성원은 조합장·상임이사·조합원인 이사·사외이사이며 감사가 참석하는군요. 이사회의 소집은 조합장이 한다고 하였는데 먼저 소집권자에 대해서 설명해 주시지요.

신인식 : 이사회는 당연히 조합장이 소집권자입니다. 그리고 조합장이 이사 3분의 1 이상 또는 감사 혹은 상임이사가 회의목적 및 부의안건과 소집이유를 적은 서면으로 이사회의 소집을 요구하였을 때에는 지체 없이 회의를 소집하여야 합니다. 그런데 정당한 사유 없이 조합장이 소집하지 않는 경우는 이사 3분의 1 이상의 동의를 얻어 소집을 요구한 이사대표(감사가 소집을 요구한 경우는 감사, 상임이사가 요구한 경우는 상임이사)가 소집합니다. 이 경우 이사회가 정하는 이사가 의장의 직무를 수행합니다.

사회자 : 이사회는 조합장이 소집권자로서 소집이유가 있으면 소집하여야 함에도 불구하고 조합장이 소집하지 않을 경우에는 소집을 요구한 이사대표, 감사, 상임이사가 소집을 하는 군요. 다음은 이사회

개최통지방법에 대해서 알아봅시다.

🔁 **신인식** : 이사회의 개최통지는 회의개최일 3일전까지 도달하도록 회의사항을 서면으로 구성원(이사)과 감사에게 통지합니다. 이사회는 구성원 과반수의 출석으로 개의하며, 출석구성원 과반수의 찬성으로 의결합니다. 긴급한 의안에 대한 이사회 개최통지는 통상적으로 회의 참석이 가능한 시간 전 까지 전화, 인편, 기타 전달이 가능한 방법으로 통지합니다.

🔁 **사회자** : 다음으로 이사회의 의결방법과 의결 결과에 대한 책임 및 효력 등에 대해서 말씀해 주시지요.

🔁 **신인식** : 이사회의 의결방법은 법과 정관에 정함이 없는 경우 거수, 투표 등 출석한 이사의 의사를 확인할 수 있는 방법이면 되고, 구성원 과반수의 출석으로 개의하고 출석자 과반수의 찬성으로 의결합니다. 그리고 이사회의 의결사항 중 특정사항에 대한 총체적인 것은 이사회에서 정하고 구체적이고 세부적인 실무처리 사항을 조합장 또는 상임이사에게 위임은 가능하나 추상적이고 포괄적인 위임은 곤란하다고 봅니다.

이사회의 의결자체가 바로 대외적으로 효력을 발생하는 것은 아니며 의결사항은 조합장이나 상임이사가 집행하여야 효력이 발생합니다. 그리고 이사회 의결이 조합이나 제3자에게 끼친 손해에 대한 임원의 배상책임을 면하려면 이의를 제기한 사실이 의사록에 기재되어 있어야 하므로 손해배상책임의 문제가 발생할 수 있는 의결사항은 무기명 비밀

투표를 하지 않는 것이 좋다고 봅니다.

🌀 사회자 : 이사회의 의결방법은 다양하게 할 수 있으며, 조합장에게 포괄위임은 곤란하고, 이사는 의사결정에 있어서 의사를 명확하게 하여야 되는군요. 다음은 이사회의 의결을 요하는 사항을 의결 없이 집행하는 경우는 어떻게 되는지를 말씀해 주시지요.

🌀 신인식 : 이사회의 의결을 요하는 사항에 대하여 의결을 얻지 아니하고 집행하면 무효이며 벌칙의 대상이 됩니다. 즉, 조합이 사업계획 및 수지예산 중 정관이 정하는 중요사항 외의 경미한 사항의 변경에 관하여 이사회의 의결을 얻지 아니하고 집행하거나, 중앙회장이 경영 개선, 합병권고 등의 조치 요구 시 조합장이 조치결과를 이사회에 보고하지 않거나 거짓으로 한 경우, 이사회의 의결을 요하는 사항에 대하여 의결을 얻지 아니하고 집행한 경우 등은 조합의 관계임원과 간부직원은 3년 이하의 징역 또는 2천만 원 이하의 벌금에 처한 다고 「농협법」 제171조에 명시되어 있습니다. 그리고 조합장은 총회의결 사항을 회의에 부의하기 전에 이사회의 심의를 거쳐야 하며 심의결과를 부의 안건에 첨부하여 총회 의결의 효율성을 기하여야 합니다.

🌀 사회자 : 사업계획·수지예산 중 아무리 경미한 사항이라도 변경할 경우 이사회의 의결을 거쳐야 되는군요. 이사회 권한을 의결권, 업무집행 상황 감독권, 보고 또는 자료 요구권으로 나눌 수 있습니다. 먼저 의결권에 대해서 설명해 주시지요.

🔁 **신인식** : 의결권을 보면 첫째, 조합원 가입신청자에 대한 법정자격요건 심사와 가입승낙을 의결하고 둘째, 조합의 재산적 기초를 튼튼히 하기 위한 적립금의 일종인 법정적립금(매회계년도 손실보전과 재산에 대한 감가상각에 충당하고 잉여가 있을 때 자기자본의 3배에 달할 때까지 잉여금의 100분의 10 이상을 적립하는 것)의 사용은 조합의 손실금 보전과 조합의 구역이 다른 조합의 구역으로 된 경우에 있어서 그 재산의 일부를 다른 조합에 양여할 때만 사용할 수 있다는 제한이 있는데 이에 대해서도 이사회의 의결을 거쳐야 합니다.

셋째, 차입금의 최고한도에 대한 의결권입니다. 조합은 국가·공공단체 또는 중앙회로부터 자금을 차입할 수 있으며 그 차입금의 최고한도는 이사회의 의결을 얻어야 합니다. 차입금의 최고한도는 연1회 의결이 일반적이나 특별한 사항이나 변경이 있는 경우에는 추가 의결이 가능하다고 봅니다.

넷째, 경비의 부과와 징수방법에 의한 의결로서 조합은 교육·지원사업에 필요한 경비에 충당하기 위하여 조합원에게 경비를 부과할 수 있는데 이는 이사회에서 정합니다.

다섯째, 사업계획 및 수지예산 중 경미한 사항의 변경에 관한 의결로서 조합은 매회계년도의 사업계획서와 수지예산서(당해 회계연도가 개시되기 1개월 전에 이사회의 심의를 거쳐 총회의 의결)를 변경하고자 할 때는 이사회의 의결을 얻어야 합니다. 그러나 정관이 정하는 중요사항의 변경에 대하여는 총회의 의결을 얻어야 합니다.

🔁 사회자 : 이사회 의결사항을 정리해보면 조합원 가입심사와 승낙 의결, 매년 1회 이상 전 조합원 법정적립금의 적립과 사용, 차입금 최고 한도의 의결 및 경비부과와 징수방법에 관한 의결 및 사업계획 및 수지 예산 중 경미한 사항의 변경 등입니다. 그러나 사업계획 및 수지예산의 변경에 대해 정관이 정하는 중요사항은 총회의 의결을 얻어야 한다고 했는데 구체적으로 어떤 것이 있습니까?

🔁 신인식 : 정관이 정하는 중요한 사항은 수지예산 확정 후 발생한 사유로 소요되는 총지출예산의 추가편성에 관한 사항과 업무용 부동산 취득과 관련된 총액 1억 원 이상의 예산 추가편성 또는 1억 원 이상 업무용 부동산 취득예산의 용도조정에 관한 사항〈1억 원 이상 기준이 되는 금액은 조합의 실정에 맞게 총회(대의원회)의결로 조합정관으로 정할 수 있음〉입니다. 그리고 업무용 토지·건물과 건설 중인 자산 즉, 업무용 부동산의 취득과 처분은 이사회의 의결을 거쳐야 합니다.

그리고 이사회는 의결된 사항에 대하여 조합장·상임이사의 업무집행상황을 감독합니다. 간부직원은 이사회에 출석하여 의견을 진술할 수 있습니다. 상임이사 소관업무의 성과 평가에 필요한 사항과 이사회 운영에 필요한 사항은 정관으로 정합니다.

🔁 사회자 : 다음은 간부직원의 임면에 대한 이사회의 의결에 대해 설명해주시지요.

🔁 신인식 : 조합의 간부직원인 전무와 상무는 중앙회장이 실시하는

전형시험에 합격한 자 중에서 조합장이 이사회의 의결을 거쳐 임명하며, 면직할 때에도 이사회 의결을 얻어야 합니다. 그리고 상임이사를 둔 조합은 간부직원의 임명 시 상임이사의 제청이 있어야 합니다.

🔹 **사회자** : 이사회의 의결사항에 대해서 상세하게 설명하였습니다. 논의하지 않은 기타 의결사항으로는 어떤 것이 있습니까?

🔹 **신인식** : 기타 의결사항으로 업무규정의 제정·개정 및 폐지와 사업집행 방침의 결정, 임원에 대한 징계 및 변상, 총회로부터 위임된 사항, 법령 또는 정관에 규정된 사항, 상임이사의 해임요구 및 소관업무의 성과평가에 관한 사항, 조합장·상임이사·이사 3분의 1 이상이 필요하다고 인정하는 사항 등이 있습니다.

🔹 **사회자** : 다음으로 일부 농협에서 운영하고 있는 운영평가 자문회의에 대해서 설명해 주시지요.

🔹 **신인식** : 운영평가 자문회의는 조합의 건전한 발전을 도모하기 위하여 조합원 및 외부전문가로 3인 이상 15명 이내로 구성, 운영되는데 평가결과를 이사회와 총회에 보고하여야 하며 평가결과를 조합운영에 적극 반영하여야 합니다. 구성원 중 외부전문가(대학교수, 변호사, 공인회계사, 농업전문가) 3인 이상이어야 하며 구성과 운영에 관한 필요한 사항은 정관으로 정하도록 하고 있습니다.

제6장

임 원
(이사·감사 등)

1 임직원의 경업·겸직

사회자 : 임원에 대해서 알아보기 전에 임·직원의 경업·겸직에 대해서 알아보는 것이 좋을 것 같습니다. 먼저 임·직원을 구별하기 전에 공통적인 사항부터 논의해 보도록 합시다.

신인식 : 조합장과 이사는 그 지역농협의 감사를 겸직할 수 없으며, 임원은 그 지역농협의 직원과 타 조합의 임·직원을 겸직할 수 없습니다. 그리고 지역농협의 사업과 실질적으로 경쟁관계에 있는 사업을 경영하거나 이에 종사하는 사람은 지역농협의 임·직원 및 대의원이 될 수 없습니다. 또한 조합장과 이사는 이사회의 승인을 받지 아니하고는 자기 또는 제3자의 계산으로 조합과 거래할 때 대출 또는 외상거래 등 조합의 자금 부담이 있는 경우로서 신용사업(신용카드 구매거래 제외)은 3억 원을 초과하는 거래, 신용사업 외의 사업은 거래건당 1천만 원 이상 또는 거래 총 잔액 5천만 원을 초과하는 거래에 대하여 이사회의

승인을 받아야 합니다. 조합이 조합장이나 이사와 계약·소송의 경우에는 감사가 조합을 대표합니다.

🔁 **사회자** : 실질적인 경쟁관계에 있는 사업의 범위는 대통령령으로 정한다고 하는데 구체적으로 설명해 주시지요.

🔁 **신인식** : 실질적인 경쟁관계에 있는 사업의 범위로는 1.「금융위원회의 설치 등에 관한 법률」에 따른 검사대상기관이 수행하는 사업, 2.「수산업협동조합」에 따른 지구별수산업협동조합, 업종별수산업협동조합 및 수산물기공수산업협동조합이 수행하는 사업, 3.「산림조합」에 따른 지역산림조합, 품목별·업종별 산림조합 및 산림조합중앙회가 수행하는 사업, 4.「새마을금고」에 따른 금고 및 새마을금고연합회가 수행하는 사업, 5.「우체국 예금·보험에 관한 법률」에 따른 체신관서가 수행하는 사업, 6.「보험업」에 따른 보험대리점 보험설계사 및 보험중개사가 수행하는 사업, 7.「대부업의 등록 및 금융이용자 보호에 관한 법률」에 따른 대부업, 대부중개업 및 그 협회가 수행하는 사업, 8.「비료관리」에 따른 비료업, 9.「농약관리」에 따른 농약판매업, 10.「조세특례제한」에 따라 부가가치세 영세율이 적용되는 농업용·축산업용 기자재를 농업인에게 직접 공급하는 자가 수행하는 사업, 11.「석유 및 석유대체연료 사업」에 따른 석유판매업, 12.「사료관리」에 따른 사료의 제조업 및 판매업, 13.「종자산업」에 따른 종자업, 14.「양곡관리」에 따른 양곡매매업 및 양곡가공업, 15.「축산물위생관리」에 따라 영업의 허가를 받은 자 또는 신고한 자가 수행하는 사업, 16.「인삼산업」에

따른 인삼류 제조업, 17. 「장사 등에 관한 법률」에 따른 장례식장영업, 18. 그 밖에 이사회가 조합, 조합공동사업법인 및 중앙회가 수행하는 사업과 실질적인 경쟁관계에 있다고 인정한 자가 수행하는 사업입니다.

그리고 조합공동사업법인 및 중앙회가 수행하고 있는 사업에 해당하는 경우로 한정합니다. 그러나 조합과 조합공동사업법인 및 중앙회가 사업을 위하여 출자한 법인이 수행하고 있는 사업은 실질적인 경쟁관계에 있는 사업으로 보지 않습니다.

사회자 : 임원의 겸업·겸직금지에 대해 알아보았습니다. 다음은 임원의 의무와 책임에 대해서 말씀해 주시지요.

신인식 : 임원은 법·명령·정관의 규정을 지켜 충실히 그 직무를 수행해야 합니다. 즉, 이를 위반하여 직무를 수행하거나 게을리 하여 지역농협에 끼친 손해는 연대하여 배상책임을 지며, 고의나 중대한 과실로 제3자에게 끼친 손해에 대해서는 연대하여 손해배상의 책임을 집니다. 이 경우 이의를 제기한 사실이 의사록에 적혀 있지 아니한 이사는 그 의결에 찬성한 것으로 추정하여 손해배상의 책임을 집니다.

손해배상청구권의 행사는 이사회 및 이사(조합장 포함)는 감사가, 임원 전원에 대하여는 조합원 100인 또는 100분의 1 이상의 동의를 받은 조합원 대표가 이를 행합니다.

② 이사

사회자 : 앞장 이사회에서 이사의 역할 등에 대해서 알아보았습니다. 여기서는 개별 이사의 역할에 대해서 알아보겠습니다. 먼저 이사의 조합장 직무대행에 대해서 말씀해 주시지요.

신인식 : 조합장의 직무대행자는 집행기관인 이사회의 구성원인 이사가 되는데 이사 중 조합원이 아닌 상임이사와 사외이사는 직무대행자에서 제외됩니다. 그리고 조합의 전무, 상무 등 간부직원은 당연히 조합장 직무대행자가 될 수 없습니다. 직무대행자의 직무범위에 대해서 보면 일반적으로 직무대행은 임시적 절차이지 직위를 승계하는 것이 아니므로 일상 업무로 제한된다고 볼 수 있습니다.

직무대행자의 지명방법은 이사회가 정하는 순서에 따르며 의사록에 기재되어야 된다고 봅니다. 그러므로 지명행위는 1명 또는 2인 이상을 순서로 정하는 것도 가능하다고 봅니다.

사회자 : 조합장 직무대행자는 이사회가 조합원인 이사 중 1명 또는 순서를 정하며, 일상 업무에 제한된다는 얘기군요. 그러면 직무대행 사유에 대해서 말씀해 주시지요.

신인식 : 농협법이 직무대행사유를 「궐위·구금되거나 60일 이상의 장기입원 등의 사유로 그 직무를 수행할 수 없을 때」로 규정하고 있으므로 이를 기준으로 보면 궐위란 사망·사임·해임·자격상실 등으로 조합장이 존재하지 않는 경우를 말하며, 구금될 때는 조합장이 구금되

어 재판중인 경우로 형이 확정되기 전까지 선거 절차에 들어갈 수 없기 때문에 형의 확정일 부터 조합장 선출일 사이의 업무 공백시를 말합니다.

🔹 **사회자** : 다음은 자산총액이 1천5백억 원 이상인 경우 조합원이 아닌 이사(사외이사)를 두어야 하는데 이에 대해 설명해 주시지요.

🔹 **신인식** : 사외이사는 학식과 경험이 풍부한 사람으로 조합원이 아니어야 하며 조합장이 추천한 후보자를 대상으로 총회에서 선출합니다. 선거인 과반수의 투표와 투표자 과반수의 찬성으로 합니다. 조합장은 투표에 앞서 후보자 소개를 하고 후보자는 소견발표를 할 수 있습니다.

🔹 **사회자** : 지금부터 지역농협의 이사선출에 대해 알아봅시다.

🔹 **신인식** : 이사는 총회에서 선출하며 선출하여야 할 이사의 수는 조합원수, 조합구역, 지세, 교통 기타의 조건을 감안하여 지역별, 성별, 또는 품목별로 배분합니다(지역농협 정관례 제101조). 지역농협은 이사정수의 5분의 1 이상을 여성조합원과 품목을 대표할 수 있는 조합원에게 배분되도록 노력하여야 합니다. 다만 여성조합원이 전체조합원의 100분의 30 이상인 지역농협은 이사 중 1명 이상을 여성조합원 중에서 선출하여야 합니다(「농협법」 제45조7항).

🔹 **사회자** : 조합원인 이사선출의 절차에 대해서 좀 더 구체적으로 설명해 주시지요.

🔁 **신인식** : 선거일 지정은 이사회에서 하는데 임원 임기만료일 전 40일부터 15일까지 하여야 하며 임기만료일 외 선거일은 사유발생일로부터 30일 이내에 합니다. 선거공고일 전 3일까지 농·축협선거관리위원회를 소집하여야 합니다. 선거일 전 12일에 공고하고 선거인명부 작성은 선거공고일 다음날부터 5일 이내이며 후보자 등록은 선거일 10일 전부터 2일간(공휴일 포함)이며 총회소집통지는 개최 7일 전까지 합니다.

🔁 **사회자** : 다음은 투표에 의한 당선인 결정방법과 재선거 및 보궐선거에 대해서 설명해주시지요.

🔁 **신인식** : 조합원인 이사는 선거인 과반수의 투표와 투표자과반수의 득표자 중 다수득표자 순으로 당선인을 결정합니다. 1차 투표에서 과반수 투표자가 없거나 선출하여야 할 이사의 수에 미달하는 경우에는 과반수를 얻지 못한 후보자에 대하여 재투표를 실시하여 다수득표자 순으로 당선인을 결정합니다. 그리고 등록된 후보자의 수가 선출하여야 할 이사의 수 이하일 경우에는 등록된 후보자를 선거일에 당선인으로 합니다. 부족한 이사의 수에 대해서는 재선거를 실시합니다.

재선거 및 보궐선거를 실시하였음에도 불구하고 궐원된 이사의 수가 이사정수의 4분의 1 미만인 경우에는 다음 총회까지 선거를 연기할 수 있습니다. 그리고 궐위된 이사의 잔여임기가 재선거 또는 보궐선거를 실시하여야 하는 사유가 발생한 날부터 1년 이내인 경우에는 선거를 실시하지 아니할 수 있습니다.

◆ 사회자 : 임원(조합원 이사와 감사)의 선거운동방법과 선거운동기간에 대해 설명해 주시지요.

◆ 신인식 : 조합원인 이·감사선거운동방법은 선거공보와 전화(문자메시지 포함)·컴퓨터통신(전자우편 포함)을 이용한 지지호소를 할 수 있습니다. 후보자 등록기간은 선거일전 10일부터 2일간(공휴일 포함)이며 선거운동은 후보자등록마감일의 다음 날부터 선거일 전일까지 가능합니다.

3 감사

◆ 사회자 : 다음은 감사에 대해서 말씀해 주시지요.

◆ 신인식 : 감사의 기관으로서의 법적성격을 보면 법상 반드시 두어야하는 법정기관(필치기관)이며 특별한 절차 없이 감사가 필요가 있다고 인정할 때에는 언제나 감사권을 행사할 수 있는 상설기관입니다. 그리고 조합은 감사 2인을 두며 정관이 정하는 바에 따라 1인을 상임으로 할 수 있는바 감사가 2인이라도 각각 독립하여 그 권한을 행 할 수 있으므로 독임제기관입니다.

감사의 권한을 보면 재산 및 업무집행 상황 감사권, 부정사실 보고권 및 총회·이사회에 의견진술권이 있으므로 총회 또는 이사회의 개최통지는 반드시 감사에게도 하여야 합니다.

사회자 : 감사는 법정기관이며 총회 및 이사회에 의견진술권이 있군요. 감사의 역할에 대해 구체적으로 말씀해 주시지요.

신인식 : 감사는 조합의 업무집행상황을 감사하고, 전문적인 회계감사가 필요하다고 인정되는 때에는 중앙회에 회계감사를 의뢰할 수 있으며, 조합의 재산 또는 업무집행에 관하여 부정한 사실이 있는 것을 발견한 때에는 감사가 조합에 이를 보고합니다. 그리고 조합이 조합장이나 이사와의 계약 시 조합을 대표합니다. 비상임감사는 직무의 필요한 사항을 상임감사와 협의하여 정할 수 있으며 상임감사가 사고로 직무를 수행할 수 없을 때에는 그 직무를 대행합니다.

사회자 : 다음은 감사의 선출방법에 대해 설명해 주시지요.

신인식 : 비상임감사와 상임감사 모두 총회에서 선출하나 상임감사는 인사추천위원회에서 추천된 후보자를 총회에서 선출합니다. 감사가 임기 중 궐위 시 보궐선거를 실시하여야 하나 궐위된 감사의 수가 1인인 경우 다음 총회까지 연기할 수 있으며 잔여임기가 재선거 또는 보궐선거실시사유 발생 1년 이내인 경우에는 선거를 실시하지 아니할 수 있습니다.

사회자 : 감사도 상임과 비상임감사가 있는데 이를 구분하여 어떤 경우에 상임감사를 두는지 설명해 주시지요.

신인식 : 상임감사제도의 운영도 조합장이 상임인가, 비상임인가에 따라 달라집니다. 조합장을 상임으로 운영하고 자산총액이 1,500억

원 이상이면 상임감사를 둘 수 있으며, 비상임으로 운영하는 경우에도 상임감사 1명을 조합실정에 따라 둘 수 있습니다. 그러나 자산총액이 1조 원 이상인 조합은 상임감사를 두는 것으로 정관을 변경하여야 합니다. 그리고 해당조합에서 최근 2년 이내 임직원(감사로 근무한자는 제외)으로 근무한자는 상임감사자격요건에서 제외합니다.

🔁 **사회자** : 그러니까 상임감사는 조합실정에 따라 둘 수도 있고 두지 않아도 되는데 자산총액이 1조 원 이상이면 반드시 상임감사를 두어야 하는 군요.

4 상임이사

🔁 **사회자** : 조합에 따라 상임이사를 두는 조합이 있는가 하면 두지 않는 조합도 있습니다. 이제 상임이사에 대해서도 알아보아야 하겠습니다. 먼저 어떤 조합이 상임이사를 두며 왜 상임이사제도를 도입하였는지요.

🔁 **신인식** : 상임이사제도는 전문 경영인에 의한 책임경영체제를 확립해 농업인 지원역량을 강화하고 실익증진을 도모한다는 취지로서 상임이사는 조합장과 연계가 됩니다. 즉, 자산총액이 2천5백억 원 이상에 해당하는 조합은 반드시 조합장을 비상임으로 해야 합니다. 이 경우 상임이사는 2명 이내에서 반드시 두어야 합니다. 그리고 조합장을 상임으

로 운영하는 경우에도 자산총액이 1천5백억 원 이상이면 상임이사를 두어야 합니다.

🔁 **사회자** : 그러면 상임이사의 자격요건은 어떻게 됩니까?

🔁 **신인식** : 상임이사는 조합원이 아닌 자로서 조합, 중앙회 또는 품목조합연합회에서 상근직으로 5년 이상 종사한 경력이 있거나, 농축산업과 관련된 국가기관·지방자치단체·공공기관 또는 은행법에 의한 은행에서 상근직으로 5년 이상 종사한자나, 농·축산업 또는 금융업과 관련된 국가기관·연구기관 또는 교육기관에서 농·축산업 또는 금융업에 관한 업무에 5년 이상 종사한자이거나, 농·축산업 또는 금융업과 관련된 회사(일반유통회사 포함)로서 자기자본 200억 원 이상인 회사에서 농·축산업(농·축산업유통업 포함) 또는 금융업에 5년 이상 종사한 경력이 있는 자입니다.

🔁 **사회자** : 그러니까 조합원이 아니어야 하고 농축산업 또는 금융업에 관련된 업종에 5년 이상 종사한 경력이 있으면 되는 군요. 다음으로 상임이사 선거방법과 절차에 대해서 설명해 주시지요.

🔁 **신인식** : 상임이사는 인사추천위원회에서 추천된 사람을 대상으로 총회에서 선출합니다. 의장이 상임이사 선출의 안을 상임이사의 수에 따라 단기명 또는 연기명으로 작성하되, 성명·인적사항 및 주요경력을 적어 1개의 의안으로 총회에 부의합니다. 상임이사 선출의안은 선거인 과반수의 투표와 투표자과반수의 찬성으로 의결합니다. 조합장은

투표에 앞서 후보자소개, 후보자는 소견발표가 가능합니다. 이사회의 요구로 상임이사를 해임하려면 대의원과반수의 출석과 출석대의원 3분의 2 이상의 찬성으로 의결합니다.

🔹 **사회자** : 농협의 최고경영자인 2년 임기의 상임이사는 전문경영인 역할을 통해 지역농협의 경영성과를 향상시킬 목적으로 도입되었으나, 현재 긍정적인 측면도 있으나 부정적인 효과도 크다고 평가되고 있는데 그 이유는 무엇이라고 생각합니까?

🔹 **신인식** : 현재 상임이사를 도입한 농협의 대다수는 외부에서 전문경영인을 영입하기 보다는 해당 조합의 전·상무 출신들이 선출되고 있습니다. 그러므로 지역정서와 농협현실을 잘 안다는 긍정적인 측면도 있으나 주변경영 여건변화에 능동적으로 대응하는 능력이 약하다는 측면도 있습니다.

5 여성임원

🔹 **사회자** : 여성임원은 여성조합원 중에서 선출되므로 여성임원에 대한 논의 전에 여성조합원에 대해서 먼저 알아보는 것이 순서라고 생각합니다.

🔹 **신인식** : 농가인구 2,314,982명 중 남성은 1,130,435명이며 여성은 1,184,548명으로 여성의 비율이 50%를 상회하고, 복수조합원제가

실시된 이후에도 농협의 여성 조합원 비율은 32%에 그치고 있습니다. 이는 여성 농업인의 대표성이 농업협동조합의 조합원비율에서 충분히 확보되지 못하고 있음을 의미합니다. 따라서 여성의 농업협동조합 가입비율의 증대가 필요합니다.

사회자 : 농협의 여성조합원 가입률을 높여야 한다고 주장하였는데 그러면 높이는 방안을 설명해주시지요.

신인식 : 정부의 관련 계획안 중 하나인 여성농업인육성 기본계획을 보면, 여성의 조합가입비율과 여성임원비율 제고를 목표로 하고 매년 발표하는 여성농업인육성기본계획에 따른 시행계획에서도 관련 통계를 점검하고 있습니다. 구체적인 방안으로 협동조합 가입비와 출자 구좌수를 낮춤으로써 조합원 자격을 취득하기 위한 진입장벽을 낮추는 동시에 농촌여성의 가사노동 분담률을 낮춤으로써 여성의 조합 활동이 실제로 가능한 여건을 마련하는 것도 필요합니다.

사회자 : 여성조합원가입률이 낮으면 여성선거인수도 남성에 비해 당연히 적겠군요.

신인식 : 그렇습니다. 제1회 전국동시조합장선거의 경우 3개 조합(농·수·산림조합)의 전체 선거인수에서 남성 선거인수는 1,646,970명으로 여성 651,847명에 비하여 약 2.5배 이상입니다. 제2회에서도 남성 선거인수는 1,553,980명으로 여성 661,062명과 비교하면 약 2.35배 이상으로 여성선거인의 비율이 다소 증가하였으나 여전히 남성 위

주입니다.

사회자 : 여성임원 비율을 높이기 위해 여성이사도 총회에서 선출하며 지역농협 이사정수의 5분의 1 이상을 여성조합원과 품목을 대표할 수 있는 조합원에게 배분되도록 노력해야 하며, 여성조합원이 전체 조합원의 100분의 30 이상인 지역농협은 이사 중 1명 이상을 여성조합원 중에서 선출하여야 한다고(「농협법」 제45조7항)고 규정하고 있습니다. 그러면 현실적으로 어느 정도 비율로 선출되고 있는지요.

신인식 : 먼저 여성임원 현황을 알아보겠습니다. 농업종사자중 여성이 50%를 상회하고 농업·농촌에 여성농업인의 역할이 매우 중요하고, 농협법 개정으로 여성임원 의무할당제가 시행되고 있지만 여성조합원의 임원 진출이 쉽지 않습니다. 여성조합원의 비율이 매년 증가하는 추세임에도 불구하고 여성임원 비율은 2014년 기준 4.6%에서 2019년 7.9% 증가에 불과합니다. 여성이사를 두고 있는 농협 역시 전체의 36.7% 정도입니다. 전국의 지역농협 940개 중 여성조합원이 30% 이상인 농협은 668개로 71%나 됩니다. 법에 여성조합원수를 할당함에도 불구하고 현실적으로 여성의 임원 진출이 쉽지 않습니다.

사회자 : 그러면 여성조합원의 조합임원 진출 장벽에 어떤 것이 있습니까?

신인식 : 임원자격요건 중 하나인 사업이용실적(선거공고일 현재의 1년(2년) 전부터 선거일 공고일 현재의 전일까지 기간 동안 이용한

금액)을 사업별로 보면 경제사업은 조합원 평균이용금액의 40/100 이상이며, 특별시 또는 광역시자치구 구역의 전부 또는 일부로 하는 조합은 20/100 이상입니다. 예·적금·대출금 평균잔액 및 평균보험 수입수수료의 20/100 이상, 특별시 또는 광역시자치구 구역의 전부 또는 일부로 하는 조합은 30/100 이상의 평균잔액 및 평균보험수입수수료 이내에서 각각 조합의 실정에 따라 정한다고 되어 있습니다. 그러므로 여성조합원이 이 조항을 만족하기가 쉽지 않습니다.

💧 **사회자** : 임원자격요건을 만족시키는데 남성조합원보다 여성조합원이 어렵군요. 그러면 여성조합장비율은 더욱 낮겠군요.

💧 **신인식** : 전체 조합장 당선자 중 여성 조합장 당선비율을 보면 제1회 전국동시조합장선거의 경우 0.38%, 제2회 전국동시조합장선거의 경우 0.74%로 전체 조합장 당선자 중 1% 미만으로 매우 낮았습니다. 구체적으로 보면 제1회 전국동시조합장선거의 경우 전체 조합장 당선인 1,326명 가운데 여성조합장 당선인은 5명이며 전부 농업협동조합 조합장 선거에서 당선되었습니다. 제2회 전국동시조합장선거에서도 조합장 당선인 1,344명 가운데 여성조합장 당선인은 10명이며, 이 가운데 8명이 농업협동조합 조합장 선거에서 당선되었으며, 수산업협동조합장 선거와 산림조합장 선거에서 각각 1명이 당선되었습니다.

💧 **사회자** : 여성 조합장 수가 남성 조합장 수에 비하여 현저히 적은 것의 가장 직접적인 원인은 조합장 선거에서 여성 입후보자의 총수가

전체 입후보자 수 대비 1% 이내로 출마자가 적은 것이 원인이라고 볼 수 있는데 이는 여성조합원이 남성조합원보다 임원자격요건을 만족시키기 어려운데 원인이 있다고 합니다. 이의 해결방안을 설명해주시지요.

신인식 : 먼저 여성조합원인 경우 대다수가 부부조합원으로 가입되어 있어 출자 및 경제사업 실적 등이 남편 명의로 되어 있기 때문에 본인 명의의 실적이 없어 후보등록자격이 없습니다. 따라서 남편 명의의 출자 및 사업이용 실적의 50%를 부인에게 인정해주거나 여성의 자격 요건을 완화하는 등 이에 대한 개선 없이는 여성조합원의 임원 진출이 거의 불가능하다고 봅니다.

아직까지도 농촌사회에 가부장적인 사고가 강해 여성의 사회진출이 어려운 점도 있습니다. 자격요건을 갖추어 여성이 임원으로 출마하더라도 남성들의 지지를 받는 것이 쉽지 않습니다. 또 하나의 제약요인은 여성조합원의 고령화입니다. 기대수명이 여성이 남성보다 길기 때문에 많은 여성조합원이 남편사망으로 조합원 승계를 한 경우에는 70~80대에 이르러 임원출마가 어려운 경우도 있습니다.

제7장

조합장

사회자 : 조합원과 기관에 대하여 얘기해 보았으니 이제부터 조합장에 대해서 논의하기로 합시다. 먼저 간략하게 조합장의 역할과 조합과의 관계에 대해서 설명해 주시지요.

1 조합장의 역할

신인식 : 조합은 법인이므로 조합의 의사를 대외적으로 표시하는 대표기관이 필요한데 이사회는 업무집행에 관한 의사결정을 하는 회의체이므로 업무집행에 대한 결정은 할 수 있으나 직접 업무 집행을 담당하거나 조합을 대표하기는 어렵습니다. 그러므로 농협법은 조합장을 선임하여 조합의 업무집행과 조합을 대표하게 하고 있습니다. 따라서 조합장은 조합의 업무를 대표하는 권한을 가지고(법 46조) 조합의 필요적 상설기관이며 독립기관입니다. 또한 조합장은 이사회의 구성원이며 이사회를 소집하고 의장이 됨으로써 의사결정 과정과 업무집행의 기능이 상호관련성을 갖게 된다고 봅니다.

😊 **사회자** : 조합장은 조합의 업무집행과 조합을 대표하며 이사회의 구성원으로서 의사결정 과정과 업무집행 기능을 가지고 있군요. 다음은 조합장과 조합의 관계에 대해 설명해주시지요.

😊 **신인식** : 조합장과 조합의 관계는 위임관계이므로 조합장은 조합에 대하여 선량한 관리자로서 업무를 집행할 의무를 지며 업무의 집행으로 인하여 받은 금전 기타의 물건 및 수취한 과실을 조합에 인도하고 조합을 위하여 자기명의로 취득한 권리를 조합에 이전하여야 합니다. 조합의 위임에 의한 업무집행이 위임종료의 사유를 상대방에게 통지하거나 상대방이 안 때가 아니면 상대방에게 대항하지 못합니다.

😊 **사회자** : 조합장의 법적인 역할에 대해 설명하였습니다. 조합장 역할 중 농정활동도 중요하다고 생각합니다.

😊 **신인식** : 조합장은 지방자치단체 등과 농협의 사업기반을 더욱 확대해가는 활동에 역점을 두어야 하며 지역문화 복지활동에 참여하는 것도 방안입니다. 구체적으로 보면, 지자체나 정부의 의사결정과정에서 농업인과 농협의 의사가 반영되도록 다각적인 활동을 하며, 지역개발 관련 투자예산 확보 및 예산관리 심의 전반에 대하여 농협을 지원하는 분위기를 조성하고, 기관장모임의 주도적 참여로 농협의 사업과 활동에 대한 폭넓은 이해 및 공감대를 조성합니다. 그리고 지역특성에 맞는 특화사업 선정·추진을 통한 농협의 지역센터로서의 역할 강화 및 지역사회와 함께하는 농협의 이미지를 제고해야 합니다.

사회자 : 지자체뿐만 아니라 농민단체와도 유대를 강화해야 하는데 이에 대해 구체적으로 논의해 봅시다.

신인식 :농민단체의 농협사업 참여 확대를 통한 농협의 생산자단체로의 역할을 강화해야 합니다. 그리고 농민단체의 농협사업에 대한 이해를 높여 분쟁 예방에 노력하여야 합니다.

사회자 : 조합장이 언론에 대한 대응방안도 중요하다고 생각합니다.

신인식 : 언론에 긍정적 보도나 기사가 나오도록 사전 유대관계를 구축하고 부정적인 이슈 발생 시 적절하게 대응하여 사전 차단에 노력하여야 합니다. 내부정보나 자료가 유출되지 않도록 보안을 유지하고, 상황 발생 시 초동대응에 노력하고 정확한 자료를 지연하지 않고 제출하는 것이 상황을 악화시키지 않는 방법입니다. 고발성 기사의 경우 취재에 응하기 전에 농정지원단, 지부장 및 지역본부 언론담당과 협의하는 것도 좋습니다.

② 조합장의 권한과 의무

사회자 : 조합장은 조합을 대표할 뿐 아니라 업무집행권도 갖기 때문에 조합장은 농협법과 정관에서 총회와 이사회의 권한으로 정한 이외의 중요하지 않은 일상적인 사항에 대해 독자적으로 업무집행의 의사결정을 하고 있는 것으로 볼 수 있는데, 이러한 조합장의 권한에

대해서 구체적으로 말씀해주십시오.

🔹 **신인식** : 조합장의 권한을 크게 나누면 대표권과 업무집행권으로 나눌 수 있습니다. 먼저 대표권에 대해서 보면 조합장의 대표권은 포괄적이고 획일적이며 조합 업무 전반에 미치므로 대표에 관하여 정관이나 총회 및 이사회의 결의로 제한을 하더라도 그것은 조합에 대한 관계에서만 그 효력이 있으며 제3자에게는 그 제한으로 대항하지 못합니다.

이러한 대표권은 남용될 소지가 있는데 객관적으로 조합장 대표권 범위 내 적법한 행위에 속하지만 주관적으로 자기 또는 제3자의 이익을 도모함으로써 조합에 손해를 가하는 대표행위도 있을 수 있습니다. 이 경우 내부관계에서 조합에 대하여 손해배상의 책임을 질 뿐 아니라 대외적 효력도 상대방이 알지 못한 경우 대표행위로서 유효합니다. 그러나 상대방이 대표권 남용 사실을 알고 있으면서 조합에 대하여 권리를 행사하는 것은 권리 남용 또는 신의성실원칙에 어긋나므로 인정되지 않는다고 볼 수 있습니다.

🔹 **사회자** : 조합장의 대표권은 포괄적이고 획일적이며 총회 및 이사회결의로 제한을 하더라도 제3자에게는 효력이 없군요. 즉, 권한이 막강하지만 그 책임도 크군요. 그러면 이러한 막강한 권한에 대한 제한이 있다고 하는데 어떤 것이 있는지요.

🔹 **신인식** : 조합장 대표권의 제한을 보면 조합장이 소속조합과 계약을 체결하거나 소송을 하는 경우에는 조합장에게 대표권이 없고 감사

가 대표권을 가집니다. 예를 들면 공제계약, 예금계약 등 보통거래 약관에 의한 경우 등 이용과 개개인의 특별한 의사가 반영될 여지가 없는 계약은 대표권 제한대상이 아니라고 볼 수 있으나 대출계약과 같은 경우는 제한된다고 볼 수 있습니다.

🔄 **사회자** : 조합장의 조합대표권의 제한은 본인의 대출계약 등이 있군요. 다음으로 조합장이 대내적으로 조합의 업무를 집행하는 업무집행권에 대해서 설명해주시지요.

🔄 **신인식** : 업무집행권은 상임이사의 여부에 따라 정관이 정하는 바에 따라 상임이사에게 위임·전결 처리하게 합니다. 기타 조합장의 권한으로 회의체 구성권 및 회의소집권, 의안 부의권, 발언권, 의결권과 의장으로서 직무권한이 있습니다. 그리고 등기신청권, 간부직원 및 직원의 임면권, 조합의 파산 신청권과 조합 해산 시 청산인이 되는 권한 등이 있습니다.

🔄 **사회자** : 조합장으로서 권한이 있다면 이에 따른 의무가 있을 것입니다. 이에 대해 말씀해 주십시오.

🔄 **신인식** : 조합장의 의무를 크게 나누면 선량한 관리자로서의 의무, 겸업 및 겸직금지의 의무, 서류비치의무, 자기거래 제한의무와 조합원 통지 및 이사회·총회 보고의무가 있습니다.
먼저 선량한 관리자로서의 의무를 보면 조합장은 조합과 위임관계에 있음에 따라 선량한 관리자로서 조합을 위하여 성실하게 그 업무를 처리하여야 할 의무를 말합니다. 그러므로 조합장은 자신의 직무를 수행함에 있어서 법령을 준수하여야하는 소극적 의무와 조합에 최선의 이익추구 및 조합의 이익을 자기이익보다 우선시하는 적극적 의무를 부담하게 됩니다.

다음으로 조합장은 조합의 사업과 실질적으로 경쟁관계에 있는 사업을 경영하거나 이에 종사할 수 없습니다. 경쟁관계 사업범위는 해당조합이 수행하고 있는 사업에 해당하는 경우에 한정됩니다. 다만 농·축협이 사업을 위하여 출자한 법인이 수행하고 있는 사업은 실질적인 경쟁관계에 있는 사업으로 보지 아니합니다. 그리고 조합장은 그 조합의 직원과 대의원을 겸직할 수 없으며 다른 조합의 임직원을 겸할 수 없습니다.

사회자 : 조합장은 법령준수에 있어서 소극적인 법령준수의무 뿐만 아니라 자기이익보다 조합의 이익을 우선시하여야 하는군요. 다음은 조합장의 의무로서 서류비치의무와 자기거래제한이 있는데 이에 대해 설명해주시지요.

신인식 : 조합장의 서류비치의무로서 정관, 총회의 의사록, 조합원명부 및 결산보고서를 주된 사무소에 갖추어 두어야 합니다. 그리고 자기거래 제한의무가 있는데 이는 이사회의 승인을 얻지 아니하고는 자기 또는 제3자의 계산으로 당해조합과 정관이 정하는 규모 이상의 거래를 할 수 없습니다. 끝으로 조합원 통지 및 이사회·총회 보고의무를 보면 중앙회장이 조합의 경영상태를 평가하고 그 결과에 따라 당해 조합에 경영개선·합병권고 등의 필요한 조치를 요구한 경우 그 사실을 지

체 없이 공고하고 서면으로 조합원에게 통지하여야 하며, 조치결과를 조합의 이사회 및 총회에 보고 할 의무가 있습니다.

③ 조합장의 자질

🔁 **사회자** : 조합장은 직무수행에 있어서 법령준수의 소극적 의무뿐만 아니라 조합의 이익을 우선시하는 적극적 의무 등 많은 의무가 있군요. 추상적이긴 합니다만 이러한 의무를 충실하게 수행하기 위해서는 어떤 사람이 조합장이 되어야 한다고 봅니까?

🔁 **신인식** : 조합원을 위한 사명감과 경영능력을 갖추면 좋겠지요. 좀더 구체적으로 말씀드리면 조합장도 권력기관으로 볼 수도 있는데, 권력을 최대한 휘두름으로써 다른 사람의 관심을 끌려고 하거나, 다른 사람의 의견에 귀를 기울이지 않고 자신의 힘을 과시하기에 급급하거나, 다른 사람을 비난하고, 일방적인 책임전가를 하며 칭찬과 인정에 지나치게 인색하거나, 이기적이고 자기중심적인 자는 조합장으로서 자질이 없다고 봅니다.

바람직한 조합장은 솔직한 조언을 받아들이는 자, 아무리 나쁜 일이라도 일단 긍정적 반응을 보이는 자, 정직·성실·겸손한 자이며, 무엇보다 조합의 비전을 제시하는 자라고 봅니다.

🔁 **사회자** : 조합장이 조합원의 직접선거에 의해 선출되었으므로 조

합장은 조합원의 요구와 조합경영의 효율성과 상충되는 측면이 있다고 봅니다. 이와 같은 것을 해결하기 위해서는 어떤 조건을 갖추어야 한다고 보는지요.

⚡ **신인식** : 조합장은 조합원이 선출한 조합원 대표이므로 조합원의 요구에 부응하여 조합을 경영하는 것입니다. 조합장 직선제 이후 조합 사업의 성장속도 및 조합원만족도에 차이를 보이고 있습니다. 이는 지역적 여건 차이에 기인하는 측면도 있으나 조합장의 열정과 능력에 기인된다고 볼 수도 있습니다.

직선제 이후 조합이 조합원 위주로 운영되면서 조합원의 복리가 크게 증대되었으며 사업의 질적 개선 및 조직 등의 개혁에 다양한 노력이 있었습니다. 그러나 조합원이 요구하는 사업에 너무 치중하다보니 내실을 기하지 못하여 간혹 경영측면에서 어려움에 직면하기도 합니다.

⚡ **사회자** : 조합장의 자격요건은 조합원의 요구에 부응하고 조합경영효율화라는 두 마리 토끼를 잡을 수 있는 자질을 갖추어야 한다는 것인데…….

⚡ **신인식** : 모든 조직에 대한 CEO의 자질이 되겠습니다만 특히 선출직의 CEO인 조합장은 두 마리 토끼를 잡을 수 있는 지식과 경륜을 갖추고 마음을 열고 많은 의견을 들은 후 의사결정을 하여야 하며 결정된 사항에 대해서는 집행할 수 있는 결단성이 있어야 되고 그 결과에 대해 책임을 지는 자세가 되어야 한다고 봅니다.

구체적으로 살펴보면 조합원 참여를 증대시킬 수 있는 제도를 만들어 다양한 의견을 청취하여야 하며 조합 간 협력에 의한 사업증대를 꾀하고 현장중심에 의한 현장적응력 높은 사업방향과 의사결정으로서 조합원의 신뢰와 감동을 얻어야 할 것입니다.

🔄 **사회자** : 조합장의 자질을 얘기하셨는데, 어떤 성향의 사람이 조합장 자격이 없다고 생각 합니까?

🔄 **신인식** : 유권자에 따라 조합장 출마자에 대해 생각이 다를 수 있지만 누구나 공통적으로 되면 안 된다는 성향의 사람은 있습니다. 이런 사람을 한마디로 말하자면 양의 탈을 쓴 늑대보다, 자기가 양 인줄 아는 늑대의 성향을 가진 사람은 조합장으로서 가장 위험하다고 생각합니다. 이 의미는 결국은 자기 자신이 자신을 모르는 사람이 가장 무섭고 남에게 혹은 기관에 가장 큰 피해를 주므로 이런 사람은 유권자가 조합장이 되면 절대로 안 된다고 생각할 것입니다.

4 조합장의 해임사유

🔄 **사회자** : 조합장의 권리와 의무에 대해서 알아보았습니다. 그런데 조합장이 의무를 소홀히 하는 등 문제가 있을 경우 해임할 수 있는 방법에 대해 참고로 알아보는 것도 좋다고 생각하는데…….

🔄 **신인식** : 조합원이 직접 선출한 조합장의 해임절차를 보면 대의원

회의 의결을 거쳐 조합원 투표로 해임을 의결합니다. 대의원회의 의결은 대의원 3분의 1 이상의 요구로 대의원 과반수의 출석과 출석대의원 3분의 2 이상의 찬성으로 해임을 의결하며, 조합원 투표에 의한 해임 결정은 조합원 과반수의 투표와 투표 조합원 과반수의 찬성으로 해임이 결정됩니다.

👉 **사회자** : 조합장 재임 중 금고 이상의 형을 선고 받았으나 형이 확정되지 않은 경우 조합장은 직무를 계속할 수 있는지요.

👉 **신인식** : 「농협법」 제46조4항3호 조합장이 금고이상의 형을 선고 받으면 형이 확정되지 않은 경우에도 이사회가 정하는 순서에 따라 이사가 직무를 대행하도록 규정하고 있습니다. 그러나 헌재 판시(확정 판결 전 농협조합장 자격정지 위헌, 2013)에 의하면 직무정지라는 불이익은 형이 확정될 때 까지 기다릴 수 없을 정도로 구체적인 위험을 야기한 것이 명백하게 예상되는 범위 등으로 한정되어야 한다며 법 제46조 4항3호의 금고이상의 형을 선고받은 모든 범죄로 적용대상을 무한정 확대하는 것은 기본권의 최소 침해성 원칙을 위반했다고 하였습니다.

5 상임조합장과 비상임조합장

👉 **사회자** : 조합의 자산총액에 따라 상임조합장과 비상임조합장으로 구분하고 있는데 이를 구체적으로 설명해 주시지요.

😊 **신인식** : 조합 총회의 승인을 얻은 결산보고서에 기재된 자산총액이 2천 5백억 원 이상에 해당하는 경우에는 조합장을 비상임으로 운영합니다. 그러므로 상임조합장과 비상임조합장이 어떻게 다른지를 먼저 말씀드리겠습니다. 상임조합장은 조합을 대표하며 업무를 집행합니다. 그러나 상임조합장인 조합에 상임이사를 두는 경우에는 교육·지원사업, 경제사업, 신용사업, 금융기관보험 대리점사업 및 관련 부대사업을 상임이사에게 위임·전결 처리하기도 합니다.

다음으로 비상임조합장의 경우 조합장은 조합을 대표하며 조합의 업무는 상임이사가 집행하는 경우가 있고, 조합장이 조합을 대표할 뿐만 아니라 교육·지원사업, 경제사업, 복지후생사업, 다른 경제단체·사회단체 및 문화단체와의 교류·협력 및 각 사업과 관련되는 부대사업의 업무를 처리하는 경우도 있습니다.

6 조합장의 회의체 참여

😊 **사회자** : 조합장은 계통 간 협력과 공동 발전을 위한 각종 회의체에 참여하는데 이에 대해 알아봅시다. 먼저 지역농정활동 협력 및 농·축협의 공동이익 증진을 위한 조합운영협의회에 대해 설명해주시지요.

😊 **신인식** : 조합운영협의회는 시도 협의회와 시군협의회가 있습니다. 시군협의회는 관내 전 조합장이 위원이며 위원장은 중앙회 대의원이 합니다. 중앙회 대의원이 2명 이상이면 호선으로 결정합니다. 시도

협의회는 중앙회이사 및 시군협의회 위원장(축협 2명)이 위원(광역시단위는 관내 전조합장이 위원임)이 되며 위원장은 중앙회 이사인데 2명이상이면 역시 호선을 합니다.

조합운영협의회의 협의사항은 지역농정 협력활동에 관한 사항, 공동사업실시 등 농·축협 협동에 관한 사항, 대규모 시설투자 조정에 관한 사항, 합병에 관한 사항 및 농·축협사업 및 업무추진에 관한 필요한 사항을 협의합니다.

🔄 **사회자** : 다음은 관내 농·축협의 공동이익 증진과 건전한 균형발전을 도모하고 농·축협의 인사관리에 필요한 사항을 공동으로 결정하는 인사업무협의회에 대해 설명해주시지요.

🔄 **신인식** : 지역농협 인사업무 협의회는 시군단위와 시도단위협의회가 있습니다. 시군단위의 협의회는 관내 지역농협조합장이 구성원이며, 의장은 위원 중 호선을 하며 임기는 2년입니다. 그리고 농정지원단장이 간사를 합니다. 시도단위의 협의회는 관내 시군협의회 의장 및 1군 1조합장이 구성원이며, 의장은 위원 중 호선을 하며 임기는 2년입니다. 그리고 지역본부 회원지원담당 단장이 간사를 합니다.

🔄 **사회자** : 다음은 품목농협, 축협, 인삼협의 인사업무협의회를 설명해 주시지요.

🔄 **신인식** : 품목농협과 축협의 인사업무 협의회는 시도단위이며, 인삼협은 전국 단위입니다. 지역농협과 같이 관내 지역농협조합장이 구

성원이며, 의장은 위원 중 호선을 하며 임기는 2년입니다. 그리고 지역
본부 회원지원담당 단장이 간사를 합니다.

🌑 **사회자** : 그러면 인사업무협의회에서는 무슨 역할을 하는지요.

🌑 **신인식** : 직원의 공동채용 및 인사교류에 관한사항, 승진자 선발·
임용선정·추천에 관한 사항, 4급 간부직원 임용선정·추천 그리고 인력
공동운용 및 기타 협의회가 필요하다고 결정한 사항 등입니다.

제8장

조합의 사업·회계

1 조합의 사업

🔄 **사회자** : 지역농협은 농업인의 자주적인 협동조직을 바탕으로 농업인의 경제적·사회적·문화적 지위를 향상시키고, 농업의 경쟁력 강화를 통하여 농업인의 삶의 질을 높이며, 국민경제의 균형 있는 발전에 이바지함을 목적으로 사업을 합니다. 이러한 목적달성을 위한 사업에 대해 논의해 보도록 합시다.

🔄 **신인식** : 지역농협은 목적 달성을 위해 다양한 사업을 수행합니다. 이를 크게 분류하여 보면 교육·지원 사업, 경제사업, 신용사업, 복지후생사업, 다른 경제단체·사회단체 및 문화단체와의 교류·협력, 국가, 공공단체, 중앙회, 농협은행 또는 다른 조합이 위탁하는 사업, 다른 법령에서 농협의 사업으로 규정하는 사업, 앞에 명시한 사업과 관련되는 부대사업, 그밖에 설립 목적의 달성에 필요한 사업으로서 농림축산식품부장관의 승인을 받은 사업입니다.

사회자 : 농협은 다양한 사업을 하는군요. 사업별로 구체적으로 알아보는 것이 필요하겠지요. 먼저 교육·지원 사업에 대해 논의해 봅시다.

1. 교육·지원 사업

신인식 : 교육·지원 사업을 세부적으로 보면, 가. 조합원이 생산한 농산물의 공동출하와 판매를 위한 교육·지원, 나. 농업 생산의 증진과 경영능력의 향상을 위한 상담 및 교육훈련, 다. 농업 및 농촌생활 관련 정보의 수집 및 제공, 라. 주거 및 생활환경 개선과 문화 향상을 위한 교육·지원, 마. 도시와의 교류 촉진을 위한 사업, 바. 신품종의 개발, 보급 및 농업기술의 확산을 위한 시범포(示範圃), 육묘장, 연구소의 운영, 사. 농촌 및 농업인의 정보화 지원, 아. 귀농인·귀촌인의 농업경영 및 농촌생활 정착을 위한 교육 지원, 자. 그밖에 조합의 사업 수행과 관련한 교육 및 홍보사업 등입니다.

사회자 : 지금까지 지역농협 중심으로 설명해주셨는데 지역축협과 품목별·업종별 조합의 교육지원사업에 대해서 설명해 주시지요.

신인식 : 지역농협과 다른 점을 중심으로 설명 드리겠습니다. 지역축협의 교육지원사업은 지역농협의 교육지원 사업에서 농업을 축산업으로, 시범포를 사육장으로 바꾸고, 축산 관련 자조(自助) 조직의 육성 및 지원, 가축의 개량 증식·방역(防疫) 및 진료사업, 축산물의 안전성에 관한 교육 및 홍보가 추가됩니다.

품목별·업종별 조합과 지역농협의 교육지원사업과 다른 점을 보면 농산물이 농산물이나 축산물로, 사육장이 추가되고, 축산업의 품목조합에 가축의 증식, 방역 및 진료와 축산물의 안전성에 관한 교육 및 홍보가 추가됩니다.

💫 **사회자** : 교육지원사업의 내용에 대해 설명하였는데 이의 집행에 대한 유의사항은 어떤 것이 있습니까?

💫 **신인식** : 교육지원 사업비는 법 또는 정관에 규정된 농·축협 설립 목적의 사업을 직접 수행하는 교육지원 사업 등 비수익사업을 위하여 지출하는 비용입니다. 집행 시 유의사항은 특히 상품권이나 현금형태로 집행을 하면 안 되며, 조합원별 출자금 등에 따라 차등지급하는 것도 교육지원 사업비의 취지에 부합하지 않습니다. 상품권이나 현금형태로 집행하는 경우 사용용도 불명확으로 접대비 또는 기부금으로 간주되어 법인세 추가부담, 조합원배당소득 또는 증여세 발생 우려가 있습니다. 그러므로 영농자재지원비 등 영농과 직접 관련된 예산은 비료, 농약 등 영농자재 현물 또는 영농자재교환권으로 지원해야합니다.

💫 **사회자** : 교육지원사업비 집행에서 간혹 명절 선물대금지급 등으로 논쟁의 경우가 있습니다. 이에 대해 설명해주세요.

💫 **신인식** : 교육지원사업비는 농·축협의 고유목적사업에 맞지 않게 지급하면 안 됩니다. 즉, 영농과 관련 없는 명절 선물대금, 생일 축하금 등 업무추진비성 비용은 고유목적사업비로 인정되지 않아 법인세 등

추가부담 우려가 있습니다. 그리고 각종 민원 또는 분쟁발생소지 사전 차단을 위해 예산항목별 편성근거를 명시하고 이에 의하여 집행해야 합니다.

🔄 **사회자** : 교육·지원사업은 농업생산 및 생활관련 교육·지원이군 요. 다음은 경제사업에 대해 세부적으로 설명해 주시지요.

2. 경제사업

🔄 **신인식** : 경제사업을 세부적으로 보면, 가. 조합원이 생산하는 농 산물의 제조·가공·판매·수출 등의 사업, 나. 조합원이 생산한 농산물 의 유통 조절 및 비축사업, 다. 조합원의 사업과 생활에 필요한 물자의 구입·제조·가공·공급 등의 사업, 라. 조합원의 사업이나 생활에 필요 한 공동이용시설의 운영 및 기자재의 임대사업, 마. 조합원의 노동력이 나 농촌의 부존자원(賦存資源)을 활용한 가공사업·관광사업 등 농외소 득(農外所得) 증대사업, 바. 농지의 매매·임대차 교환의 중개, 사. 위탁 영농사업, 아. 농업 노동력의 알선 및 제공, 자. 농촌 형 주택 보급 등 농 촌주택사업, 차. 보관사업, 카. 조합원과 출자법인의 경제사업의 조성, 지원 및 지도 등입니다.

🔄 **사회자** : 지역축협과 품목별·업종별 조합의 경제사업에 대해서 지 역농협과 다른 점을 설명해 주시지요.

🔄 **신인식** : 지역축협의 경제사업이 지역농협의 경제사업과 다른 점

은 농산물을 축산물로, 위탁영농사업이 위탁 양축사업(養畜事業)으로 바뀌고, 농업을 축산업으로 합니다. 품목별·업종별 조합과 지역농협의 경제사업과 차이점은 농산물이 농산물이나 축산물로, 위탁영농사업이 위탁영농이나 위탁양축사업으로 바뀝니다.

🔁 **사회자** : 경제사업은 조합원이 농산물 생산 및 생산 이후에 필요한 자재의 구입 및 생활물자의 구입·공급 등이군요. 다음은 신용사업에 대해 설명해 주시지요.

3. 신용사업 등

🔁 **신인식** : 신용사업을 구체적으로 보면, 가. 조합원의 예금과 적금의 수입, 나. 조합원에게 필요한 자금 대출, 다. 내국환, 라. 어음할인, 마. 국가·공공단체 및 금융기관의 업무 대리, 바. 조합원을 위한 유가증권·귀금속·중요 물품의 보관 등 보호예수(保護預受) 업무, 사. 공과금, 관리비 등의 수납 및 지급대행, 아. 수입인지, 복권, 상품권의 판매대행 등입니다.

🔁 **사회자** : 신용사업은 일반 은행사업과 큰 차이가 없군요. 이외 다른 사업에 대해 설명해 주시지요.

🔁 **신인식** : 교육·지원 사업, 경제사업, 신용사업 외에 금융기관보험 대리점사업, 복지후생사업이 있습니다. 복지후생사업의 내역을 보면 복지시설의 설치 및 관리, 장제사업, 의료지원 사업 등이 있습니다. 다

른 경제단체·사회단체 및 문화단체와의 교류·협력, 국가, 공공단체, 중
앙회, 농협은행 또는 다른 조합이 위탁하는 사업, 다른 법령에서 지역
농협의 사업으로 규정하는 사업, 앞에 명시한 사업과 관련되는 부대사
업(조합이 보유하는 자산의 임대를 포함), 그 밖에 설립 목적의 달성에
필요한 사업으로서 농림축산식품부장관의 승인을 받은 사업, 장관의
위탁에 따라 중앙회장의 승인을 얻은 사업, 앞에 명시한 사업을 수행하
기 위해 필요 시 다른 조합, 중앙회 또는 농협경제지주회사와의 공동사
업 및 대리 업무를 할 수 있습니다. 신용사업은 지역농협과 지역축협의
차이점이 없습니다.

② 사업 활성화 방안

🔄 사회자 : 지금까지 사업에 대해서 설명하였습니다. 지금부터 사업
활성화 방안에 대해 논의해 보도록 합시다.

🔄 신인식 : 조합은 사업목적을 달성하기 위하여 국가, 공공단체, 중
앙회, 농협경제지주회사 및 그 자회사(해당 사업 관련 자회사에 한정한
다), 농협은행 또는 농협생명보험으로부터 자금을 차입할 수 있으며 자
금의 한도는 대통령령(자기자본과 중앙회 또는 농협은행에 예치하는
각각의 여유자금의 범위 내)으로 정합니다. 그리고 국가나 공공단체가
지역농협에 사업을 위탁하려는 경우 그 기관은 대통령령으로 정하는
바에 따라 지역농협과 위탁계약을 체결하여야 합니다.

그리고 사업을 수행하기 위하여 필요하면 자기자본의 범위에서 다른 법인에 출자할 수 있으며, 이 경우 동일 법인에 대한 출자는 자기자본의 100분의 20을 초과할 수 없습니다. 그러나 중앙회에 출자하는 경우와 경제사업을 수행하기 위하여 지역농협이 보유하고 있는 부동산 및 시설물을 출자하는 경우에는 초과 할 수 있습니다.

🔹 **사회자** : 다음은 조합이 안정적인 사업을 수행하기 위한 방안을 설명해 주시지요.

🔹 **신인식** : 지역농협은 사업을 안정적으로 수행하기 위하여 정관으로 정하는 바에 따라 사업손실보전자금(事業損失補塡資金) 및 대손보전자금(貸損補塡資金)을 조성·운용할 수 있습니다. 그리고 국가·지방자치단체 및 중앙회는 예산의 범위에서 사업손실보전자금 및 대손보전자금의 조성을 지원할 수 있습니다.

🔹 **사회자** : 다음은 경제사업 중 농산물판매사업 활성화에 대해 설명해주십시오.

🔹 **신인식** : 지역농협은 조합원이 생산한 농산물의 효율적인 판매를 위하여 다른 조합 및 중앙회와의 공동사업, 농산물의 계약재배 및 판매 등에 관한 규정의 제정 및 개정을 합니다. 사업수행에 필요한 경우 중앙회 등에 농산물의 판매위탁을 요청할 수 있으며, 이 경우 중앙회 등은 특별한 사유가 없으면 지역농협의 요청을 거부하면 안 됩니다. 판매위탁사업의 조건과 절차 등에 관한 세부사항은 중앙회 등의 대표이사

가 각각 정합니다. 그리고 중앙회는 공동사업과 판매위탁 등을 고려하여 정관으로 정하는 바에 따라 지역농협에게 자금지원 등 우대조치를 할 수 있습니다.

사회자 : 지역농협의 목적 중 하나가 조합원이 생산한 농산물의 판로 확대 및 유통원활화 등에 의한 조합원의 경제적 지위 향상입니다. 이를 위해 농·축협이 경제사업에 더욱 매진해야 한다는 취지로 개정 농협법이 2019년 말 본격 시행되었습니다. 이에 대해 설명해주시지요.

신인식 : 농협법과 지역농·축협 정관례에 농협중앙회장은 농·축협이 이행해야 하는 경제사업 목표량을 정하고, 그 목표를 충실히 이행하는 지 평가해야 합니다. 평가결과 경제사업 매출액이 목표량에 미치지 못하면 해당 농·축협에 경제사업 활성화를 요구하거나 합병을 권고하도록 합니다.

사회자 : 경제사업 목표량에 대해서 구체적으로 설명해주시지요.

신인식 : 경제사업 목표량은 농·축협의 총 매출액에서 차지하는 경제사업매출액 비중이 입지유형(16개) 평균의 50% 이상입니다. 예를 들어 A 농협이 속한 입지유형 평균이 60%라면 총 매출액에서 경제사업 매출액이 30% 이상이 되어야 합니다. 다만 입지유형 평균의 50%로 계산한 경제사업 매출액 비중이 20% 이하일 경우 최저 의무 기준인 20%를 적용합니다.

🌀 **사회자** : 입지유형에 따라 경제사업 목표량이 다르군요. 그러면 경제사업 매출액은 어떻게 산정하는지요.

🌀 **신인식** : 경제사업 매출액은 판매·구매·유통·가공사업 등의 매출액뿐 만아니라 도농상생기금[1)]·출하선급금·공동사업투자금 출연 등도 포함됩니다.

🌀 **사회자** : 현재 경제사업 목표미달 농협현황을 설명해주시고 도농상생기금이 2021년부터 경제사업 매출액으로 인정하지 않는다고 하는데 그러면 목표량 미달농협의 수가 증가 하겠지요?

🌀 **신인식** : 2019년 기준 전국 1,118개 농·축협 중 35개 조합이 목표량 미달입니다. 특히 도시 농·축협은 판매·구매 등 전형적인 경제사업 비중이 작고, 도농상생기금 출연을 통해 경제사업 매출액을 채우고 있었는데 도농상생기금은 2020년까지만 경제사업 매출액으로 인정됩니다. 도농상생기금이 경제사업 매출액으로 인정받지 못하면 경제사업 목표량에 미달하는 도시 농·축협 숫자가 9개 조합에서 26개 조합으로 급증하여 전체적으로 52개 농·축협이 경제사업 목표량을 채우지 못하게 됩니다.

🌀 **사회자** : 다음은 지역농협 사업 중 비조합원도 사업이용을 하고 있는데 이에 대해 설명해 주시지요.

---

1) 도농상생기금은 농산물 판매사업 등에서 농촌 농·축협이 입은 손실을 보전해주기 위한 목적으로 도시 농·축협이 2012년부터 적립하고 있는 것임.

신인식 : 지역농협은 조합원이 이용하는 데에 지장이 없는 범위에서 조합원이 아닌 자에게 그 사업을 이용하게 할 수 있습니다. 다만, 농산물의 제조·가공·판매·수출 등은 농업인이 아닌 자는 제외합니다.

농지매매·임대차·교환, 위탁영농사업, 보관사업, 국가·공공단체 및 금융기관의 업무대리, 공과금, 관리비 등의 수납 및 지급대행, 수입인지, 복권, 상품권의 판매대행, 복지시설의 설치 및 관리, 장제사업, 국가, 공공단체, 중앙회, 농협은행 또는 다른 조합이 위탁하는 사업 및 설립목적 달성에 필요한 사업으로 장관의 승인을 받은 사업, 장관이 중앙회장에게 위탁한 사업으로 중앙회장의 승인을 얻은 사업 외의 사업에 대하여는 정관으로 정하는 바에 따라 비조합원의 이용을 제한할 수 있습니다.

사회자 : 비조합원의 사업이용에 대해 이용 가능한 사업을 구체적으로 제시하고 있군요. 그러면 지역 간, 품목 간 조합원의 사업이용에 대해 설명해 주시지요.

신인식 : 해당 지역농협의 조합원과 동일한 세대(世帶)에 속하는 사람, 다른 조합 또는 다른 조합의 조합원이 지역농협의 사업을 이용하는 경우에는 그 지역농협의 조합원이 이용한 것으로 봅니다. 그리고 지역농협은 품목조합의 조합원이 지역농협의 신용사업을 이용하려는 경우 최대의 편의를 제공하여야 합니다.

사회자 : 지역농협은 조합원이나 조합공동사업법인이 생산한 농

산물 및 그 가공품 등의 유통을 지원하기 위하여 유통지원자금을 조성·운용할 수 있습니다. 이에 대해 설명해 주시지요.

🔹 **신인식** : 국가·지방자치단체 및 중앙회는 예산의 범위에서 유통지원자금의 조성을 지원할 수 있습니다. 유통지원자금의 운용은 농산물의 계약재배사업(지역축협은 계약출하사업, 품목조합은 계약재배사업 또는 계약출하사업), 농산물 및 그 가공품의 출하조절사업, 농산물의 공동규격 출하촉진사업, 매취(買取)사업 등입니다.

🔹 **사회자** : 지금까지 조합사업 별 활성화 방안에 대해서 구체적으로 알아보았습니다. 끝으로 효율적인 교육·지원사업에 대해 설명해 주시지요.

🔹 **신인식** : 지역농협은 조합원에게 협동조합의 운영원칙과 방법에 관한 교육을 하여야 합니다. 조합원의 권익이 증진될 수 있도록 조합원에 대하여 적극적으로 품목별 전문기술교육과 경영상담 등을 하여야 합니다. 그리고 교육과 상담을 효율적으로 수행하기 위하여 주요 품목별로 전문상담원을 둘 수 있습니다.

3 회계 및 운영의 공개

🔹 **사회자** : 앞에서 지역농협의 사업에 대해서 논의하였습니다. 지금부터 사업의 회계에 대해 논의하도록 합시다. 먼저 회계연도와 회계구

분에 대해 설명해 주시지요.

🔄 **신인식** : 지역농협의 회계연도는 정관(매년 1월 1일~12월 31일)으로 정합니다. 지역농협의 회계는 일반회계와 특별회계로 구분하며, 일반회계는 종합회계로 하되, 신용사업부문과 신용사업 외의 사업 부문으로 구분합니다. 특별회계는 특정 사업을 운영할 때, 특정자금을 보유하여 운영할 때, 그밖에 일반회계와 구분할 필요가 있을 때에 정관으로 정하는 바(규정에 위임)에 따라 설치합니다.

일반회계와 특별회계 간, 신용사업 부문과 신용사업 외의 사업부문 간의 재무관계 및 조합과 조합원 간의 재무관계에 관한 재무기준은 농림축산식품부장관이 정하여 고시하며, 이 경우 농림축산식품부장관이 신용사업부문과 신용사업외의 사업부문 간의 재무관계에 관한 재무기준을 정할 때에는 금융위원회와 협의하여야 합니다.

조합의 회계처리 기준에 관하여 필요한 사항은 회장이 정하며, 신용사업의 회계처리 기준에 필요한 사항은 금융위원회가 따로 정할 수 있습니다.

🔄 **사회자** : 지역농협은 매 회계연도의 사업계획서와 수지예산서(收支豫算書)를 작성하여 그 회계연도가 시작되기 1개월 전에 이사회의 심의와 총회의 의결을 거쳐야 합니다. 그러면 사업계획과 수지예산서의 작성 및 변경에 대해 설명해 주시지요.

🔄 **신인식** : 사업계획과 수지예산서는 조합원이 알기 쉽게 작성하여야 하며, 특히 임원보수 및 실비변상기준, 직원급여기준과 조합운영에

소요되는 활동경비 등 지출예산은 산출근거를 명시하여야 합니다. 그리고 사업계획과 수지예산서의 변경은 이사회의 의결을 거쳐야 하며, 중요한 사항을 변경하려면 총회의 의결을 거쳐야 합니다.

◆ **사회자** : 조합장은 정관으로 정하는 바에 따라 사업보고서를 작성하여 그 운영상황을 공개하여야 하는데 이를 구체적으로 설명해 주시지요.

◆ **신인식** : 조합장은 정관, 총회의 의사록 및 조합원 명부(대의원 명부 포함)를 주된 사무소 및 신용사업을 수행하는 지사무소에 갖추어 두어야 합니다. 조합원과 지역농협의 채권자는 영업시간 내에 언제든지 이사회 의사록(조합원의 경우에만 해당)과 정관, 규약(조합원 한정), 총회의 의사록 및 조합원 명부를 열람하거나 그 서류의 사본 발급을 청구할 수 있으며, 지역농협이 정한 비용을 지급하여야 합니다.

조합원은 조합원 100인이나 100분의 3 이상의 동의를 받아 지역농협의 회계장부 및 서류의 열람이나 사본의 발급을 청구할 수 있으며, 지역농협은 청구에 대하여 특별한 사유가 없으면 발급을 거부할 수 없으며, 거부하려면 그 사유를 서면으로 알려야 합니다.

조합원은 지역농협의 업무집행에 관하여 부정행위 또는 법령이나 정관을 위반한 중대한 사실이 있다고 의심이 되는 사유가 있으면 조합원 100인이나 100분의 3 이상의 동의를 받아 지역농협의 업무와 재산상태를 조사하게하기 위하여 법원에 검사인의 선임을 청구할 수 있습니다. 이 경우 조합장, 이사, 감사는 지체 없이 검사인의 보고서의 정확여부를 조사하여 총회에 보고하여야 합니다.

🔁 **사회자** : 지역농협이 외부 감사인에 의한 회계 감사를 받는 경우가 있다고 하는데 이에 대해 설명해 주시지요.

🔁 **신인식** : 조합장의 임기 개시일 직전 회계연도 말의 자산 등 사업 규모가 대통령령으로 정하는 기준 이상(총회 승인 결산보고서 자산총액 500억 원)인 지역농협은 그 조합장의 임기 개시일 부터 2년이 지난 날이 속하는 회계연도에 대하여 「주식회사의 외부감사에 관한 법률」 제3조에 따른 감사인의 회계감사를 받아야 합니다.

감사인은 회계감사를 하였으면 회계감사보고서를 작성하여 농림축산식품부령으로 정하는 기간(이사회, 감사에게 회계연도 결산승인 총회 개최 1주일 전, 중앙회장에게 결산승인 종료일부터 2주일 이내) 이내에 해당 지역농협의 이사회, 감사 및 회장에게 제출하여야 합니다.

총회 승인 결산보고서 자산총액 500억 원 미달 지역농협의 경우 조합장 임기 중 1회에 한하여 대의원 3분의 1 이상의 청구가 있으면 청구한 날이 속하는 해의 직전 회계연도에 대하여 감사인의 회계감사를 받아야 합니다. 회계감사 종료일부터 2주일 이내에 이사회, 감사 및 중앙회장에게 제출하여야 합니다.

🔁 **사회자** : 다음은 지역농협의 업무상 여유자금 운용 방법에 대해서 설명해 주시지요. ❟

🔁 **신인식** : 지역농협 업무상 여유자금 운용방법을 보면 중앙회에 예

치, 농협은행 또는 대통령령으로 정하는 금융기관에의 예치, 국채·공채 또는 대통령령으로 정하는 유가증권의 매입 등입니다. 중앙회 예치의 하한 비율 또는 금액은 여유자금의 건전한 운용을 해치지 아니하는 범위에서 중앙회의 이사회가 정합니다.

🔁 **사회자** : 지역농협은 매 회계연도의 손실 보전과 재산에 대한 감가상각에 충당하고도 남으면 적립한다는데 이에 대해 구체적으로 설명해 주시지요.

🔁 **신인식** : 손실보전과 감가상각 이후 남으면 먼저 자기자본의 3배가 될 때까지 잉여금의 100분의 10 이상을 법정적립금으로 적립하여야 합니다. 여기서 자기자본은 납입출자금, 회전출자금, 우선출자금(배당이 소정의 우선배당률에 미달하더라도 그 부족액을 후 년도에 우선적으로 배당받을 수 없는 즉, 누적되지 아니하는 것만 해당), 가입금, 각종 적립금 및 미처분 이익잉여금의 합계액(이월결손금이 있으면 그 금액을 공제한다)입니다.

다음으로 사업비용에 충당하기 위하여 잉여금의 100분의 20 이상을 다음 회계연도에 이월금으로 이월합니다. 그리고 정관으로 정하는 바에 따라 사업준비금(100분의 20 이상) 등을 적립(이하 "임의적립금"이라 한다)할 수 있습니다.

사업준비금을 적립하고 나머지가 있을 때는 유통손실보전자금, 경제사업 활성화 적립금으로 추가 적립합니다. 이 경우 추가적립여부 및 금액은 총회에서 정합니다. 끝으로 나머지와 국고보조금 및 고정자산처분에 따른 이익금 합산액을 별도 산출하여 사업활성화 적립금으로 적립합니다.

🌐 **사회자** : 지금까지 적립에 대해 설명하였습니다. 다음은 손실의 보전과 잉여금의 배당에 대해 설명해 주시지요.

🌐 **신인식** : 지역농협은 매 회계연도의 결산결과 손실금(당기손실금)이 발생하면 미처분이월금·임의적립금(사업활성화 적립금, 유통손실보전자금, 경제사업활성화 적립금, 사업준비금 순으로 보전)·법정적립금·자본적립금·회전출자금의 순으로 보전하며, 보전 후에도 부족할 때에는 이를 다음 회계연도에 이월합니다.

잉여금 배당은 손실을 보전하고 법정적립금, 이월금 및 임의적립금을 공제한 후가 아니면 잉여금 배당을 하지 못합니다. 잉여금은 정관으로 정하는 바에 따라 조합원의 사업이용실적에 대한 배당, 조합원의 납입출자액에 대한 배당(정관으로 정하는 비율, 즉, 1년 만기 정기예탁금 결산기준 연평균 금리에 2퍼센트를 더한 범위 내에서 정하되 최고 연 100분의 10을 초과할 수 없음), 준조합원의 사업이용실적에 대한 배당 순으로 합니다.

🌐 **사회자** : 사업이용실적배당은 구체적으로 어떻게 하는지 상세하게 설명하는 것이 도움이 될 것 같군요.

🌐 **신인식** : 사업이용실적 배당은 그 회계연도에 있어 취급된 물자의 수량·가액 기타 사업의 분량을 참작하여 조합원 및 준조합원의 사업이

용실적에 따라 행하되, 조합원의 사업이용실적에 대한 배당액은 조합원과 준조합원의 이용고배당과 조합원 출자배당의 100분의 20 이상으로 정하며, 항목·대상·배점 등 구체적인 사항은 이사회에서 정하되 약정조합원에 대한 우대내용을 포함하여야 합니다. 이용고배당(조합원과 준조합원)과 출자배당액의 합계액은 매 회계연도 잉여금의 100분의 20 이상을 배당하되, 조합경영을 고려하여 이사회가 의결한 경우에는 이용고배당과 출자배당을 잉여금 100분의 20 이상을 하지 않을 수 있습니다.

🔄 **사회자** : 지금까지 적립금에 대해서 알아보았습니다. 다음은 자본적립금의 적립과 법정적립금의 사용에 대해 설명해 주시지요.

🔄 **신인식** : 지역농협은 감자(減資)에 따른 차익, 자산 재평가 차익, 합병 차익, 청산조합 인수 잔여재산 등을 자본적립금(이익금의 적립)으로 적립하여야 합니다. 그리고 법정적립금의 사용은 지역농협의 손실금을 보전하는 경우, 지역농협의 구역이 다른 조합의 구역으로 된 경우에 그 재산의 일부를 다른 조합에 양여(讓與)하는 경우 외에는 사용이 금지되어 있습니다.

🔄 **사회자** : 결산보고서의 제출, 비치와 총회 승인 등의 절차에 대해서 설명해 주세요.

🔄 **신인식** : 조합장은 정기총회일 1주일 전까지 결산보고서(사업보고서, 재무상태표, 손익계산서, 잉여금 처분안 또는 손실금 처리안 등)

를 감사에게 제출하고 이를 주된 사무소에 갖추어 두어야 합니다. 조합원과 채권자는 서류를 열람하거나 그 사본의 발급을 청구할 수 있으며, 이 경우 지역농협이 정한 비용을 지급하여야 합니다. 그리고 조합장은 서류와 감사의 의견서를 정기총회에 제출하여 그 승인을 받아야 합니다. 승인 후 2주일 이내에 재무상태를 공고하여야 합니다. 또한 조합장은 3, 6, 9월말 기준 사업전반에 관한 사업보고서를 작성하여 인터넷 홈페이지(홈페이지 운영조합)에 게시하고 조합원(대의원회를 둔 조합은 대의원)에게 송부합니다.

💬 **사회자** : 결산보고서에 대해 좀 더 자세하게 알아야 할 필요가 있다고 생각합니다. 먼저 재무제표(재무상태표, 손익계산서, 잉여금 처분안)에 대해 간략하게 설명해주시지요.

💬 **신인식** : 농·축협은 경영활동을 이해관계자들에게 전달하는 주요 수단으로 복잡한 경영상황을 객관적인 수치로 나타낸 것을 재무제표라고 합니다. 먼저 재무상태표는 일정시점에서 농·축협의 재무상태 즉 자산, 부채 및 자본을 수록한 것으로 재무상태의 구조는 자산 = 부채 + 자본입니다. 총자산은 유동자산과 비유동자산으로 구분되며, 유동자산은 당좌자산과 재고자산이며, 비유동자산은 투자자산, 유형자산, 무형자산, 기타 비유동자산으로 구성되어 있습니다. 총부채는 부채와 자본으로 구성되며 부채는 유동부채와 비유동부채가 있으며, 자본은 출자금, 자본잉여금, 이익잉여금, 자본조정, 기타 포괄손익누계액으로 구성됩니다.

사회자 : 재무상태표는 〈총자산(유동자산 + 비유동자산) = 총부채 (부채+자본)〉으로 구성되어있군요. 다음은 해당회계기간에 발생한 모든 비용항목과 수익항목이 나타나 있어 경영성과를 알려주는 손익계산서에 대해서 설명해 주시지요.

신인식 : 손익계산서는 일정기간 동안 농·축협의 경영성과를 알려주는 표로서 해당회계기간에 발생한 모든 비용항목과 수입항목이 나타나 있습니다. 구성항목을 보면. 매출액에서 매출원가를 차감한 매출총이익, 매출총이익에서 판매비와 관리비를 차감한 영업이익, 영업이익에서 교육지원사업비와 영업외손익을 차감한 법인세차감전손익, 끝으로 법인세를 차감한 당기순이익 항목입니다.

사회자 : 구성항목을 설명하였는데 항목별로 구체적으로 설명해 주시지요.

신인식 : 매출원가는 재료 구입비와, 제품의 가공을 위한 노무비 등이며, 판매비와 관리비는 임직원 인건비, 각종 경비 등 정상적인 영업활동 수행비입니다.

사회자 : 결산보고서(사업보고서, 재무상태표, 손익계산서, 잉여금 처분안 또는 손실금 처리안 등)와 감사의견서를 정기총회에 제출하여 그 승인을 받는데, 승인을 받으면 이사·감사의 책임은 해제되는 것입니까?

신인식 : 이사·감사의 책임해제는 정기총회에서 승인을 한 후 2년

내에 다른 결의가 없으면 이사·감사의 책임을 해제한 것으로 봅니다. 그러나 부정행위는 그러하지 아니합니다.

🔹 **사회자** : 조합의 재산에 대한 조합원의 지분계산과 출자감소에 대해 설명해 주시지요.

🔹 **신인식** : 먼저 조합의 재산증가에 대한 조합원의 지분계산을 보면 납입출자금, 회전출자금, 사업준비금은 출자액 및 계산에 의해 가산합니다. 그리고 재산 감소의 경우에는 출자액이나 조합원의 지분액에 따라 감액하여 계산합니다. 그리고 조합은 조합원의 지분을 취득하거나 이에 대하여 질권을 설정하지 못합니다.

🔹 **사회자** : 조합재산 증가에 대한 지분계산보다 감소에 의한 지분계산은 간단하지 않을 것 같은데 이에 대해 구체적으로 설명해 주시지요.

🔹 **신인식** : 지역농협은 출자 1좌의 금액 또는 출자좌수의 감소(이하 "출자감소"라 한다)를 의결 한 경우에는 그 의결을 한 날부터 2주일 이내에 재무상태 표를 작성하여야 합니다. 이의가 있는 채권자는 일정한 기일 내에 이를 진술하라는 취지를 정관으로 정하는 바에 따라 1개월 이상 공고하고, 이미 알고 있는 채권자에게는 따로 최고(催告)하여야 하며, 공고나 최고는 의결을 한 날부터 2주일 이내에 하여야 합니다.

채권자가 기일 내에 지역농협의 출자감소에 관한 의결에 대하여 이의를 진술하지 아니하면 이를 승인한 것으로 보며, 채권자가 이의를 진술한 경우에는 지역농협이 이를 변제하거나 상당한 담보를 제공하지 아니하면 그 의결은 효력을 발생하지 아니 합니다.

🔁 **사회자** : 조합원이 상부상조하는 단체인 협동조합은 모든 조합원이 평등하게 경영에 참여하는 것을 원칙으로 하므로 조합원에게 소속 농협의 활동상황을 알려서 참여의식을 고취시키고 올바른 경영참여를 할 수 있도록 운영의 공개(사업보고서 송부 등)를 한다는데 이에 대해 구체적으로 알아봅시다.

🔁 **신인식** : 운영의 공개 실시근거는 법 제65조제1항·제107조제1항·제112조제1항과 지역농·축협 정관례 제140조의 2제2항, 품목·업종별조합 정관례 제138조의2제2항입니다. 실시내용은 3·6·9월말 기준사업전반에 관한 사업보고서를 작성(정관이 변경된 경우 변경사항 포함)하여 홈페이지 게시 및 조합원(대의원회를 둔 경우 대의원)에게 송부합니다. 소식지 발송 및 마을좌담회 개최 등은 법과 정관에서 정한 운영의 공개방법이 아닙니다. 사업보고서 작성 시 사업성과의 홍보에만 치중하지 않도록 해야 하며 사업과 운영상황을 상세하게 기술함으로서 조합원들의 조합운영에 대한 오해가 없도록 노력하여야 합니다.

🔁 **사회자** : 운영의 공개 중 사업보고서 작성 및 송부에 대해 설명하였습니다. 다음은 가끔 논쟁이 되고 있는 정보 공개에 대해 논의합시다.

🔁 **신인식** : 운영공개의 관련규정은 법 제65조, 지역농·축협 정관례 제140조의 2, 품목·업종별 농·축협 정관례 제138조의2입니다. 정보공개의 주요내용을 보면 정관, 규약, 총회의 의사록 및 조합원 명부를 주

된 사무소 및 신용사업을 수행하는 지사무소에 비치(이사회 의사록은 제외)하여야 합니다. 조합원 및 채권자는 농·축협이 정한 비용을 지급하고 영업시간 내에 관련서류(규약은 조합원에 한함)를 열람하거나 사본발급이 가능하며, 요청을 거절할 수 없습니다. 이사회의사록은 조합원만 가능하나, 미완료사업으로 공개될 경우 공정한 수행이 불가능하거나 특정인에게 이익 또는 불이익을 줄 우려가 있거나 개인 사생활의 비밀 또는 자유를 침해할 우려가 있는 경우에는 해당 내용을 비공개 처리합니다.

🔾 **사회자** : 열람 및 사본발급을 원칙으로 하되 사업수행상 개인사생활 등을 고려하여 비공개처리할 수 있군요. 다음은 사업계획서 및 수지예산서나 회계장부 등의 공개에 대해 설명해 주시지요.

🔾 **신인식** : 총회 및 이사회의 의결을 거친 사업계획서 및 수지예산서는 조합원이 주된 사무소 및 신용사업을 수행하는 지사무소에서 열람이 가능합니다. 그러나 세부내역은 정상적 업무수행에 지장이 없는 범위 내에서 공개합니다. 그리고 회계장부와 서류의 열람 및 사본발급은 조합원 100인 또는 조합원 100분 3 이상의 동의를 받아 열람 및 사본의 발급 청구가 가능합니다. 청구의 거절은 공공기관의 정보에 관한 법률 제9조제1항에 준하는 경우 할 수 있으며, 거부할 경우 서면 통보하여야 합니다.

🔾 **사회자** : 회계장부와 서류의 열람 및 사본 발급에서 회계장부 및 서류의 범위를 알아본 후 정보공개를 알아보는 것이 좋겠습니다.

신인식 : 판례에 의하면, 회계장부 및 서류의 범위는 회계장부만이 아니라 조합원이 열람 또는 사본발급을 요청한 사유와 실질적으로 관련이 있는 회계장부 및 근거자료가 되는 회계서류 일체를 포함하며 회계장부와 무관한 자료는 제외됩니다.

사회자 : 정보공개를 무제한적으로 허용할 경우 영업에 지장을 주거나, 영업상 비밀이 외부로 유출될 염려가 있고, 열람 또는 사본의 발급으로 얻은 회계정보가 부당하게 이용되는 등의 부작용이 발생할 수도 있는데 정보제공을 어떤 경우에 허용되는지를 설명해주시지요

신인식 : 조합원의 농·축협 경영 상태에 대한 알 권리 및 감독·시정할 권리와 열람 또는 사본의 발급으로 인해 발생할 수 있는 부작용을 비교하여 그 결과 조합원의 권리를 보호하여야 할 필요성이 더 크다고 인정되는 경우 허용됩니다.

사회자 : 너무 추상적인 설명인데 조합원의 권리보호 필요성이 크다고 보여 지는 경우를 구체적으로 설명해주시지요.

신인식 : 막연하게 농·축협의 경영상태가 궁금하므로 이를 파악하기 위해서라거나, 조합장이 자의적이고 방만하게 농·축협을 경영하고 있으므로 농·축협의 경영 상태에 대한 감시의 필요가 있다는 등의 추상적인 이유로는 조합원의 권리보호 필요성이 크다고 보기어렵다고 봅니다. 그러므로 구체적으로 농·축협의 업무를 집행함에 있어서 부정한 행위를 하였다고 의심할 만한 구체적인 사유가 발생하였다거나, 농·

축협의 경영 상태를 악화시킬만한 구체적인 사유가 있는 경우, 또는 조합원이 농·축협의 경영 상태에 대한 파악 또는 감독·시정의 필요가 있다고 볼만한 구체적인 사유가 있는 경우 등입니다.

🔄 **사회자** : 농·축협은 「공공기관의 정보에 관한 법률」에서 정한 정보공개 대상기관에 해당되지 않으며(판례, 대구고법 2008누212), 농·축협은 법 제65조에서 정한 사항만 조합원과 농·축협의 채권자에게 제공한다고 합니다. 그러나 지역농·축협 정관례 제140조의 2, 품목·업종별 농·축협 정관례 제138조의 2에서 정한 비공개 대상 정보는 공공기관의 정보에 관한 법률 제9조제1항에 준하는 경우 할 수 있다고 하는데 이에 준하는 사유를 구체적으로 설명해주시지요.

🔄 **신인식** : 구체적으로 보면, 첫째, 진행 중인 재판에 관련된 정보, 공개될 경우 업무의 공정한 수행이나 연구·개발에 현저한 지장을 초래할 경우 즉, 감사·감독·검사·시험·규제·입찰계약·기술개발·인사관리·의사결정과정 또는 내부검토과정에 있는 사항 등입니다. 둘째, 개인 사생활의 비밀 또는 자유를 침해할 우려가 있는 경우로 임직원의 인적사항 및 급여정보 등입니다. 셋째, 경영·영업상의 비밀에 관한 사항으로 공개될 경우 농·축협의 정당한 이익을 현저하게 해할 우려가 있는 경우로 법인카드 사용내역 등이며, 위법 부당한 사업 활동으로 조합원의 재산을 보호할 필요가 있는 경우는 제외됩니다. 넷째, 공개될 경우 부동산 투기·매점매석 등으로 특정인에게 이익 또는 불이익을 줄 우려가 있는 경우로 점포신설·폐쇄·이전 및 입찰·계약 등에 관한 사항 등이나

조합원 권리필요성이 크다고 판단되는 경우 공개하여야 합니다.

4 고정자산 관리 및 외부출자

🌐 **사회자** : 업무용부동산과 업무용동산 즉 고정자산의 취득과 처분에 대해서 알아봅시다.

🌐 **신인식** : 먼저 업무용 부동산의 취득·처분 중 사업계획에 반영된 경우를 보면, 토지·건물·구축물 및 부동산의 취득 또는 처분내용이 사업계획에 반영되었다 하더라도 별도의 이사회 의결을 거쳐 취득 또는 처분하여야 합니다. 그러나 정관례 제49조 제1항 제7호에서 정한 금액 미만의 업무용부동산취득과 처분에 대하여는 이사회 의결을 생략할 수 있습니다. 사업계획에 미반영된 경우에는 이사회 의결로 사업계획 변경절차를 거쳐야 합니다. 단 업무용 부동산 취득과 관련된 총액 1억 원(농·축협 실정에 따라 조정 가능) 이상의 예산편성 또는 용도조정에 관한 사항은 총회(대의원회)의 의결사항입니다.

🌐 **사회자** : 사업계획에 반영되었다 하더라도 업무용부동산의 취득과 처분은 이사회 의결을 거쳐야 하는 군요. 다음은 업무용 동산의 취득·처분에 대해 설명해 주세요.

🌐 **신인식** : 업무용동산 역시 사업계획에 반영되었다 하더라도 별도

의 이사회 의결을 거쳐 처분 또는 취득하여야 합니다. 그러나 정관례 제49조 제1항 제7호에서 정한 금액 미만의 업무용동산취득과 처분에 대하여는 이사회 의결을 생략할 수 있습니다. 사업계획에 미반영 된 경우에는 이사회 의결로 변경절차를 거쳐야 합니다.

사회자 : 다음은 고정자산 관리 중 업무용부동산 소유한도에 대해서 설명해주세요.

신인식 : 농·축협은 자기자본을 초과하는 업무용부동산(업무용 토지, 업무용 건물, 건설 중인 자산)을 소유할 수 없습니다. 그러나 부득이한 사유로 자기자본을 초과하여 업무용부동산을 취득하고자 할 때에는 예수금의 20% 이내로 하여야 합니다.

사회자 : 다음은 외부출자의 한도 및 절차에 대해서 논의해 봅시다.

신인식 : 외부출자는 자기자본〈납입출자금+회전출자금+우선출자금+가입금+각종적립금 및 미처분이익잉여금(결손금 공제)〉범위 이내에서 가능하며, 동일 법인에 대해서 자기자본의 100분의 20을 초과할 수 없습니다. 그러나 중앙회에 출자하는 경우와 농·축협 보유 부동산 및 시설물을 출자하는 경우에는 초과가 가능합니다.

사회자 : 외부출자 한도에 대해서 알아보았습니다. 다음은 외부출자 절차를 설명해주세요.

신인식 : 외부출자를 할 경우에는 먼저 외부출자 계획을 수립하

고, 이에 대한 이사회 및 총회 의결을 거쳐야 하며 출자가 확정된 후 사업계획에 반영해야 합니다.

🔁 **사회자** : 외부출자는 계획을 수립하고 확정이 되면 실행을 한다고 했는데 구체적으로 설명을 해 주시지요.

🔁 **신인식** : 출자계획 수립 시 검토사항을 보면, 필요성·사업성·적법성·규모의 적정성·출자한도 및 지급능력·기대효과 등 제반사항을 면밀히 검토해야 합니다. 다음으로 이사회 및 총회의 의결을 거쳐야 하는데 두 기관 중 하나라도 부결 시 외부출자는 할 수 없습니다. 그리고 외부출자 실행 시 1억 원 이상의 예산 추가편성 및 용도조정에 관한 사항은 총회의 의결사항입니다. 그러나 중앙회에 대한 출자 및 중앙회와 공동으로 출자하거나, 중앙회가 경영지배력을 가지는 법인에 대한 출자예산의 추가편성의 경우 이사회의결로 가능합니다.

제9장

조합 설립·합병·해산

1 협동조합의 설립

1. 설립 목적

➋ **사회자** : 협동조합의 설립목적을 협동조합별로 알아보도록 합시다.

➋ **신인식** : 먼저 농협의 목적을 알아보고 지역농협·지역축협과 품목조합은 다른 점만 설명 드리겠습니다. 농협의 설립목적은 "농업인의 자주적인 협동조직을 바탕으로 농업인의 경제·사회·문화적 지위를 향상시키고, 농업의 경쟁력 강화를 통하여 농업인의 삶의 질을 높이며, 국민경제의 균형 있는 발전에 이바지함을 목적으로 한다."로 되어 있습니다.

지역농업협동조합의 목적은 "조합원의 농업생산성을 높이고 조합원이 생산한 농산물의 판로 확대 및 유통원활화를 도모하며, 조합원이 필요로 하는 기술, 자금 및 정보 등을 제공하여 조합원의 경제적·사회적·문화적 지위 향상을 증대시키는 것을 목적으로 한다."입니다. 지역축협의 목적은 농업을 축산업으로 하면 됩니다.

품목조합의 목적을 보면 "정관으로 정하는 품목이나 업종의 농업 또는 정관으로 정하는 한우사육업, 낙농업, 양돈업, 양계업, 그 밖에 대통령령으로 정하는 가축사육업의 축산업을 경영하는 조합원에게 필요한 기술·자금 및 정보 등을 제공하고, 조합원이 생산한 농축산물의 판로 확대 및 유통원활화를 도모하여 조합원의 경제·사회·문화적 지위향상을 증대시키는 것을 목적으로 한다."로 되어 있습니다.

2. 설립인가

💠 **사회자** : 지역농협은 구역에서 20인 이상의 조합원 자격을 가진 자가 발기인(發起人)이 되어 정관을 작성하고 창립총회의 의결을 거친 후 농림축산식품부장관의 인가를 받아야 한다고 합니다. 구체적으로 품목조합을 포함해서 설명해 주시지요.

💠 **신인식** : 조합원 수, 출자금 등 인가에 필요한 기준 및 절차는 대통령령에서 정한다고 되어 있습니다. 대통령령의 설립인가 기준을 보면 지역조합은 조합원 자격이 있는 설립동의자수 1천 명 이상(품목조합 200인 이상), 출자금 납입확약 총액 5억 원 이상(품목조합 3억 원 이상)입니다. 단 조합의 구역이 특별시 또는 광역시(군은 제외)와 도시개발 촉진법에 따른 도서지역 중 농가호수가 700호 미만인 지역으로서 농림축산식품부장관이 지정·고시하는 지역은 300명 이상으로 합니다.

창립총회의 의사(議事)는 개의(開議)전까지 발기인에게 설립동의서를 제출한 자 과반수의 찬성으로 의결합니다. 농림축산식품부장관은 설립인가 구비서류가 미비된 경우, 설립의 절차, 정관 및 사업계획서의 내용이 법령을 위반한 경우, 그 밖에 설립인가 기준에 미치지 못하는 경우 외에는 신청일 부터 60일 이내에 인가하여야 합니다.

3. 정관 기재 사항

🔁 **사회자** : 설립인가를 받으려면 반드시 정관을 작성하여야 하므로 정관 기재사항에 대해 설명해 주시지요.

🔁 **신인식** : 먼저 지역농협의 정관 기재사항을 나열해 보면, 목직, 명칭, 구역, 주된 사무소의 소재지, 조합원의 자격과 가입, 탈퇴 및 제명(除名)에 관한 사항, 출자(出資) 1좌(座)의 금액과 조합원의 출자좌수 한도 및 납입방법과 지분 계산에 관한 사항, 우선출자에 관한 사항, 경비 부과와 과태금(過怠金)의 징수에 관한 사항, 적립금의 종류와 적립방법에 관한 사항, 잉여금의 처분과 손실금의 처리 방법에 관한 사항, 회계연도와 회계에 관한 사항, 사업의 종류와 그 집행에 관한 사항, 총회나 그 밖의 의결기관과 임원의 정수, 선출 및 해임에 관한 사항, 간부직원의 임면에 관한 사항, 공고의 방법에 관한 사항, 존립 시기 또는 해산의 사유를 정한 경우에는 그 시기 또는 사유, 설립 후 현물출자를 약정한 경우에는 그 출자 재산의 명칭, 수량, 가격, 출자자의 성명·주소와 현금출자전환 및 환매특약조건, 설립 후 양수를 약정한 재산이 있는 경우에는 그 재산의 명칭, 수량, 가격과 양도인의 성명·주소, 그 밖에 이 법에서 정관으로 정하도록 한 사항 등입니다.

사회자 : 정관은 지역농협의 조직·활동을 정한 근본 규칙으로 법인 설립 시 반드시 일정사항을 기재하야 하므로 사항이 많군요. 지역축협과 품목별·업종별 협동조합의 정관기재사항에 대해 설명해 주시지요.

신인식 : 지역농협과 기재사항이 특별하게 다르지 않습니다. 다만 지역축협의 경우 지역농협을 지역축협으로, 농산물은 축산물로 하면 되고, 품목별·업종별 협동조합은 지역농협은 품목조합으로, 농산물은 농산물 또는 축산물로 하면 됩니다.

4. 농·축협의 명칭 및 관할 구역

사회자 : 농·축협의 명칭 사용 및 변경에 대해서 설명해주시지요.

신인식 : 지역농·축협은 지역명을 붙이거나 지역의 특성을 나타내는 농업협동조합 또는 축산업협동조합의 명칭을, 품목농·축협은 지역명과 품목명 또는 업종명을 붙인 협동조합의 명칭을 각각 사용하여야 합니다. 명칭의 변경은 설립인가에 준하는 사항으로서 농·축협 자율적으로 변경할 수 없으며 이해관계가 있는 농·축협과 사전협의 후 반드시 농림축산식품부 장관의 인가를 받아야 합니다.

사회자 : 이해관계가 있는 농·축협의 범위에 대해서……

신인식 : 지역농·축협은 구역이 동일한(중복되는) 시·군·구 관내에 소재한 농·축협이며, 품목농·축협은 동일 품목(업종)을 영위하는 도내 품목농·축협 및 동일 시·군·구 관내 사무소(주사무소, 지사무소)보

유 농·축협입니다.

🔁 **사회자** : 농·축협의 관할구역 및 관할구역 확대에 대해서 설명해 주시지요.

🔁 **신인식** : 지역농협의 구역은 하나의 시·군·구(특·광역시 관할구역 안)에서 정관으로 정할 수 있으며, 둘 이상의 시·군·구에서 정관으로 정할 경우 농림축산식품부 장관의 인가를 받아야 합니다. 관할구역 확대는 의무(강제)사항이 아니므로 현 구역 유지 또는 확대는 지역농협별로 자유롭게 결정합니다. 관할구역 확대 시 하나의 시·군·구에서 정관으로 정할 경우는 장관의 인가 없이 정관변경으로 가능하나 2 이상의 시·군·구로 확대할 경우에는 장관의 인가를 득하여야 합니다. 농림축산식품부 인가기준에 의하면 단순한 신용점포 확대를 위한 구역 확대는 지양해야하며, 신용사업 위주로 운영하는 특·광역시 농·축협의 구역 확대의 인가는 지양하고 있습니다.

🔁 **사회자** : 그런데 조합원 자격에 지역농협의 구역에 주소·거소·사업장이 있는 농업인이라고 하는데 여기에 말하는 구역에 대해서 설명해 주시지요.

🔁 **신인식** : 지역농협의 구역을 구체적으로 보면 지방자치법(제2조 제1항 제2호)에 따른 하나의 시·군·구에서 정관으로 정합니다. 다만 생활권·경제권 등을 고려하여 하나의 시·군·구를 구역으로 하는 것이 부적당한 경우로서 농림수산식품부장관의 인가를 받은 경우에는 둘 이상

의 시·군·구에서 정관으로 정할 수 있습니다.

지역농협의 구역을 하나의 시·군·구안에서 정관으로 정할 수 있도록 한 것은 조합원의 조합선택권을 확대하기 위한 것으로 같은 구역 안에 지역농협의 중복을 허용한 것으로 볼 수 있습니다. 그러나 조합원은 지역농협에 가입한지 1년 6개월 이내에는 같은 구역에 설립된 다른 지역농협에 가입할 수 없습니다.

② 합병과 분할

🌀 **사회자** : 설립 이후 발생할 수 있는 합병에 대해서 알아보는 것도 의미가 있다고 생각합니다. 먼저 합병의 종류에 대해 설명해 주시지요.

🌀 **신인식** : 합병에는 신설합병과 흡수합병이 있습니다. 신설합병은 2개 이상의 당사자조합이 계약에 의하여 해산 소멸하고 새로운 하나의 조합이 설립되는 합병입니다. 그리고 흡수합병은 합병 당사자조합이 계약에 의하여 1개의 조합이 존속하고 여타 다른 조합은 해산 소멸하는 합병형태로서 신설합병보다 절차가 간소하므로 농협뿐만 아니라 일반 기업에서도 많이 이용하는 방법입니다.

🌀 **사회자** : 합병은 신설합병과 흡수합병으로 구분하며 흡수합병이 일반적이군요. 요즈음 중앙회가 합병농협에 대한 지원을 하는 등 적극적인 합병을 추진하고 있는데 합병의 장단점에 대해서 말씀해 주시지요.

🔅 신인식 : 농업인 수의 감소와 고령화 등 농업·농촌 현실과 저금리에 의한 수익성 악화로 합병을 추진하고 있습니다. 먼저 합병의 긍정적인 측면은 규모의 경제효과, 범위의 경제효과, 조정의 경제효과로 비용절감, 산지유통분야의 조합원 편익증대와 지방농정과 협력 구축으로 지역농업발전계획을 함께 추진할 수 있습니다. 부정적 측면으로는 조합원 간, 조합과 조합원 간 친밀도와 결속력의 감소 등을 들 수 있습니다.

🔅 사회자 : 합병은 장점도 있고 단점도 있군요. 그러나 협동조합은 사업체이므로 적자조합으로 조합원에게 손실을 끼친다면 합병을 해야겠군요. 다음은 합병의 절차에 대해서 설명해 주시지요.

🔅 신인식 : 지역농협이 다른 조합과 합병하려면 합병계약서를 작성하고 각 조합의 총회의 의결을 거친 후 농림축산식품부장관의 인가를 받아야 합니다. 그리고 합병으로 지역농협을 설립할 때에는 각 총회에서 설립위원을 선출하여야 하며, 설립위원의 정수(定數)는 20명 이상으로 하고 합병하려는 각 조합의 조합원 중에서 같은 수를 선임합니다.

설립위원은 설립위원회를 개최하여 정관을 작성하고 임원을 선임하여 설립인가를 받아야 합니다. 설립위원회에서 임원을 선출하려면 설립위원이 추천한 사람 중 설립위원 과반수의 출석과 출석위원 과반수의 찬성이 있어야 합니다. 그리고 조합의 합병 무효에 관하여는 「상법」 제529조(합병의 무효는 등기가 있은 날부터 6개월 이내에 제기하여야 하며, 각 회사의 주주, 이사, 감사, 청산인, 파산관재인 또는 합병을 승인하지 아니한 채권자에 한하여 소만으로 이를 주장할 수 있음)를 준용합니다.

🔹 사회자 : 합병으로 설립되는 지역농협의 설립 당시 조합장·이사 및 감사의 임기는 설립등기일부터 2년으로 한다고 하는데 구체적으로 설명해 주시지요.

🔹 신인식 : 합병으로 소멸되는 지역농협의 조합장이 합병으로 설립 되는 지역농협의 조합장으로 선출되는 경우 설립등기일 현재 조합장의 종전 임기 중 남은 임기가 2년을 초과하면 그 조합장의 임기는 그 남은 임기로 합니다. 그리고 합병 후 존속하는 지역농협의 변경 등기 당시 재임 중인 조합장, 조합원인 이사 및 감사의 남은 임기가 변경 등기일 현재 2년 미만이면 그 임기를 변경등기일부터 2년으로 합니다.

🔹 사회자 : 지역축협과 품목별·업종별 협동조합의 합병이 지역농협 과 다른 점과 정부와 중앙회의 역할을 설명해 주시지요.

🔹 신인식 : 지역축협은 지역농협을 지역축협으로, 농산물은 축산물 로, 품목별·업종별 협동조합은 지역농협을 품목조합으로, 농산물은 농 산물 또는 축산물 이외 모든 것은 같습니다. 그리고 국가와 중앙회는 지역농협의 합병을 촉진하기 위하여 필요하다고 인정되면 예산의 범위 에서 자금을 지원할 수 있습니다.

🔹 사회자 : 다음은 지역농협의 합병만이 아니라 자주 발생하지 않지 만 하나의 지역농협이 두 개의 지역농협으로 분할하는 경우도 있을 수 있습니다. 이를 설명해 주시지요.

🔹 신인식 : 지역농협이 분할을 할 때에는 분할 설립되는 조합이 승

계하여야 하는 권리·의무의 범위를 총회에서 의결하며, 분할 설립의 성질에 반하지 아니하면 설립에 관한 규정을 준용합니다.

③ 조직변경·해산

🔁 **사회자** : 지역농협이 품목조합으로 조직변경을 하려면 정관을 작성하여 총회의 의결을 거쳐 농림축산식품부장관의 인가를 받으면 된다고 하는데 이를 자세하게 설명해 주시지요.

🔁 **신인식** : 지역농협의 조직변경은 설립과 큰 차이가 없습니다. 조직변경으로 인한 권리의무의 승계에 관하여는 합병과 같습니다. 단 신용사업을 하고 있는 지역농협이 품목조합으로 조직변경을 한 경우에는 조직변경 당시 하고 있는 신용사업의 범위에서 그 사업을 계속할 수 있습니다.

🔁 **사회자** : 다음은 지역농협의 해산사유·파산 및 청산에 대해 설명해 주시지요.

🔁 **신인식** : 지역농협의 해산사유를 보면 정관으로 정한 해산 사유의 발생, 총회의 의결, 합병, 분할 및 설립인가의 취소 등이 있습니다. 그리고 지역농협이 그 채무를 다 갚을 수 없게 되면 법원은 조합장이나 채권자의 청구에 의하여 또는 직권으로 파산을 선고할 수 있습니다.

지역농협이 해산하면 파산으로 인한 경우 외에는 조합장이 청산인(淸算人)이 되나, 총회에서 다른 사람을 청산인으로 선임하였을 때에는 그러하지 아니합니다. 청산인은 직무의 범위에서 조합장과 동일한 권리·의무를 가지며, 농림축산식품부장관은 지역농협의 청산 사무를 감독합니다. 청산인은 취임 후 지체 없이 재산상황을 조사하고 재무상태표를 작성하여 재산처분의 방법을 정한 후 이를 총회에 제출하여 승인을 받아야 합니다. 승인을 받기 위하여 2회 이상 총회를 소집하여도 총회가 개의(開議)되지 아니하여 총회의 승인을 받을 수 없으면 농림축산식품부장관의 승인으로 총회의 승인을 갈음할 수 있습니다.

제10장

조합장 선거제도와 절차

사회자 : 지금부터 조합장 선거제도에 대해서 얘기해보도록 합시다. 먼저 농협조합장 선거제도의 연혁을 말씀해 주시지요.

신인식 : 농협조합장 선거(출)제도는 정부의 통제 하 임명제로 출발하였습니다. 1990년대 접어들어 사회전반의 민주화, 자율화와 함께 조합원들이 조합장을 직접 선출하는 제도로 바뀌었습니다. 이에 대해 중앙선거관리위원회 「위탁선거총람」을 참고하여 설명하겠습니다. 먼저 임명제시기를 1기·2기·3기로 구분하고 직선제 시기도 시대별로 구분하여 말씀드리겠습니다.

사회자 : 1960년대부터 오늘까지의 농협조합장 선거제도가 수차례 바뀌었을 것 같은데 먼저 임명제 시기부터 말씀해 주시지요.

1 임명제 시기

🔄 **신인식** : 임명제시기를 3기로 구분해볼 수 있는데 먼저 제1기를 1961년도부터 1972년도까지로 볼 수 있습니다. 즉, 1961년 7월 29일 농업협동조합법이 제정·공포되어 조합장 선임방법을 자율적인 선거제로 규정하였으나 실제로는 중앙회장이 임명함으로써 조합장선거가 거의 이루어지지 않았습니다. 1962년 2월 12일 특별법인『농업협동조합 임원 임명에 관한 임시조치법』이 제정·공포되어 각급 조합의 조합장은 중앙회장이 주무부장관의 승인을 얻어 임명하도록 하였습니다. 이후 동 임시조치법은 수차례 개정이 있었으나 1988년 12월 31일 동법이 폐지될 때까지 약 27년간 조합장 임명제를 유지해 온 근거법률이 되었습니다.

🔄 **사회자** : 임명제 1기 초기에는 중앙회장이 조합장을 임명하였으나 임시조치법 제정으로 중앙회장이 농림부장관의 승인을 얻어 임명하였군요. 그러면 임명제 2기에는 어떤 방법으로 임명하였습니까?

🔄 **신인식** : 1972년도부터 1980년도까지를 임명제 제2기로 봅니다. 1972년 12월 30일『농업협동조합 임원 임명에 관한 임시조치법』이『농업협동조합 임원 임면에 관한 임시조치법』으로 명칭이 변경되면서 조합장의 자격요건이 강화·구체화 되었으며, 1978년 1월 28일『조합장임면규칙』을 개정하여 자립조합에 한하여 조합 자체적으로 운영위원회를 구성하여 동 위원회에서 추천된 자를 시·군 조합장이 시장·군수

의 승인을 얻어 임명토록 하였습니다. 그러나 1979년 6월 27일 동 임면규칙이 개정되어 조합장의 자격요건이 종전보다 더욱 강화되었습니다.

사회자 : 임명제시기 2기에서는 조합자체의 운영위원회에서 추천된 자를 시·군조합장이 시장·군수의 승인을 받아 임명하였군요. 다음은 임명제 3기에서는 어떤 방법으로 조합장을 임명하였습니까?

신인식 : 1981년도부터 1988년도까지를 임명제 제3기로 구분하는데, 1980년 12월 31일 『농업협동조합법』 개정과 함께 임시조치법이 동시에 개정됨에 따라 조합장을 임명할 때 행정기관의 승인제를 폐지하고 중앙회장이 조합장을 독자적으로 임명할 수 있게 되어 종전의 일방적인 임명제도에 비하여 다소 완화된 추천을 통한 임명제도가 채택되었습니다. 이 제도가 소위 『9인 추천위원제도』입니다. 이는 총대회에서 조합장을 추천할 위원 9인을 선출하여 위원회를 구성하고 동 위원회에서 등록된 조합장 희망자 중 투표로 복수후보자를 결정, 시·군지부장이 임명내신하면 도지회장이 임명하되 원칙적으로 선순위 다득표자를 임명하는 방식입니다.

사회자 : 임명제 하에서도 일방적인 임명제에서 점차적으로 행정기관 승인제를 폐지하고 추천위원회를 거쳐 임명하는 방법으로 개정되었군요. 다음으로 직선제실시에 대해서 말씀해 주시지요.

신인식 : 1980년대 후반기에 접어들어 사회 전반의 민주화, 자율화 추세와 함께 농협민주화 차원에서 1988년 12월 31일 『농업협동조

합법』이 개정됨과 동시에 농업협동조합 임원 임면에 관한 임시조치법이 폐지되었습니다. 이로써 농협 발족 이후 계속 유지되었던 조합장 임명제가 폐지되고 선거제로 변경되어 선거방법도 단위조합은 예외 없이 조합원 전원이 참여하는 직선제를 채택하였으며 특수조합은 정관이 정하는 바에 따라 직선제 또는 총회간선제 중 선택할 수 있도록 하였습니다.

② 직선제 시기, 1989년 이후

🔄 **사회자** : 임명제에서 직선제로 되면 선거과정에서 부정선거의 문제가 발생 할 수도 있다고 생각합니다. 직선제 채택 이후 선거 현황 및 부정선거사례 등을 설명해주시지요.

🔄 **신인식** : 첫 번째 직선제의 현황을 보면 1989년 3월 7일부터 1990년 3월 31일까지 약 1년간 단위조합 1,427개, 특수조합 42개 등 전국적으로 1,469개의 회원조합이 조합장선거를 실시하였습니다. 그러나 1989년 말까지 순조롭게 조합장선거가 진행되었으나 1990년 2~3월경에는 전국적으로 선거가 집중됨에 따라 선거과열, 금전살포, 불법유인물 배포 등의 사례가 발생하였습니다. 이에 따라 6명의 후보자가 구속되고 27명이 경찰의 조사를 받는 등 사회적 파문을 일으키기도 하였습니다.

🔄 **사회자** : 첫 번째 직선제가 전국적으로 실시됨에 따라 선거과열에 의한 부정선거가 발생하였군요. 그러면 두 번째 직선제는 좋아졌습니까?

신인식 : 직선제 처음 실시 후 4년이 지난 1994년도에 실시된 두 번째 직선제의 조합장 선거대상 농협은 1,403개이며 이중 1,353개 조합이 1994년 3월 31일 이전 임기 만료인데 종합농협인 1,310개 지역 농협은 『농협법』에 따라 예외 없이 직접선거로, 특수농협은 정관이 정하는 바에 따라 직선제와 간선제를 선택적으로 실시하였습니다. 1994년 선거에서도 선거인에 대한 금품 및 향응제공, 호별방문, 불법유인물 배포, 선거인의 자격시비 등 전국적으로 37건의 위법행위가 적발되었으며, 그 중에서 후보자가 선거인에게 금품을 제공한 혐의로 26명이 구속되고 40명이 경찰의 조사를 받았습니다.

사회자 : 두 번째 직선제에서는 첫 번째보다 구속자수와 경찰조사를 받은 수가 더욱 많았군요. 그러면 세 번째 직선제는 불법선거사례가 감소하였는지요.

신인식 : 1998년에 실시한 조합장선거는 1989년 직선제 실시 이후 3번 째 전국규모의 선거였습니다. 과거 두 차례 치른 선거 경험을 바탕으로 조합장직선제의 완전한 정착과 기초선거로서 공명선거의 기틀을 확고히 하는 중요한 선거라는 인식하에 정치권 및 정부의 관심이 집중된 가운데 실시되었습니다. 선거대상은 전국 1,282개 회원조합 중 1998년 3월 31일 이전 임기가 만료되는 1,114개 조합이었습니다. 한편 경찰청은 1997년 2월 14일 농·수·축협 등 각종 조합장 선거사범에 대한 단속 지시를 하였으며, 같은 해 2월 19일에는 대검찰청이 전국 지검·지청에 불법선거 수사전담반을 편성하고 선거사범은 무조건 구속하

여 수사한다는 방침을 시달하는 등 1997년의 제15대 대통령선거와 1998년의 제2회 전국 동시 지방선거를 앞두고 고질적인 불법선거 풍토를 쇄신하려는 관계기관의 확고한 공명선거 의지를 천명하였습니다. 그럼에도 불구하고 선거인에게 금품을 제공한 혐의로 13명이 구속되는 불미스러운 사례가 발생되었습니다.

사회자 : 농·축·인삼협이 통합되어 2000년 7월 1일 시행한『통합농업협동조합법』에 따라 처음 실시한 조합장선거는 전국 1,381개 조합 중 1,140개 조합에서 2001년 1월부터 약 1년여에 걸쳐 진행되었습니다. 이의 선거 현황에 대해 설명하여주시지요.

신인식 : 통합 이후 첫 번째 실시한 조합장선거는 1,140개 조합 중 농협이 1,005개인데 이중 987개 조합은 직접선거, 18개 조합은 간접선거를 실시하였고, 축협도 121개 조합 중 117개 조합은 직접선거, 4개 조합은 간접선거를 실시하였으며, 인삼협은 14개 조합에서 선거를 실시하였는데 5개 조합은 직접선거, 9개 조합은 간접선거를 실시하였습니다. 이 선거는 통합농협 출범 이후 처음 실시된 전국적 규모의 선거였으나 선거 과정에서 선거인에 대한 금품 및 향응제공 18건, 불법유인물 등 배부 3건, 조합원 자격시비 3건, 유·무효 판정시비 2건 등의 위반 행위 또는 이의 제기가 있었으며, 금품수수 등 불법선거운동 혐의로 10개 조합에서 14명이 구속되었습니다.

사회자 : 직선제를 도입한 후 조합장선거의 불법사례가 계속발생하자 2003년 4월 대통령은 '협동조합의 개혁을 통한 선거문화 쇄신'이

라는 개혁의지를 표명하였고, 이후 2004년 7월부터 조합원이 직접 선출하는 지역조합의 조합장선거를 선거관리위원회가 위탁 관리하게 되었습니다. 2011년 3월 31일 『농업협동조합법』이 개정됨에 따라 대의원회가 조합장을 선출하는 경우에도 선거관리위원회가 위탁 관리하게 되었습니다. 조합장 선거의 선거관리위원회 위탁관리 이후 선거가 깨끗하고 공정해졌습니까?

신인식 : 선거관리위원회의 위탁관리는 2005년 256개 조합, 2006년 500개 조합, 2007년 116개 조합, 2008년 153개 조합, 2009년 559개 조합에 달하였습니다. 위탁관리 결과에 대한 선거관리위원회의 여론조사 결과에 의하면 위탁관리 후에 더욱 공정하고 깨끗한 선거였다는 응답이 79.6%이며 별로 나아지지 않았다는 응답이 13.6%로 나타났습니다. 이는 선관위의 위반행위신고센터 및 신고포상금제도 및 홍보의 효과에 기인하였다고 볼 수 있습니다.

3 조합장 선출방법·절차 및 임기

사회자 : 농협의 선거제도가 임명제에서 직선제로의 변경과 선거관리를 선거관리위원회에 위탁하게 된 과정에 대해서 알아보았습니다. 이제부터 조합장 선출방법에 대해서 말씀해주십시오. 물론 임명제가 아닌 직선제의 선출방법에 대해서……

신인식 : 조합장 선출 방법을 보면 조합원 중에서 정관으로 정하는 바에 따라 조합원이 총회 또는 총회 외에서 투표로 직접 선출하거나, 대의원회가 선출하는 방법과 이사회가 이사 중에서 선출하는 방법이 있습니다. 그러나 현실적으로 대부분 농협에서 조합원의 직접투표에 의하여 조합장을 선출하고 있습니다.

사회자 : 다음은 협동조합별 조합장 선출방법의 차이점에 대해서 설명해주시지요.

신인식 : 협동조합마다 선출방법에 대한 자율성을 보장하도록 각 조합법에 규정되어 있습니다. 조합원이 직접 선출하는 방식인 직선제는 총회 및 총회 외로 나누어지고, 대의원회에서 선출하는 방식(간선제)도 있는바 이들 조합의 조합장선거는 관할위원회의 위탁관리대상이 됩니다. 다만 산림조합은 산림조합법에 따라 조합장을 대의원회에서 선출 시 관할위원회의 위탁관리 대상이 되지 않으며, 각 농협·수협·산림조합별로 이사회에서 조합장을 선출하거나, 합병 등의 사유가 있는 경우는 각 조합법에 따라 관할위원회의 위탁관리대상에서 제외됩니다. 간선제를 조합별로 보면 농협은 1회 23개에서 2회에는 25개로 2개 조합이 증가하였으며, 수협도 2개 조합이 증가하였습니다.

<표 1> 조합의 선출방법별 현황

구분	합계	조합원 직선							대의원 선출			
		소계	농협		수협		산림조합		소계	농협	수협	산림조합
			총회	총회외	총회	총회외	총회	총회외				
제1회	1,326	1,302	0	1,092	1	80	0	129	24	23	1	0
제2회	1,344	1,316	0	1,089	1	86	0	140	28	25	3	0

자료: 제2회 전국동시조합장 선거요약, 중앙선거관리위원회, 2019. 7.

사회자 : 조합장선거는 조합원 직접투표에 의한다고 보면 되겠군요. 다음은 조합장 선거 절차에 대해서 설명해 주시지요.

신인식 : 2011년 3월 31일 농업협동조합법이 개정됨에 따라 조합원이 투표로 직접 선출하거나 대의원회가 선출하는 조합장선거 관리는 당해 조합장의 임기만료일 전 180일까지 그 주된 사무소의 소재지를 관할하는 선거관리위원회에 선거관리를 신청하고 위탁관리하게 되었습니다. 선거일은 관할선거관리위원회가 임기만료일 전 40일부터 15일까지 실시하고 재선거 및 보궐선거는 사유발생일로부터 30일 이내에 실시합니다.

선거일은 선거관리위원회가 당해 조합과 협의하여 결정하고 선거일 전 20일까지 공고합니다. 다만 관할구역 안에서 공직선거 등을 실시할 때에는 공직선거 등의 선거일 전 30일부터 선거일 후 20일까지, 지자체 의회의원 및 지자체장의 선거일 전 60일부터 선거일 후 20일까지 조합장선거를 실시할 수 없으며, 이 경우 관할선거관리위원회가 당해 조합과 협의하여 선거일을 따로 정하도록 규정하고 있습니다.

🔁 **사회자** : 2015년 3월 두 번째 수요일(3월 11일)에 농협·수협·산림조합 조합장 동시선거가 실시되었을 때 공직선거가 있거나 지자체장 및 의원의 선거가 있는 지역의 조합장 선거는 동시에 실시되지 않았겠군요. 동시선거로 인한 선거전 현직 조합장의 임기는 어떻게 되는지요.

🔁 **신인식** : 2회 조합장동시선거는 2019년 3월의 두 번째 수요일(3월 13일)에 실시하였고, 다음 조합장 동시선거는 임기가 만료되는 2023년 3월의 두 번째 수요일(3월 8일)에 실시합니다. 동시선거를 위하여 2017년 3월 22일 부터 2021년 3월 21일까지의 기간 동안 조합장의 임기가 개시되었거나 개시되는 경우에는 당초 임기만료일에도 불구하고 해당 조합장의 임기만료일은 2023년 3월 20일로 조정됩니다(농협법 부칙 11 ①, ②). 그리고 2021년 3월 22일부터 재·보궐선거로 선출되는 조합장의 임기는 전임자의 잔여임기로 하되, 그 실시사유가 발생한 날부터 임기만료일까지의 기간이 1년 미만인 경우에는 재·보궐선거를 실시하지 아니하고 직무대행자가 직무를 대행하게 됩니다(농협법 부칙 11 ③, ④). 그러므로 조합장 임기가 극단적이지만 2년 연장되어 6년이 되는 조합장이 있는 반면 2년으로 2년 단축되는 경우도 있겠군요.

🔁 **사회자** : 다음은 간단하게나마 현직 조합장이 입후보하였을 경우 사임해야하는지, 직무대행은 누가하는지에 대해 알아보는 것도 필요하다고 봅니다.

신인식 : 현직 조합장은 조합장 직을 유지하면서 후보로 등록할 수 있습니다. 그러나 현직 조합장이 후보자로 등록한 날부터 선거일까지 이사회가 정하는 순서에 따라 조합원 이사가 직무대행을 합니다. 새로 순서를 정하려면 이사회 의결을 거쳐야 합니다. 다만 등록한 후보자가 현직 조합장뿐이면 직무대행을 두지 않습니다.

4 조합장 출마자격과 당선의 무효 및 취소 사유

사회자 : 조합장 출마자의 자격은 조합원이면 누구나 출마할 수 있는지 등 조합장 출마자격에 대해서 많은 분들이 궁금해 하실 것 같은 데요.

신인식 : 조합장 출마자격을 설명하기보다 농협법에 명시된 조합장의 출마자격이 없는 경우를 말씀드리는 것이 이해하기 쉬울 것 같습니다. 출마자격이 없는 경우는 다음과 같습니다.

1. 대한민국 국민이 아닌 사람. 외국인은 조합원은 될 수 있으나 임원은 될 수 없습니다.

2. 미성년자(19세 미만)·금치산자(심신상실 즉, 정신에 장애가 있어서 대체로 정상의 판단능력을 잃은 상태에 있는 사람으로서 법원으로부터 금치산 선고를 받은 사람) 또는 한정치산자(심신이 박약하거나 재산의 낭비로 자기 및 가족의 생활을 궁박하게 할 염려가

있는 자로서 가정법원으로부터 한정치산선고를 받은 자). 그러나 19세 미만의 미성년자라도 결혼을 하면 성년자로 봄으로 임원이 될 수 있습니다.

3. 파산선고를 받고 복권되지 아니한 사람. 파산하면 조합원 자격이 상실되므로 당연히 임원이 될 수 없습니다.

4. 법원의 판결이나 다른 법률에 따라 자격이 상실되거나 정지된 사람

5. 금고(징역) 이상의 실형을 선고받고 그 집행이 끝나거나(집행이 끝난 것으로 보는 경우를 포함한다) 집행이 면제된 날부터 3년이 지나지 아니한 사람

6. 농협법 제164조 제1항(위법행위에 대한 행정처분, 조합의 업무와 회계가 법령과 정관위배)에 규정된 징계면직의 처분을 받은 날부터 5년이 지나지 아니한 사람

7. 형의 집행유예선고를 받고 그 유예기간 중에 있는 사람. 집행유예를 받은 자는 유죄에 해당되므로 유예기간이 만료되지 않으면 임원의 결격사유가 됩니다.

8. 공직선거에 관여하거나 (조합을 이용하여 특정정당을 지지하거나 특정인을 당선되도록 하거나 당선되지 아니하도록 하는 행위), 호별 방문 및 특정장소에 모이게 하거나 허위사실 공표 및 후보자를 비방하는 등으로 인하여 규정된 죄를 범하여 벌금 100만 원 이상의 형을 선고받고 4년이 지나지 아니한 사람

9. 농협법에 의한 임원 선거에서 당선되었으나 당선인 본인의 선거 범죄로 당선이 무효가 되거나 취소된 사람으로서 그 무효나 취소가 확정된 날부터 5년이 지나지 아니한 사람.

10. 선거일 공고일 현재 해당 지역농협의 정관으로 정하는 출자좌수 (50좌 이상 1천좌 이내에서 조합실정에 따라 정함) 이상의 납입 출자분을 2년 이상 계속 보유하고 있지 아니한 사람. 다만, 설립 이나 합병 후 2년이 지나지 아니한 지역농협의 경우에는 그러하지 아니하다. 이 요건은 조합원인 임원에 한합니다.

11. 선거일 공고일 현재 해당 지역농협, 농협중앙회, 은행법에 따라 설립된 은행, 한국산업은행, 중소기업은행, 그밖에 대통령이 정하는 금융기관에 대하여 정관으로 정하는 금액과 기간(500만 원 이상 6월 초과 연체)을 초과하여 채무 상환(償還)을 연체하고 있는 사람. 그러므로 후보자로 등록을 하고자 하는 자는 선거공고일 전일까지 연체채무를 해소하면 됩니다.

12. 선거일 공고일 현재 해당 지역농협의 정관으로 정하는 각 사업의 기준금액 중 하나 이상(경제사업은 반드시 포함)의 사업 이용실적이 없는 사람입니다.

사회자 : 조합장 출마자격이 없는 경우를 알아보았습니다. 다음은 조합장 당선의 무효사유와 취소사유에 대해서 좀 더 구체적으로 설명해 주시지요.

🔁 **신인식** : 당선의 무효사유는 당선인이 선거에 있어서 농협법 제172조(벌칙)에 규정된 죄를 범하여 징역형 또는 100만 원 이상 벌금형의 선고를 받은 때와 법원의 판결에 의해 선거의 무효판결이 있을 때입니다. 그리고 당선의 취소사유는 농협법 제33조(의결취소의 청구 등)의 규정에 의해 임원의 선거나 총회소집절차, 선거방법 등이 법령, 법령에 의하여 발하는 행정처분 또는 정관에 위반하였다는 것을 이유로 선거일로부터 1월 이내에 조합원 300인 또는 100분의 5 이상의 동의를 얻어 청구하며, 농림식품부 장관은 청구서를 받은 날부터 3개월 이내에 이에 대한 조치결과를 청구인에게 알려야 합니다.

🔁 **사회자** : 정관에 정한 출자좌수 이상의 납입출자분을 2년 이상 계속 보유해야 한다는데 이는 임원피선거권을 지나치게 제한한다는 의견도 있습니다.

🔁 **신인식** : 참고로 출자보유기간에 의한 임원피선거권 제한은 평등권 침해라는 헌법소원을 소개하겠습니다. "선거일 공고일 현재 조합원 신분을 2년 이상 계속 보유하고 있지 아니하거나, 해당 지역농협의 정관으로 정하는 출자좌수(出資座數) 이상의 납입출자분을 2년 이상 계속 보유하고 있지 아니한 사람"을 임원의 결격사유에 포함시킨 것은 합리적인 이유 없이 조합원의 임원 피선거권을 제한하여 평등권을 침해하는 것이라는 헌법소원심판사건(헌법재판소 2000. 6. 1)이 있었습니다. 이에 대해 헌법재판소에서는 평등의 원칙에 위반되지 않는 것으로 결정 심판청구를 기각한 사례가 있었습니다. 농협의 임원직을 담당하

려면 구성원간의 인화와 협동을 도모할 수 있는 인적 신뢰가 필요하므로 조합의 업무와 운영 전반에 관한 상당한 정도의 이해와 경험이 필수적으로 요구되므로 조합원 신분보유기간 2년을 기준으로 임원의 피선거권 부여 여부를 달리하는 것은 합리적인 차별이라 하였습니다.

사회자 : 조합장의 자격에 대해서 상세하게 얘기하셨는데 각 사업의 기준금액 이상의 사업이용실적이 없으면 안 된다고 하는데 구체적인 이용실적에 대해서 말씀해주십시오.

신인식 : 조합장 출마자의 사업이용실적 산정기간은 선거일 공고일 현재의 1년(2년) 전부터 선거일 공고일 현재의 전일까지 기간 동안 이용한 금액으로 사업별로 보면 먼저 경제사업은 조합원 평균이용금액의 40/100 이상이며, 특별시 또는 광역시자치구 구역의 전부 또는 일부로 하는 조합은 20/100 이상입니다. 예·적금, 대출금 평균잔액 및 평균보험 수입수수료의 20/100 이상, 특별시 또는 광역시자치구 구역의 전부 또는 일부로 하는 조합은 30/100 이상 평균잔액 및 평균보험수입 수수료 이내에서 각각 조합의 실정에 따라 정합니다.

사회자 : 경제사업 이용금액 산정에 대해 좀 더 구체적으로 설명해 주시지요.

신인식 : 임원의 경제사업 이용금액은 조합이 출자한 조공법인의 판매사업 이용금액을 포함합니다. 그리고 제1례로 필수로 경제사업(구·판매) 이용금액으로 하는 경우와 제2례로 판매사업과 구매사업이

용금액을 구분하여 각각을 필수로 하는 경우가 있습니다. 제1례와 2례의 선택은 조합에서 자율적으로 선택하되 판매사업 이용조합원 비율이 50% 이상인 조합은 반드시 2례 즉 판매사업과 구매사업을 구분하여야 합니다.

💠 **사회자** : 경제사업 실적이 조합원 평균이용금액의 100분의 40 이상은 출마자격의 필요조건이군요. 그리고 판매사업 이용조합원 비율이 50% 이상인 조합은 경제사업 이용금액을 구매사업과 판매사업으로 구분하여야 하는 군요. 지금까지 조합장 출마자격에 대해서 구체적으로 설명하였습니다. 그러나 출마자격의 가장 기본적인 조건은 조합원 자격인데 이에 대해 앞에서 구체적으로 언급하였습니다. 그러므로 여기서는 출마자의 조합원 자격시비 사례에 대해 얘기해보는 것도 상당히 의미가 있다고 봅니다.

💠 **신인식** : 먼저 조합장 출마자의 조합원 자격요건 시비사례를 얘기하는 것이 이해에 도움이 될 것 같습니다. 조합장 출마자의 소유농지가 주택공사에 수용된 이후 농지소유가 없고 농업경영도 하지 않았으므로 조합원 자격이 없어 출마자격이 없다고 한 사례도 있었습니다.

💠 **사회자** : 다음은 조합장 당선자나 현직 조합장 등 임원의 조합원 자격시비에 대한 사례가 있는지요.

💠 **신인식** : 조합 임원이 농지를 소유하지도 않고, 농사를 짓지도 않았으며 직불금 신청사례도 없어 조합원 자격이 없다고 조합장과 이사

지위 부존재 확인청구 소송사례가 있었습니다. 또한 조합장이 제출한 조합원 증명자료가 허위라고 이사회에서 직무정지를 시킨 사례에 대해 지방지의 보도가 있었습니다. 그리고 광주고법 판결(2012)에 의하면 조합장 선거당시 1천 제곱미터 이상농지를 경영·경작하거나 1년 중 90일 이상 농업에 종사해야 한다는 요건을 충족해 조합원 자격을 갖추었으나, 이후 2년 이상 경작행위를 중단해 현재는 조합원의 자격을 잃었고 조합장의 지위도 상실한 것으로 보아야 한다고 하였습니다.

🔘 **사회자** : 조합장이 된 이후에도 조합원 자격유지에 노력하여야 되겠네요. 다음은 조합의 임원인 이사·감사후보자 자격에 대해 조합장 출마자격과 다른 점만 설명해 주시지요.

🔘 **신인식** : 비상임 이사와 비상임 감사는 후보자 등록전일까지 우리 조합의 비상임 이사·비상임 감사·자회사 비상근임원의 직을 사직하지 않은 자는 자격이 없습니다. 그러나 상임감사의 경우는 출자좌수와 2년 이상 보유 및 사업이용실적에 관한 것을 제외하고는 조합장 출마자격과 같습니다.

🔘 **사회자** : 현직의 비상임 이사와 감사는 후보자등록 전일까지 자격을 유지하는 군요. 다음은 조합 임원의 겸직·겸업금지 의무에 대해서 앞에서 간략하게 알아보았으나 좀 더 구체적으로 설명해주시지요.

🔘 **신인식** : 먼저 경업금지 의무에 대해서 말씀드리겠습니다. 경업금지규정을 존치하는 이유는 임원이 그 직위를 이용하여 자신의 개인적

이익을 추구함으로써 농협의 이익을 침해할 우려가 큰 경업을 금지하여 임원으로 하여금 선량한 관리자의 주의로 농협을 유효적절하게 운영하여 그 직무를 충실하게 수행하도록 하려는 것이라고 하였습니다(대판 1993. 4. 9. 92다 53583).

경업금지업무의 내용을 보면 임원은 이사회의 승인이 없으면 자기 또는 제 3자의 계산으로 당해농협의 업무부류에 속하는 거래를 하지 못하며(경업행위의 금지), 동종영업을 목적으로 하는 다른 회사의 무한책임 사원이나 이사가 되지 못합니다(겸직금지). 그러나 이사회의 승인을 받으면 경업금지와 겸직금지가 해소됩니다. 그리고 경업금지 의무에는 타조합의 사업은 포함되나 연합회나 중앙회의 사업은 포함되지 않습니다.

🔄 **사회자** : 임원은 이사회의 승인 없이 당해농협의 업무부류에 속하는 거래를 못하나 이사회의 승인을 받으면 가능하며, 연합회와 중앙회의 사업은 포함되지 않는 군요. 다음은 임원의 겸직금지에 대해 말씀해 주시지요.

🔄 **신인식** : 임직원의 겸직금지에 대한 농협법 제52조를 보면, 조합장과 이사는 그 지역농협의 감사·직원 및 다른 조합의 임직원을 겸직할 수 없으나, 조합장은 그 조합의 이사를 겸합니다.

🔄 **사회자** : 조합장은 이사를 겸할 수 있군요. 다음은 조합장 출마자의 겸직금지의무에 대해서 말씀해 주시지요.

🔁 **신인식** : 조합장 출마자는 조합장 임기만료일 현재 우리조합·다른 조합·품목조합연합회·중앙회의 직원·상임이사·상임감사(중앙회의 경우 상임감사위원장을 말함), 우리조합 자회사(조합 공동사업법인 포함)의 상근임직원, 다른 조합의 조합장·연합회회장·중앙회의 회장 또는 공무원(선거에 의하여 취임하는 공무원 제외)의 직을 사직한지 90일을 경과하지 아니한 자는 조합장 후보등록을 할 수 없습니다. 사직은 조합 또는 소속 기관장에게 사직원이 접수된 때를 사직한 것으로 봅니다. 그러나 우리 조합의 비상임 이사·비상임 감사 또는 자회사(조합공동사업법인 포함)의 비상근 임원의 직은 후보자 등록일 전일까지 사직하면 출마자격이 됩니다.

5 선거인 명부작성

🔁 **사회자** : 선거인 명부에 대한 설명이전에 선거공고에 대해 먼저 설명해주시지요

🔁 **신인식** : 선거공고는 선거관리위원회가 조합장 선거일 전 20일까지(2023. 2. 16)하는데 공고 사항을 보면 선거인, 선거일, 피선거권자, 후보자등록 접수장소, 후보자 등록기간, 투표개시시각 및 종료시각, 투표소 및 개표소의 위치, 선거인명부 열람 장소와 기간 및 기타 필요한 사항입니다.

❄️ 사회자 : 다음은 조합원 명부를 기준으로 선거인 명부를 작성하는데 이에 대해 구체적으로 설명해 주시지요.

❄️ 신인식 : 선거인명부는 당해 조합이 선거일 전 19일부터 5일 이내에(2023. 2. 17~21) 선거일 공고일 현재 조합원 명부를 기준으로 선거인명부를 투표구별로 4통을 작성합니다. 선거인명부 등재대상자는 농·축·수협은 임기만료일 전 180일까지 당해 조합원으로 가입한 자로서 선거일 공고일 까지 계속하여 조합원명부에 등재되어 있는 자로 합니다. 선거인명부는 선거일 전 10일(2023. 2. 26)에 확정되며 선거인명부 작성 기간만료일의 다음날부터 선거인명부 확정 전일(선거일 전 11일)까지(2023. 2. 22~25) 조합의 주된 사무소(신용지사무소 포함)에서 열람할 수 있습니다. 선거인명부에는 등재번호, 조합 가입 년·월·일, 주소, 성명, 생년월일 등 필요한 사항을 기재하며 전산조직에 의해 작성할 수 있습니다. 그리고 후보자 등록기간 중 후보자의 서면에 의한 교부신청이 있는 때에는 작성된 선거인명부 사본이나 전산자료 복사본을 후보자별로 1통씩 교부하여야 하며 후보자는 다른 사람에게 양도·대여하거나 선거 이외의 목적에 사용하여서는 안 됩니다.

❄️ 사회자 : 선거인명부 등재 대상자는 조합장 임기만료일전 180일 이상 계속해서 조합원 명부에 등재되어 있어야 하는 군요. 이제 조합장 선거절차를 순서대로 얘기하는 것이 좋을 것 같습니다. 먼저 조합장 후보자 등록과 선거운동에 대해서 간략하게 설명해 주시지요.

6 후보자 등록과 선거운동 기간

↻ **신인식** : 농협법 부칙에 의해 다음 조합장 선거일이 2023년 3월 8일이 될 것이므로 이를 기준으로 설명 드리겠습니다. 선거공고는 위원장이 선거일전 20일까지(2023. 2. 16) 공고합니다.

조합장 후보자가 되고자 하는 자는 선거개시일 전 2일부터 2일간 (2023. 2. 21~22, 공휴일 포함) 관할선거관리위원회에 후보자등록을 신청하여야 하며, 후보자 등록기간 중에는 공휴일과 상관없이 오전 9시부터 오후 6시까지 후보지등록을 신청할 수 있습니다. 선거운동기간(위탁선거법 제24조2항)은 후보자 등록마감일의 다음날부터 선거일 전일까지 13일간(2023. 2. 23~3. 7)이 됩니다. 후보자 등록기간 내에 후보자 등록이 없을 때에는 등록기간을 2일간 연장하고 선거일도 2일 연기하여 이를 즉시 공고하여야 합니다.

↻ **사회자** : 등록기간 내 등록 후보자가 없으면 그 조합은 동시선거일에 선거를 실시 할 수가 없군요. 다음은 후보자 등록을 신청하는 자는 등록신청 시 기탁금을 관할위원회에 납부하여야 합니다. 기탁금에 대해서 설명해 주시지요.

↻ **신인식** : 기탁금은 500만 원 이상 1천만 원 이내에서 조합의 실정에 따라 정합니다. 기탁금은 선거일 후 30일 이내에 기탁자에게 반환하고, 반환하지 않은 기탁금은 조합에 귀속됩니다. 기탁금은 1차 투표 결과 유효투표총수의 100분의 15 이상을 득표하거나 당선, 사망한 경우

전액을 반환하며, 유효투표총수의 100분의 10 이상 100분의 15 미만 투표자에게는 100분의 50에 해당하는 금액을 반환합니다.

❷ **사회자** : 선거제도에 대하여 자세하게 말씀해주셨는데 참고로 투표절차에 대해서도 말씀해 주시지요.

7 투표 절차

❷ **신인식** : 투표구수는 조합구역, 선거인수, 도서·산간오지 등 교통여건, 조합의 선거관리능력 등을 참작하여 이사회가 정하며 투표소는 위원회가 설치하되 1투표구에 1투표소를 둡니다. 관할 위원회는 선거인의 성명, 선거인명부 등재번호, 투표소위치, 투표시간, 지참물, 투표절차 그 밖의 투표참여를 권유하는 내용 등이 적힌 투표안내문을 선거인명부 확정일의 다음날까지 선거인에게 우편으로 발송합니다.

다음으로 투표·개표의 참관인에 대해 알아보면 조합장 후보자는 임원을 제외한 조합원 중 투표소마다 2인 이내의 투표참관인을 선거일전 2일까지 선정하고 개표소마다 2인 이내의 개표참관인을 선거일 전일까지 선정하여 관할위원회에 신고하여야 하는데, 신고가 없으면 후보자의 권리를 포기한 것으로 보며 후보자는 투·개표 참관인을 언제든지 교체할 수 있습니다.

🔄 사회자 : 투표 및 개표 참관인은 조합장 후보자가 각각 2인 이내에서 선정하는군요. 다음은 투표 후 개표 시 유·무효투표 구별에 대해서 설명해 주시지요.

🔄 신인식 : 투표시간은 관할 위원회가 10시간 이상이 되도록 정하며 종료시각 현재 투표소에 대기하고 있는 선거인은 투표할 수 있습니다. 투표 후 무효투표는 정규의 투표용지 미사용, 2 이상의 난에 투표, 표시가 없는 경우, 식별 곤란한 경우, (卜)가 아닌 다른 기호 등의 표시 등은 무효로 합니다.

그러나 (卜)표가 일부분 표시 혹은 (卜)표 안이 메워졌으나 소정의 기표용구를 사용한 것이 명확한 경우, 한 후보자란에 2 이상 기표된 것, 후보자란 외에 추가 기표되었으나 추가 기표된 것이 어느 후보자에게도 기표한 것으로 볼 수 없는 경우, 구분선상에 기표되었으나 어느 후보자에게 기표한 것인지가 명확한 것, 기표한 것이 옮겨 묻었으나 어느 후보자에게 기표한 것인지가 명확한 것, 인주로 오손·훼손되었으나 정규의 투표용지이고 어느 후보에게 기표한 것인지 명확한 것 등은 무효로 하지 않습니다.

투표결과 개표는 공고된 개표소에서 투표함을 모아 투표 당일에 실시합니다. 투표구가 2 이상인 경우 투표구가 산간·오지 또는 도서지역 등에 설치된 경우로서 천재지변 등 부득이한 사유로 투표당일 투표함의 일부가 개표소에 도착하지 못할 때에는 관할위원회가 정하는 바에 따릅니다.

사회자 : 기표 시 조금의 실수가 있어도 누구에게 기표하였는지 명확한 경우는 무효로 처리하지 않는군요. 다음은 투표절차의 하자로 무효표가 된 사례가 있다면 설명해주시면 도움이 될 것 같군요.

신인식 : 대법원 판례(1991. 8. 13 선고)를 보면 투표관리자의 사인이 누락된 투표용지는 무효표에 해당한다고 하였습니다. 조합임원선거관리지침에 투표용지에 투표관리자 사인의 날인을 규정하고 있는 경우, 비록 투표용지가 투표당시 소정의 양식에 따라 인쇄되어 있고 일련번호 란에 일련번호가 기재되어 있으며 선거관리위원회 위원장의 직인이 날인되어 있다하더라도 투표관리자의 사인이 투표절차상의 필수적인 절차로서 효력규정이므로 투표관리자의 사인이 누락된 투표용지는 무효표에 해당한다고 하였습니다.

사회자 : 투표용지에 반드시 투표관리자가 사인을 해야겠군요. 만일 유효투표수를 무효표로 처리하였을 경우 당선자 결정의 무효여부에 대한 확인을 구하는 소에 있어서는 누구를 상대로 제소를 해야 하는지요.

신인식 : 대법원 판례(1991. 8. 13 선고)를 보면 조합장 선거에서 다수득표자는 원고인데도 불구하고 개표과정에서 원고에 대한 유효투표 중 상당수를 무효표로 잘못 처리하여 피고가 다수득표를 하였다 하여 당선자를 결정하였으니, 무효로 주장하면서 당선자인 피고를 상대로 당선자 결정의 무효여부에 대한 확인을 구하는 소에서, 당선자인 피고를 상대로 제소하는 것은 확인의 이익이 없으므로 당선자를 결정한

조합을 상대로 제소하는 것이 확인의 이익이 있다고 하였습니다.

🔄 **사회자** : 당선자 결정의 무효여부를 구하는 소는 당선을 결정한 조합을 상대해야 하겠군요. 그러면 투표를 마친 후 당선인 결정과 선거 관련 서류보관은 어떻게 합니까?

🔄 **신인식** : 당선인은 위원회가 결정하되 후보자 중에서 유효투표의 최다득표자를 당선인으로 결정하는데, 최다득표자가 2인 이상인 때에 는 연장자를 당선인으로 결정합니다. 투표 마감시각 후 당선인 결정전 까지 후보자가 사퇴·사망하거나 등록이 무효가 되었을 경우에는 개표 결과 나머지 후보자 중에서 유효투표의 최다득표자를 당선인으로 결정 합니다. 후보자가 1인이거나 후보자 등록 마감 후 선거일의 투표마감 시각까지 후보자가 사퇴·사망·등록 무효로 후보자가 1인인 경우 투표 를 실시하지 아니하고 선거일에 그 후보자를 당선인으로 결정합니다. 당선인이 결정된 경우 관할위원회는 투표·개표 및 선거상황을 기록한 투표록·개표록 및 선거록 등 선거관련 서류는 투표지와 함께 당해선거 에 의한 당선인의 임기 중 관할선거관리위원회에서 보관합니다. 단 선 거소송이 조합장의 재임기간 이상 계속 중인 때에는 소송이 완료될 때 까지 관할선거관리위원회에서 보관합니다.

8 선거관리위원회

🔁 **사회자** : 선거관련서류는 당선인의 임기가 끝날 때까지 선거관리위원회가 보관하는군요. 다음은 관할선거관리위원회뿐만 아니라 조합선거관리위원회도 있는데 이들은 각각 어떤 역할을 하는지요.

🔁 **신인식** : 농협법 제51조 조합선거관리위원회의 구성·운영 등에 관한 내용을 그대로 말씀드리겠습니다.

① 지역농협은 임원 선거를 공정하게 관리하기 위하여 조합선거관리위원회를 구성·운영한다.

② 조합선거관리위원회는 이사회가 조합원(임직원은 제외한다)과 선거의 경험이 풍부한 자 중에서 위촉하는 7명 이상 15명 이내에서 조합의 실정에 따라 위원을 구성하며

③ 조합선거관리위원회의 기능과 운영에 필요한 사항은 정관으로 정한다.

④ 지역농협은 조합장 선거의 관리에 대하여는 정관으로 정하는 바에 따라 그 주된 사무소의 소재지를 관할하는 「선거관리위원회법」에 따른 구·시·군 선거관리위원회(이하 "구·시·군 선거관리위원회"라 한다)에 위탁하여야 한다(개정 2011. 3. 31).

⑤ 제4항에 따라 지역농협의 조합장 선거를 수탁·관리하는 구·시·군 선거관리위원회는 해당 지역농협의 주된 사무소의 소재지를

관할하는 검찰청의 장에게 조합장 선거후보자의 벌금 100만 원 이상의 형의 범죄경력(실효된 형을 포함하며, 이하 이 조에서 "전과기록"이라 한다)을 조회할 수 있으며, 해당 검찰청의 장은 지체 없이 그 전과기록을 회보하여야 한다(신설 2011. 3. 31, 시행일 2012. 3. 2).

⑥ 조합장 선거를 제외한 임원선거의 후보자가 되고자 하는 자는 전과기록을 해당 본인의 주소지를 관할하는 경찰관서의 장에게 조회할 수 있으며, 경찰관서의 장은 지체 없이 그 전과기록을 회보하여야 한다. 회보 받은 전과기록은 후보자 등록 시 함께 제출하여야 한다.

제11장

조합장 선거운동 방법과 제한

🔹 **사회자** : 조합장선거운동은 후보자 본인만이 선거운동기간(후보자등록마감일 다음날부터 선거일 전일 까지 13일간)에 할 수 있습니다. 선거운동 방법(농협법 제50조 4항)을 보면, 선거 공보의 배부, 선전 벽보의 부착, 합동 연설회 또는 공개 토론회의 개최, 전화(문자메시지를 포함한다)·컴퓨터통신(전자우편을 포함한다)을 이용한 지지 호소, 도로·시장 등 농림수산식품부령으로 정하는 다수인이 왕래하거나 집합하는 공개된 장소에서의 지지 호소 및 명함 배부 외의 선거운동을 할 수 없다고 되어 있습니다. 이에 대한 구체적인 시행세칙에 대해 말씀해 주시지요. 먼저 선전벽보 부착 및 선거공보배부에 대해 설명해 주시기 바랍니다.

1 선전 벽보 및 공보

🔹 **신인식** : 선거운동방법 중 가장 일반적인 방법이 선전 벽보라고 할 수 있습니다. 선전 벽보의 부착을 통하여 선거운동을 하려는 조합장

후보자는 선전 벽보 1종을 작성, 선거관리위원회에 선거인 명부확정일 전일까지 제출해야 합니다. 선전 벽보의 규격과 게재사항은 다음과 같습니다. 우선 규격을 보면

① 크기 : 길이 53cm×너비 38cm

② 지질 : 100g/㎡ 이내

③ 색도 : 제한 없음

게재사항으로는 후보자의 기호·사진(후보자만의 사진)·성명·주소·생년월일·학력·주요경력 및 선거공약만 게재합니다.

구·시·군 선거관리위원회는 제출된 선전 벽보를 확인하여 제출마감일 후 2일까지 해당위탁단체의 주된 사무소와 지사무소의 건물 또는 게시판 등에 부착해야 합니다. 그리고 구·시·군 선거관리위원회는 후보자가 제출할 선전 벽보의 수량 및 제출시간을 선거일을 공고하는 때에 공고하여야 하며, 선전 벽보의 작성비용은 후보자의 부담으로 합니다.

사회자 : 선전 벽보 게재사항 중 학력에 대한 논란이 가끔 있습니다. 게재 가능한 학력은 어떤 것입니까?

신인식 : 공직선거법(64조)에 의하면 학력을 게재하는 경우에는 정규학력과 이에 준하는 외국의 교육과정을 이수한 학력 외에는 게재할 수 없습니다. 정규학력은 졸업 또는 수료당시의 학교명(중퇴한 경우에는 수학기간을 함께 기재)을 기재하고, 정규학력에 준하는 외국의 교육과정을 이수한 학력을 게재하는 때에는 그 교육과정명과 수학기간

및 학위 취득 시의 취득학위명을 기재하여야 하며, 국내·외 모두 학력 증명서를 제출한 학력에 한하여 게재할 수 있습니다. 그러므로 외국에서 학위 취득을 한 출마 희망자는 학력증명서를 미리 준비해 두는 것도 좋겠습니다. 그리고 대학교를 졸업한 자가 고등학교 학력만을 기재할 수 있으며, 명예박사, 명예교수, 객원교수 등의 게제도 가능합니다. 그러나 ○○대학교 경영대학원 경영자연수과정 이수자가 ○○대학교 경영대학원 수료라고 게재하는 것은 허위사실 게재 행위에 해당된다고 한 사례가 있습니다(전주지법 선고 2015고단808판경).

🌀 **사회자** : 출마희망자는 학력·경력 등의 증명자료를 미리 준비해두어야겠군요. 다음에는 선거공보에 대해서 설명해 주시지요.

🌀 **신인식** : 먼저 선거공보의 제출마감일 및 제출 처를 말씀드리겠습니다. 선거공보는 선거일 명부 확정일 전일까지 구·시·군 선거관리위원회에 제출하며, 구·시·군 선거관리위원회는 투표구별로 제출할 매수와 장소를 정하여 그 지정장소에 제출하게 할 수 있습니다. 선거 공보의 규격 및 매수는 다음과 같습니다.

① 크기 : 길이 29.7cm×너비 21cm 이내(A4 용지 크기 정도)
② 매수 : 1매 (양면 인쇄 가능)
③ 지질 : 100g/㎡ 이내
④ 색도 : 제한 없음.

선거공보 게재사항은 선전벽보 게재사항과 같으며, 선거공보의 발송은 제출마감일 후 3일까지입니다.

🔁 **사회자** : 선거공보와 선전벽보를 후보자가 배부하거나 첨부할 수 있는지요.

🔁 **신인식** : 선거공보는 관할위원회가 선거인에게 발송하며, 선거벽보도 관할위원회가 주된 사무소와 지사무소 건물 또는 게시판에 첨부합니다. 그러므로 후보자가 임의로 가정집 우편함에 넣거나 선거인에게 직접 배부할 수 없습니다.

🔁 **사회자** : 선거공보게재사항에 대해서 좀 더 구체적으로 설명해주시지요.

🔁 **신인식** : 선거공보에는 사실만 게재해야 합니다. 선관위의 유권해석에 의하면 과거에 후보자의 득표와 관련이 없는 타인과 함께 찍었던 사진이나, 제3자가 단순한 모델로 출연한 사진도 게재할 수 있습니다. 또한 후보자의 정책정보가 게시되어 있는 특정 URL(Uniform Resource Locator, 정보가 들어 있는 웹페이지의 위치를 나타내는 주소)를 연결해 주는 NFC(Near Field Comunication, 근거리 무선통신으로 10cm 이내 근거리에서 데이터를 교환할 수 있는 비접촉식 무선통신기술로서 스마트 폰 등에 내장되어 있는 교통카드, 멤버십 카드, 쿠폰 등 다양한 분야에 활용)이나 QR 코드(Quick Response, 빠른 응답으로 가로배열 20여자 숫자정보입력만 가능한 1차원적인 구성인 바코드보다 활용성·정보성에서 우수한 코드체계로 가로·세로 활용으로 숫자, 문자, 한자도

입력 가능한 2차원적 구성)삽입도 가능합니다. 뿐만 아니라 시각장애인과 일반인이 동시에 사용하도록 점자가 혼용된 선거공보를 만들어 제출하는 것도 가능합니다.

🌀 사회자 : 선전 벽보와 선거공보의 작성비용은 후보자가 부담하며, 규격과 내용은 엄격하게 규정하고 있군요. 선거운동방법 중 합동 연설회 또는 공개 토론회의 개최가 있습니다. 구체적으로 말씀해 주시지요.

② 합동 연설회·공개 토론회

🌀 신인식 : 합동 연설회 또는 공개 토론회의 개최일시·장소의 지정 및 공고는 구·시·군 선거관리위원회가 후보자등록 마감 후 후보자와 협의하여 적당한 일시와 장소를 정하여 1회 개최하며 일시·장소 등을 개최일 전 2일까지 공고하고 후보자에게 통지해야 합니다. 다만 후보자가 1명이거나 후보자 전원이 합의하는 경우에는 개최하지 아니할 수 있습니다.

합동 연설회의 진행방법에 대해서 알아보면, 순서는 연설당일 추첨에 따라 결정하고, 연설시간은 후보자마다 30분의 범위에서 균등하게 배정하여야 합니다. 순서 추첨시간까지 후보자가 참석하지 아니한 때에는 그 후보자를 대리하여 연설순서를 추첨할 수 있습니다.

공개 토론회는 후보자가 사회자의 주관 하에 조합운영에 관한 소견을 발표하거나 사회자를 통하여 참석자의 질문에 답변하는 방식으로 진행됩니다. 사회자는 질문과 답변의 횟수와 시간을 모든 후보자에게 공정하게 배분하여야 합니다.

🔁 **사회자** : 공공단체 등 위탁선거에 관한 법률 제30조의 2에 선거일 후보자 소개 및 소견발표가 있습니다. 이에 대해 설명해주시지요.

🔁 **신인식** : 투표관리관 또는 투표관리관이 지정하는 사람은 선거일에 투표를 개시하기 전에 투표소 또는 총회나 대의원회가 개최되는 장소에서 선거인에게 기호 순에 따라 각 후보자를 소개하고 후보자로 하여금 조합운영에 대한 자신의 소견을 발표하며 10분 범위 내에서 동일하게 배정합니다. 투표관리관이 후보자를 소개할 사람을 지정하는 경우에는 위탁단체의 구성원이 아닌 사람 중에서 공정한 사람으로 선정해야 합니다.

🔁 **사회자** : 이제 전화·컴퓨터 통신을 이용한 지지호소 방법에 대해서 설명해주십시오.

③ 전화·컴퓨터 통신 이용

🔁 **신인식** : 전화·컴퓨터 통신을 이용하여 선거운동을 하고자 하는 후보자는 후보자 등록마감일의 다음 날부터 선거일 전일까지 다음의 어느 하나에 해당하는 방법으로 선거운동을 할 수 있습니다. 첫째, 전

화를 이용하여 송·수화자 간 직접 통화하는 방식으로 선거운동을 하는 방법, 둘째, 문자(음성·화상·동영상 등은 제외)메시지를 이용하여 선거운동 정보를 전송하는 방법, 셋째, 조합이 개설 운영하는 인터넷 홈페이지의 게시판·대화방 등에 선거운동 정보를 게시(자신에 대한 지지나 특정후보반대의 글 또는 UCC 게시행위 등)하는 방법과 컴퓨터통신을 이용하여 선거운동 정보를 전자우편으로 전송하는 방법입니다. 전화 또는 문자메시지를 이용한 선거운동은 야간(오후 10시부터 다음날 오전 7시까지)에는 할 수 없습니다.

사회자 : 선거운동 정보를 전자우편으로 유권자에게 전송을 하는 경우 제한 없이 보낸다면 수신자에게 피해를 줄 것인데 어떤 제한이 있습니까?

신인식 : 공직선거법(제82조의5) 선거운동 정보의 전송제한을 보면 첫째, 정보수신자의 명시적인 수신거부 의사에 반하여 선거운동 목적의 정보를 전송하여서는 아니 되며, 둘째, 예비후보자 또는 후보자가 선거운동 정보를 자동 동보통신의 방법으로 문자메시지로 전송하거나 전송대행업체에 위탁하여 전자우편으로 전송하는 때에는 선거운동 정보에 해당하는 사실, 문자메시지 전송 시 전화번호, 수신거부 의사표시를 쉽게 할 수 있는 조치 및 방법에 관한 사항을 명시하여야 합니다.

셋째, 수신자의 수신거부를 회피하거나 방해할 목적으로 기술적 조치를 하여서는 아니 되며, 넷째, 수신자가 수신 거부 시 발생하는 전화요금 기타 금전적 비용을 수신자가 부담하지 아니하도록 필요한 조치를 하여야 하며, 다섯째, 누구든지 숫자·부호 또는 문자를 조합하여 전화번호·전자우편주소 등 수신자의 연락처를 자동으로 생성하는 프로그램 및 그 밖의 기술적 장치를 이용하여 선거운동정보를 전송하여서는 아니 됩니다. 공직선거관리규칙(제45조의4)을 보면 선거운동 정보를 전송하는 경우에는 그 제목이 시작되는 부분에 "선거운동정보"라고 표시하도록 되어 있습니다. 그리고 입후보 예정자가 평소 친분이 없는 조합원에게 연하장을 발송하는 행위도 금지행위에 해당합니다.

사회자 : 전화·컴퓨터 통신을 이용한 선거운동은 관리가 쉽지 않을 것 같은데……

신인식 : 구·시·군 선거관리위원회가 법령 및 정관에서 규정한 제한행위에 위반되는 정보가 조합의 인터넷 홈페이지의 게시판·대화방 등에 게시된 경우 홈페이지 관리·운영자에게 해당정보의 삭제를 요청하면 관리운영자는 이에 따라야 합니다. 그리고 정보를 게시한 자는 정보 삭제된 날로부터 3일 이내에 구·시·군 선거관리위원회에 서면으로 이의 신청을 할 수 있습니다. 이의 신청에 대해 구·시·군 선거관리위원회는 지체 없이 심의하여야 하며 이유있다고 인정되면 철회하고 이의 신청인에게 그 뜻을 통지합니다.

사회자 : 선거운동방법 중 공개된 장소에서의 지지 호소 및 명함 배부를 할 수 있습니다. 이에 대해 구체적으로 설명해 주십시오.

4 공개된 장소에서의 지지 호소·명함 배부 및 어깨 띠·상의착용

신인식 : 명함에는 후보자의 성명·사진·전화번호·학력·경력 그밖에 홍보에 필요한 사항을 기재하고, 규격은 길이 9cm, 너비 5cm 이내(일반적 명함의 크기 정도임)로 하며 비용은 후보자가 부담합니다. 그리고 공개된 장소란 도로·도로변·광장·공터·주민회관·시장·점포·공원·운동장·주차장·경로당·마트·찜질방 등 누구나 오고갈 수 있는 공개된 장소를 말합니다. 그러나 소유자나 관리자의 의사에 반해 사유재산권·관리권을 침해하는 것까지 위탁선거법에서 보장하는 것은 아닙니다. 그리고 선박·여객자동차·열차·전동차·항공기의 안과 그 터미널 구내 및 지하철역 구내·병원·종교시설·극장·조합사무소 및 사업장의 안은 제외합니다.

사회자 : 다음은 위탁선거법이 인정하는 어깨띠와 상의 착용에 대해서 설명해주시지요.

신인식 : 후보자가 홍보사항을 기재한 어깨띠나 상의착용을 하고 선거운동을 할 때 기재하는 내용과 종류·규격에 제한이 없으므로 창의성을 발휘할 수 있습니다. 발광기능을 부착하는 행위, 후보자의 성명·기호·구호 등을 표시하거나 선거운동에 필요한 문자·그림 등을 삽입하거나 자전거를 타고 이동하거나 선거벽보와 동일하게 제작한 피켓을 들고 선거운동을 할 수 있습니다. 그러나 후보자만 할 수 있으므로 가

족이나 제3자가 착용하거나 허위사실이나 비방을 기재하는 것은 허용하지 않습니다.

💫 **사회자** : 선거운동방법에 대해서 잘 숙지하여 위반행위를 하지 않도록 해야겠군요. 다음은 공정한 선거를 치르기 위해 조합장 선거운동에는 많은 제한이 따른다고 합니다. 먼저 선거운동의 개념을 설명해주시지요?

5 선거운동의 제한

💫 **신인식** : 농업협동조합법상 '선거운동'의 의미 및 구체적인 행위가 선거운동에 해당하는지의 판단 기준에 대한 대법원 판례(2011. 6. 24. 선고)를 보면 선거운동은 특정 후보자의 당선 내지 득표나 낙선을 위하여 필요하고도 유리한 모든 행위로서 당선 또는 낙선을 도모한다는 목적의사가 객관적으로 인정될 수 있는 능동적·계획적인 행위를 말합니다. 구체적으로 어떠한 행위가 선거운동에 해당하는지를 판단할 때에는 단순히 행위의 명목뿐만 아니라 행위의 태양(생긴 모습이나 행태), 즉 그 행위가 행하여지는 시기·장소·방법 등을 종합적으로 관찰하여 그것이 특정 후보자의 당선 또는 낙선을 도모하는 목적의지를 수반하는 행위인지를 판단하여야한다"고 하였습니다. 그러므로 선거에 관한 단순한 의견의 개진, 의사의 표시, 입후보와 선거운동을 위한 준비행위 또는 통상적인 업무행위는 선거운동으로 보지 아니합니다.

➡️ **사회자** : 선거운동은 당선 또는 낙선을 도모한다는 목적의사가 객관적으로 인정될 수 있는 능동적·계획적 행위를 의미하는 군요. 다음은 선거운동의 제한을 알아보기 전에 할 수 있는 사례부터 알아보는 것이 이해에 도움이 될 것 같습니다.

➡️ **신인식** : 현직 조합장이나 후보자가 되려는 사람이 할 수 있는 사례를 보면, 첫째, 지위에 걸맞는 행사에 참석하여 의례적인 인사말을 하거나 행사주제와 관련된 사항에 대하여 자신의 견해를 밝히는 행위, 둘째, 조합장이 연말연시에 자신의 직·성명이 게재된 의례적인 내용의 연하장을 지인 또는 소속 조합원들에게 발송하는 행위, 셋째, 후보자가 되려는 사람이 조합장선거기간전에 자신의 직·성명(사진 포함)을 표시한 의례적인 내용의 명절 현수막을 거리에 게시하는 행위·명절인사 신문광고를 하는 행위, 넷째, 후보자가 되려는 사람이 조합장선거기간 전에 다수의 조합원에게 명절 등을 계기로 의례적인 내용의 인사말(음성·화상·동영상 파일 등 포함)을 문자메시지로 전송하는 행위, 후보자가 되려는 사람이 통상적으로 사용하는 업무용 명함에 자신의 학력이나 경력을 게재하여 통상적인 수교방법으로 교부하는 행위 등입니다.

➡️ **사회자** : 후보자가 할 수 있는 행위에 대해 구체적으로 설명하였습니다. 이제 선거운동제한에 대해서 구체적으로 설명해 주시지요.

➡️ **신인식** : 농협법 제50조1항에 누구든지 자기 또는 특정인을 지역농협의 임원이나 대의원으로 당선되게 하거나 당선되지 못하게 할 목

적으로 할 수 없는 행위를 적시(지적하여 보임)하였습니다. 지금부터 농협법상 당선 또는 당선되지 못하게 할 목적으로 할 수 없는 행위의 적시사항을 보겠습니다.

제1호에는 조합원〈조합에 가입신청을 한 자를 포함〉이나 그 가족 [조합원의 배우자, 조합원 또는 그 배우자의 직계 존속(조상으로부터 직선적으로 계속하여 자기에 이르는 사이의 혈족인, 부모·증조부모·고조부모 등), 비속(자기로 부터 직선적으로 내려가서 후예에 이르는 혈족인(아들·딸·손자·증손 등)과 형제자매, 조합원의 직계 존속·비속 및 형제자매의 배우자를 말한다. 이하 같다] 또는 조합원이나 그 가족이 설립·운영하고 있는 기관·단체·시설에 대한 금전·물품·향응이나 그 밖의 재산상의 이익을 제공하는 행위, 공사(公私)의 직(職)을 제공하는 행위, 금전·물품·향응, 그 밖의 재산상의 이익이나 공사의 직을 제공하겠다는 의사표시 또는 그 제공을 약속하는 행위를 할 수 없다고 적시하였습니다.

제2호에는 후보자가 되지 못하도록 하거나 후보자를 사퇴하게 할 목적으로 후보자가 되려는 사람이나 후보자에게 제1호에 규정된(이익이나 직을 제공·제공의 의사표시·제공을 약속하는 행위) 행위를 하는 행위 등입니다.

제3호는 제1호나 제2호에 규정된 이익이나 직을 제공받거나 그 제공의 의사표시를 승낙하는 행위 또는 그 제공을 요구하거나 알선하는 행위입니다.

제8항에 의하면 누구든지 특정 임원의 선거에 투표하거나 하게 할 목적으로 사위(詐僞, 양심을 속이고 거짓을 꾸밈)의 방법으로 선거인명

부에 오르게 할 수 없으며(신설 2011. 3. 31, 시행일 2012. 3. 2), 9항은 누구든지 임원 또는 대의원 선거와 관련하여 자기 또는 특정인을 당선 되게 하거나 당선되지 못하게 할 목적으로 후보자등록 시작일 부터 선 거일까지 다수의 조합원(조합원의 가족 또는 조합원이나 그 가족이 설 립·운영하고 있는 기관·단체·시설을 포함한다)에게 배부하도록 구분 된 형태로 되어 있는 포장된 선물 또는 돈봉투 등 금품을 운반하지 못 하게 되어 있습니다(신설 2011. 3. 31, 시행일 2012. 3. 2).

그리고 10항에는 선거관리위원회와 관련된 사항으로 누구든지 선거 의 관리를 위탁받은 구·시·군 선거관리위원회의 위원·직원, 선거부정 감시단원, 그 밖에 선거사무에 종사하는 자를 폭행·협박·유인 또는 체 포·감금하거나 폭행이나 협박을 가하여 투표소·개표소 또는 선거관리 위원회 사무소를 소요·교란하거나, 투표용지·투표지·투표보조용구·전 산조직 등 선거관리 및 단속사무와 관련한 시설·설비·장비·서류·인장 또는 선거인명부를 은닉·손괴·훼손 또는 탈취하지 못한다고 되어 있습 니다(신설 2011. 3. 31, 시행일 2012. 3. 2).

사회자 : 지금까지 불특정다수에 대한 선거운동제한에 대해 말씀 해주셨습니다. 다음은 호별 방문 제한에 대해 구체적으로 설명해주시 지요.

6 호별 방문 제한

신인식 : 정관 제77조의15(호별방문 등의 제한)를 보면 누구든지 선거운동을 위하여 선거인(선거인 명부 작성 전에는 선거인 명부에 또는 자격이 있는 자를 포함한다)을 호별(戶別)로 방문하거나 특정 장소에 모이게 할 수 없다고 되어 있습니다.

임원선거운동의 제한에 대한 대법원 판례(2010. 7. 8. 선고)에 의하면 호별 방문 죄는 연속적으로 두 호 이상을 방문함으로써 성립하는 범죄로서, 연속적인 호별 방문이 되기 위해서는 각 방문행위 사이에 어느 정도의 시간적 근접성은 있어야 하지만 반드시 각 호를 중단 없이 방문하여야 하거나 동일한 일시 및 기회에 방문하여야 하는 것은 아니므로 해당 선거의 시점과 법정 선거운동기간, 호별방문의 경위와 장소, 시간, 거주자와의 관계 등 제반 사정을 종합하여 단일한 선거운동의 목적으로 둘 이상 조합원의 호를 계속해서 방문한 것으로 볼 수 있으면 그 성립이 인정됩니다. 이와 같이 연속성이 인정되는 각 호별 방문행위는 그 전체가 포괄일죄(수개의 행위가 포괄적으로 1개의 구성요건에 해당하여 일죄를 구성하는 경우)의 관계에 있게 된다고 하였습니다.

사회자 : 호별 방문 죄는 연속적으로 두 호 이상을 방문함으로써 성립하는 범죄이군요. 그런데 '호(戶)'의 의미를 구체적으로 아는 것이 중요하다고 생각합니다.

신인식 : 호별 방문 죄에서 호별 방문의 대상이 되는 '호(戶)'의 의

미 및 판단 기준에 대한 대법원 판례(2010. 7. 8 선고)에서 '호(戸)'는 일상생활을 영위하는 거택에 한정되지 않고 일반인의 자유로운 출입이 가능하도록 공개되지 아니한 곳으로서 널리 주거나 업무 등을 위한 장소 혹은 그에 부속하는 장소라면 이에 해당할 수 있다 할 수 있습니다. 그 구체적인 해당 여부는 선거운동을 위하여 공개되지 않은 장소에서 조합원을 만날 경우 생길 수 있는 투표매수 등 불법·부정선거 조장 위험 등을 방지하고자 하는 호별 방문 죄의 입법 취지와 보호법익에 비추어 주거 혹은 업무용 건축물 등의 존재 여부, 그 장소의 구조, 사용관계와 공개성 및 접근성 여부, 그에 대한 조합원의 구체적인 지배·관리형태 등 여러 사정을 종합적으로 고려하여 이루어져야 한다고 하였습니다.

사회자 : 호의 판단은 여러 사정을 종합적으로 고려하여 판단한다고 하는데 이해를 돕기 위하여 사례를 들어 설명해주시지요.

신인식 : 구체적 사례를 보면 지역농협의 조합장 선거에 출마한 피고인이 지지를 호소하기 위해 방문한 복숭아 과수원으로 보이는 '농원'이 '호(戸)'에 해당한다고 본 원심 판단에 법리오해 및 심리미진의 위법이 있다고 한 사례(대법원 2010. 7. 8)에서 지역농협의 조합장 선거에 출마한 피고인이 지지를 호소하기 위해 방문한 복숭아 과수원으로 보이는 '농원은 주거지가 아니고, 일반인의 자유로운 출입이 가능한 공개된 장소인지 여부, 업무 등을 위한 장소 혹은 그에 부속하는 장소인지 여부 등을 정확하게 알 수 있는 자료가 없음에도, 위 농원의 구조 및 사용관계 등에 관한 심리 없이 이를 구 농업협동조합법(2009. 6. 9.

법률 제9761호로 개정되기 전의 것)상 방문이 금지되는 호'에 해당한다고 본 원심판단에 법리오해 및 심리미진의 위법이 있다고 한 사례가 있습니다.

🔹 **사회자** : 호별방문죄의 성립에 대해 사례를 들어 좀 더 구체적인 설명이 필요하다고 보는데 …….

🔹 **신인식** : 통상적으로 주택에 들어가는 경우를 말하나, 선거인이 없어 들어가지 못한 경우, 대문 앞에서 인사를 하는 경우, 조합원의 축사를 찾아가 그 앞에서 만나는 것도 위법이 됩니다. 그리고 후보자가 관공서 사무실을 찾아가 지지를 호소하거나, 아파트를 돌며 인터폰으로 선거인을 불러내 지지를 부탁한 행위도 위법이라고 판결한 사례가 있습니다.

🔹 **사회자** : 호별 방문에서 호는 장소·구조·사용관계의 공개성 및 접근성 등을 종합적으로 판단하여야 하는 군요. 조합장 선거에는 농협의 임직원이 크게 영향을 미친다고 볼 수 있지 않겠습니까? 그러므로 농협 임직원 선거운동 제한행위에 대해 알아보는 것이 중요하다고 생각합니다. 이에 대해 말씀해 주시지요.

7 임직원 선거운동 제한

🔁 **신인식** : 농협임직원에 대한 행위 제한은 농협법 제50조11항에 할 수 없는 행위를 적시하였습니다. 그러므로 이를 중심으로 말씀드리겠습니다(개정 2011. 3. 31, 시행일 2012. 3. 2).

제1호에 농협임직원은 그 지위를 이용하여 선거운동을 할 수 없음을 적시하였습니다. 이에 대한 대법원 판례(2011. 6. 24)에서 농업협동조합 조합장으로서 차기 조합장 선거 후보자인 피고인 甲과 조합 이사인 피고인 乙이 공모하여, 피고인 甲이 신규조합원들을 상대로 특강 등을 실시하면서 피고인 甲의 재직 중 사업실적과 향후 계획을 홍보하는 등으로 임원의 지위를 이용하여 선거운동을 하였다고 하여 농업협동조합법 위반으로 기소된 사안에서, 피고인들을 같은 법 위반죄의 공동정범으로 인정한 원심판단을 수긍하였습니다. 조합장으로서 차기 조합장 선거 후보자인 피고인 갑과 조합 이사인 피고인 을이 공모하여, 피고인 갑이 신규 조합원들을 상대로 특강 등을 실시하면서 피고인 갑의 재직 중 사업실적과 향후 계획을 홍보하는 등으로 임원의 지위를 이용하여 선거운동을 하였다고 하여 농업협동조합법(2011. 3. 31. 법률 제10522호로 개정되기 전의 것, 이하 '농협법'이라 한다) 위반으로 기소된 사안에서, 교육이 실시된 배경, 시기, 교육 내용, 신규조합원의 전체 투표권자에 대한 비율, 기존 조합원에 대한 교육이 선거 후로 연기된 점 등을 종합할 때, 위 교육은 농협법에 의해 금지되는 조합 임원의 지위를 이용한 선거운동으로 평가된다는 이유로 피고인들을 농협법 위반죄의 공동정범으로 인정한 원심판단을 수긍한 사례입니다.

💬 **사회자** : 다음은 임직원의 선거운동 기획참여 및 실시에 관여하는 행위에 대해서 설명해 주시지요.

💬 **신인식** : 농업협동조합법 제50조 제5항 제2호에 농협 임직원은 선거운동의 기획에 참여하거나 그 기획의 실시에 관여하는 행위를 제한하고 있습니다. 여기서 '선거운동의 기획에 참여하거나 그 기획의 실시에 관여하는 행위'란 당선되게 하거나 되지 못하게 하기 위한 선거운동에는 이르지 아니하는 것으로서 선거운동의 효율적 수행을 위한 일체의 계획 수립에 참여하는 행위 또는 그 계획을 직접 실시하거나 실시에 관하여 지시·지도하는 행위를 말하는 것으로 해석하여야 하고, 반드시 구체적인 선거운동을 염두에 두고 선거운동을 할 목적으로 그에 대한 기획에 참여하는 행위만을 의미하는 것으로 볼 수는 없다는 판례가 있습니다.

💬 **사회자** : 좀 추상적으로 이해하기 어려우니 구체적인 사례를 들어서 설명해주시지요.

💬 **신인식** : 사례를 보면 농업협동조합 조합장인 피고인 갑이 차기 조합장 선거에 입후보하였는데, 조합 이사인 피고인 을이 피고인 갑의 재직 중 실적 및 공약사항을 기재한 문건을 직접 작성하여 실적 관련 자료와 함께 피고인 갑의 선거홍보물 제작 담당자에게 전달하였다고 하여 농업협동조합법(2011. 3. 31. 법률 제10522호로 개정되기 전의

것, 이하 '농협법'이라 한다) 위반으로 기소된 사안에서, 제반 사정에 비추어 피고인 을의 위와 같은 행위는 임원의 지위를 이용하여 '선거운동의 기획에 참여하거나 그 기획의 실시에 관여하는 행위'에 해당하고, 농협법 제172조 제1항 제2호가 조합 임직원이 '선거운동의 기획에 참여하거나 그 기획의 실시에 관여하는 행위'를 하고 나아가 '선거운동'까지 할 것을 추가적인 구성요건으로 규정하였다고 해석할 경우 농협법 제50조 제5항 제1호(임직원의 지위를 이용하여 선거운동을 하는 행위)와 별도로 같은 항 제2호(선거운동의 기획에 참여하거나 그 기획의 실시에 관여하는 행위)를 규정한 것이 아무런 의미를 갖지 못한다는 이유로 이와 반대되는 취지의 피고인 을의 주장을 배척한 원심판단을 수긍한 사례가 있습니다.

사회자 : 조합의 임직원은 조합장 선거운동이나 기획에 참여 하지 않아야 하는군요. 이제 까지 조합장선거에 관련된 제한사항에 대해서 알아보았습니다. 지금부터는 조합장 선거에 관련된 농협법, 정관, 선거규약 등에서 규정한 사항을 위반하였을 경우 벌칙에 대해 말씀해주십시오.

8 선거법 위반 벌칙

신인식 : 농협법 제172조 제1항에 위반 시 2년 이하의 징역 또는 2천만 원 이하의 벌금에 처하는 경우가 명시되어 있는데 이를 먼저 알

아보겠습니다. 제1호를 보면 조합 등과 중앙회를 이용하여 공직선거에서 특정 정당을 지지하거나 특정인을 당선되도록 하거나 당선되지 아니하도록 하는 행위를 한 자, 제2호에는 지역농협의 임직원이 그 지위를 이용하여 선거운동을 하는 행위, 선거운동의 기획에 참여하거나 그 기획의 실시에 관여하는 행위, 후보자에 대한 조합원의 지지도를 조사하거나 발표하는 행위, 제3호에서는 임원이 되려는 사람이 정관으로 정하는 기간 중에 선거운동을 위하여 조합원을 호별(戶別)로 방문하거나 특정 장소에 모이게 하는 행위, 그리고 제4호는 누구든지 지역농협의 임원 또는 대의원선거와 관련하여 연설·벽보, 그 밖의 방법으로 거짓의 사실을 공표하거나 공연히 사실을 적시(摘示, 지적하여 보임)하여 후보자(후보자가 되려는 사람을 포함한다. 이하 같다)를 비방하는 행위(개정 2011. 3. 31, 시행일 2012. 3. 2), 축의·부의금품을 제공한 자입니다.

🔁 **사회자** : 2년 이하의 징역 또는 2천만 원 이하의 벌금에 처하는 경우가 명시되어 있는 농협법 제172조 제1항에 제1호, 제2호, 제3호를 설명하였습니다. 다음은 제3항과 제4항에 명시되어 있는 사항을 설명해주시지요.

🔁 **신인식** : 제3항에는 농협법 제50조 제3항(연설·벽보 그 밖의 방법으로 거짓의 사실을 공표하거나 공연히 사실을 적시하여 후보자를 비방할 수 없다. 제107조·제112조 또는 제161조에 따라 준용되는 경우를 포함)을 위반하여 거짓사실을 공표하거나 후보자를 비방한 자는 500만 원 이상 3천만 원 이하의 벌금에 처한다(개정 2011. 3. 31, 시행

일 2012. 3. 2)고 명시되어 있습니다. 그리고 제4항은 제1항부터 제3항까지의 규정에 따른 죄의 공소시효는 해당 선거일 후 6개월(선거일 후에 이루어진 범죄는 그 행위를 한 날부터 6개월)을 경과함으로써 완성된다. 다만, 범인이 도피하거나 범인이 공범 또는 증명에 필요한 참고인을 도피시킨 경우에는 그 기간을 3년으로 한다고(전문개정 2009. 6. 9, 시행일 2009. 12. 10) 규정하고 있습니다.

🔁 **사회자** : 공소시효는 선거일후 6개월까지이군요. 다음은 조합장 선거에서 논란이 많은 것 중의 하나가 기부행위라고 볼 수 있으므로 기부행위의 직무상 행위·의례적 행위 또는 재직 조합장의 축의·부의금 등에 대해서 자세하게 말씀해 주시지요.

9 기부행위의 제한

🔁 **신인식** : 농협법 제50조의2, 제1항에 지역농협의 임원 선거 후보자, 그 배우자 및 후보자가 속한 기관·단체·시설은 임원의 임기만료일 전 180일(보궐선거 등의 경우에는 그 선거의 실시 사유가 확정된 날)부터 그 선거일까지 조합원(조합에 가입 신청을 한 사람을 포함한다. 이하 이 조에서 같다)이나 그 가족 또는 조합원이나 그 가족이 설립·운영하고 있는 기관·단체·시설에 대하여 금전·물품이나 그 밖의 재산상 이익의 제공, 이익 제공의 의사 표시 또는 그 제공을 약속하는 행위(이하 "기부행위"라 한다)를 할 수 없다고 규정되어 있습니다.

사회자 : 농협법 제50조의2, 제1항에 할 수 없는 기부행위를 규정하였습니다. 그런데 제2항에는 기부행위(별표 1)로 보지 않는 직무상의 행위와 의례적인 행위에 대해 규정하고 있습니다.

신인식 : 제2항에는 다음 각 호의 어느 하나에 해당하는 행위는 기부행위로 보지 아니한다고 하였습니다.

(직무상의 행위)

가. 후보자가 소속된 기관·단체·시설(나목에 따른 조합은 제외한다)의 자체 사업계획과 예산으로 하는 의례적인 금전·물품 제공 행위(포상을 포함하되, 화환·화분을 제공하는 행위는 제외한다)

나. 법령과 정관에 따른 조합의 사업계획 및 수지예산에 따라 집행하는 금전·물품 제공 행위(포상을 포함하되, 화환·화분을 제공하는 행위는 제외한다)

다. 물품 구매, 공사, 역무(役務)의 제공 등에 대한 대가의 제공 또는 부담금의 납부 등 채무를 이행하는 행위

라. 가목부터 다목까지의 규정에 해당하는 행위 외에 법령의 규정에 따라 물품 등을 찬조·출연 또는 제공하는 행위

(의례적 행위)

가.「민법」제777조에 따른 친족의 관혼상제 의식이나 그 밖의 경조사에 축의·부의금품을 제공하는 행위(금액제한 없음)

나. 후보자가 「민법」 제777조에 따른 친족[2] 외의 자의 관혼상제 의식에 통상적인 범위에서 축의·부의금품(화환·화분은 제외한다)을 제공하거나 주례를 서는 행위(1인당 5만 원 이내)

다. 후보자의 관혼상제 의식이나 그 밖의 경조사에 참석한 하객이나 조객(弔客) 등에게 통상적인 범위에서 음식물이나 답례품을 제공하는 행위(1인당 음식물 3만 원, 답례품 1만 원 이내)

라. 후보자가 그 소속 기관·단체·시설(후보자가 임원이 되려는 해당 조합은 제외한다)의 유급(有給) 사무직원 또는 「민법」 제777조에 따른 친족에게 연말·설 또는 추석에 의례적인 선물을 제공하는 행위(1인당 3만 원 이내)

마. 친목회·향우회·종친회·동창회 등 각종 사교·친목단체 및 사회단체의 구성원으로서 해당 단체의 정관·규약 또는 운영관례상의 의무에 기초하여 종전의 범위에서 회비를 내는 행위

바. 후보자가 평소 자신이 다니는 교회·성당·사찰 등에 통상적으로 헌금(물품의 제공을 포함한다)하는 행위

4. 제1호부터 제3호까지의 규정에 준하는 행위로서 농림수산식품부령으로 정하는 행위. 다만, 농협법 제51조에 따라 구·시·군 선거관리위원회에 위탁하는 경우에는 농림수산식품부장관의 의견을 들어 중앙선거 관리위원회규칙으로 정하는 행위

---

2) 친족의 범위 : 민법 제777조 1. 8촌 이내의 혈족, 2. 4촌 이내의 인척, 3. 배우자

③ 제2항에 따라 통상적인 범위에서 1명에게 제공할 수 있는 축의·부의금품, 음식물, 답례품 및 의례적인 선물의 금액 범위는 〈별표 2〉와 같다.

〈별표 1〉「공직선거법」제112조 제2항 제3호에 따른 구호적·자선적 행위에 준하는 행위

제112조(기부행위의 정의 등)

① 이 법에서 "기부행위"라 함은 당해 선거구 안에 있는 자나 기관, 단체, 시설 및 선거구민의 모임이나 행사 또는 당해 선거구의 밖에 있더라도 그 선거구민과 연고가 있는 지니 기관·단체·시설에 대하여 금전·물품·기타 재산상 이익의 제공, 이익제공의 의사표시 또는 그 제공을 약속하는 행위를 말한다.

② 제1항의 규정에 불구하고 다음 각 호의 어느 하나에 해당하는 행위는 기부행위로 보지 아니한다.

3. 구호적·자선적 행위

가. 법령에 의하여 설치된 사회보호시설 중 수용보호시설에 의연 금품을 제공하는 행위

나. 「재해구호법」의 규정에 의한 구호기관(전국재해구호협회를 포함한다) 및 「대한적십자사 조직법」에 의한 대한적십자사에 천재·지변으로 인한 재해의 구호를 위하여 금품을 제공하는 행위

다. 「장애인복지법」 제58조에 따른 장애인복지시설(유료복지시설을 제외한다)에 의연금품·구호금품을 제공하는 행위

라. 「국민기초생활 보장법」에 의한 수급권자인 중증장애인에게 자선·구호금품을 제공하는 행위

마. 자선사업을 주관·시행하는 국가·지방자치단체·언론기관·사회단체 또는 종교단체 그 밖에 국가기관이나 지방자치단체의 허가를 받아 설립된 법인 또는 단체에 의연금품·구호금품을 제공하는 행위. 다만, 광범위한 선거구민을 대상으로 하는 경우 제공하는 개별 물품 또는 그 포장지에 직명·성명 또는 그 소속 정당의 명칭을 표시하여 제공하는 행위는 제외한다.

바. 자선·구호사업을 주관·시행하는 국가·지방자치단체, 그 밖의 공공기관·법인을 통하여 소년·소녀가장과 후원 인으로 결연을 맺고 정기적으로 제공하여 온 자선·구호금품을 제공하는 행위

사. 국가기관·지방자치단체 또는 구호·자선단체가 개최하는 소년·소녀가장, 장애인, 국가유공자, 무의탁노인, 결식자, 이재민, 「국민기초생활 보장법」에 따른 수급자 등

을 돕기 위한 후원회 등의 행사에 금품을 제공하는 행위. 다만, 개별 물품 또는 그 포장지에 직명·성명 또는 그 소속 정당의 명칭을 표시하여 제공하는 행위는 제외한다.

아. 근로청소년을 대상으로 무료학교(야학을 포함한다)를 운영하거나 그 학교에서 학생들을 가르치는 행위

〈별표 2〉 통상적인 범위에서 제공할 수 있는 축의·부의금품 등의 금액범위 (위탁선거규칙, 2014. 8. 1.)

관련 조항	구 분	통상적인 범위	의례적인 선물의 범위
제50조의2 제2항제2호나목	관혼상제의식에 제공하는 축의·부의금품	5만원 이내	
제50조의2 제2항제2호다목	관혼상제의식 그 밖의 경조사 참석 하객·조객 등에 대한 음식물 제공	3만원 이내	
	관혼상제의식 그 밖의 경조사 참석 하객·조객 등에 대한 답례품 제공	1만원 이내	
제50조의2 제2항제2호라목	연말·설 또는 추석에 제공하는 의례적인 선물		3만원 이내

④ 누구든지 제1항의 행위를 약속·지시·권유·알선 또는 요구할 수 없다.

⑤ 누구든지 해당 선거에 관하여 후보자를 위하여 제1항의 행위를 하거나 하게 할 수 없다. 이 경우 후보자의 명의를 밝혀 기부행위를 하거나 후보자가 기부하는 것으로 추정할 수 있는 방법으로 기부행위를 하는 것은 해당 선거에 관하여 후보자를 위한 기부행위로 본다(개정 2011. 3. 31, 시행일 2012. 3. 2).

⑥ 조합장은 재임 중 제1항에 따른 기부행위를 할 수 없다. 다만, 제2 항에 따라 기부행위로 보지 아니하는 행위는 그러하지 아니하다 (전문개정 2009. 6. 9, 시행일 2009. 12. 10).

🔁 **사회자** : 지금까지 선거후보자 중심으로 기부행위 제한에 대해서 알아보았습니다. 다음으로 현직 조합장의 축의·부의금품 제공 제한에 대해서 말씀해 주시지요.

🔁 **신인식** : 농협법 제50조의2 현직 조합장은 재임기간 중 기부행위를 할 수 없으므로, 별도의 제한기간 없이 상시적으로 기부행위가 제한됩니다. 농협법 제50조의3 현직 조합장의 축의·부의금품 제공 제한에 대해서 살펴보면, 지역농협의 경비로 관혼상제의식이나 그 밖의 경조사에 축의·부의금품을 제공할 때에는 지역농협의 명의로 하여야 하며, 해당 지역농협의 경비임을 명기하여야 합니다. 그러나 해당 지역농협 조합장의 직명 또는 성명을 밝히거나 그가 하는 것으로 추정할 수 있는 방법으로 하는 행위는 기부행위로 봅니다. 현직 조합장이 공로가 있는 조합원에게 표창장을 수여할 수 있으나 부상을 주는 것은 기부행위에 해당된다는 사례가 있습니다.

🔁 **사회자** : 선거후보자의 자녀결혼 시 조합원으로부터 받은 금액과 같은 금액을 조합원자녀 결혼 시 축의금으로 지급 할 수 있는지요?

🔁 **신인식** : 대법원 판례(2010. 7. 8)에 의하면 지역농협 임원선거 후보자가 조합원에 대한 결혼축의금으로 법이 정한금액을 초과하여 지급

한 금액이 후보자 자식의 결혼 시 조합원으로부터 받은 금액의 축의금에 대한 답례취지이더라도 위법이라고 하였습니다. 그리고 동창회장에 취임하면서 찬조금을 이전회장의 찬조금액 보다 많이 낸 행위에 대해 위법판정을 한 사례도 있습니다. 또한 조합장 선거에 당선되면 조합장의 급여를 저축해 두었다가 연말에 조합원에게 모두 돌려드리겠다고 약속한 행위에 대해 기부행위제한위법이라고 판결한 사례도 있습니다.

사회자 : 조합장 출마자는 축의금을 받은 금액을 돌려 줄 수도 없군요. 다음에는 어떤 경우가 선거범죄로 인한 당선무효가 되는지 말씀해 주시지요.

신인식 : 조합이나 중앙회의 임원 선거와 관련하여 다음 각 호의 어느 하나에 해당하는 경우에는 해당 선거의 당선을 무효로 한다고 되어 있습니다.

1. 당선인이 해당 선거에서 농협법 제172조에 해당하는 죄를 범하여 징역형 또는 100만 원 이상의 벌금형을 선고받은 때

2. 당선인의 직계 존속·비속이나 배우자가 해당 선거에서 농협법 제50조 제1항이나 제50조의2를 위반하여 징역형 또는 300만 원 이상의 벌금형을 선고받은 때. 다만, 다른 사람의 유도 또는 도발에 의하여 해당 당선인의 당선을 무효로 되게 하기 위하여 죄를 범한 때에는 그러하지 아니합니다(전문개정 2011. 3. 31, 시행일 2012. 3. 2).

🔟 공공단체 등 위탁선거에 관한 법률이 인정하는 선거운동

🔁 사회자 : 지금까지 농협법 제50조 제4항에 의한 선거운동방법에 대해 설명하였습니다. 그런데 위탁선거법에 의한 선거운동방법은 다르다고 합니다. 이에 대해 논의하는 것이 선거운동방법을 이해하는데 더욱 도움이 된다고 생각합니다.

🔁 신인식 : 현행 위탁선거법에서 인정하는 선거운동방법은 선거공보, 선거벽보, 어깨띠·윗옷·소품, 전화·문자메시지, 정보통신망, 명함, 선거일 후보자 소개 및 소견발표 등입니다. 그러나 각 조합의 정관에 따라 다르고 선거운동방법의 허용범위도 다릅니다. 2019년 제2회 전국 동시조합장선거에서 농협은 1,104개 조합이며, 이중 20개 조합은 대의원회에서 1,084개 조합은 조합원의 직접투표로 조합장을 선출하였습니다. 제1회 동시조합장선거에서 조합원 직선의 경우는 선거일 후보자 소개 및 소견발표는 제외되었으며, 대의원회에서 선출의 경우는 선거벽보, 어깨띠·윗옷·소품, 명함 배부의 선거 운동은 제한되었습니다.

🔁 사회자 : 기존 선거운동 방법은 너무 제한적이라 현역 조합장이 유리하다는 의견이 많았습니다. 이에 대해 설명해 주시지요.

🔁 신인식 : 선거운동기간과 방법에 대한 헌법재판소의 판결을 소개하겠습니다. 먼저 선거운동기간 13일이 유권자에게 후보자를 알리기에는 부족하다는 현행법의 기간제한 조항에 대해 현시점에서는 선거운동

장기화에 따른 과열·혼탁 등의 심각한 부작용이 초래될 우려가 있어 헌법위반이 아니라고 판결하였습니다. 그리고 합동연설회·공개토론회가 선거운동방법에 제외된 것은 선관위가 모든 조합을 관리하는 것은 현실적으로 불가능하고, 다른 단체의 관리는 공정성을 보장하기 어렵고 농번기 등으로 조합원이 모이는 것도 쉽지 않고, 인기 영합적 공약 남발이나 청중동원을 위해 금품제공 우려가 있다는 이유로 헌법위반이 아니라고 판결하였습니다.

제12장

동시선거 이전 선거사례 및 유형분석

  사회자 : 지금까지 조합장 선거와 관련한 선출방법, 선거운동 등에 대해서 알아보았습니다. 다음은 전국 조합장 동시선거 이전 선관위 위탁선거에 대해 알아보는 것도 참고가 될 것이라 생각됩니다.

1 조합장 선거 경쟁률과 투표율

  신인식 : 과거의 결과를 보면 미래를 어느 정도 예측할 수 있다고 생각합니다. 그래서 먼저 중앙선거 관리위원회 "위탁선거총람" 제1집 자료를 근거로 말씀드리겠습니다. 그러나 자료의 제약으로 2005년도와 2006년도를 중심으로 분석하였습니다. 우선 2개 연도 농·축·수·산림조합의 조합장 선거 현황을 보면 2005년도에 각각 203개, 18개, 11개, 23개 조합에서 선거를 실시하였으며 2006년도에는 농·축·수협이 각각 405개, 45개, 34개로 증가하였으며 산림조합은 7개로 감소하였습니다.

사회자 : 2006년도에는 2005년도에 비해 선거조합수가 농·축·수협은 증가한 반면, 산림조합은 감소하였군요. 다음은 선거조합의 선거인수 별 조합현황을 설명해주시지요.

신인식 : 2005년과 2006년 조합장 선거를 실시한 746개 조합의 선거인수(조합원수)별 조합 현황을 보면 1,000명 이상 1,500명 미만이 313개 조합(42 %)으로 가장 많고 다음으로 1,500~2,000명 미만이 183개 조합(24.5%)입니다. 선거인수가 1,000명 미만인 조합도 46개(6.2%)이며 3,500명 이상인 조합도 44개(5.9%)나 됩니다.

〈표 2〉 2005~2006년 선거인수별 조합 현황

단위 : 개, %

구분	계	1,000 미만	1,000~ 1,500	1,500~ 2,000	2,000~ 2,500	2,500~ 3,000	3,000~ 3,500	3,500 이상
조합수	746	46	313	183	88	43	29	44
구성비	100.0	6.2	42.0	24.5	11.8	5.7	3.9	5.9

사회자 : 선거인수(조합원수) 1천 명 이상 2천 명 미만 조합이 66.5%로 가장 많군요. 다음은 선거조합의 경쟁률을 알아보지요.

신인식 : 조합장후보자 등록수별 조합현황을 살펴보면 2년간(2005~2006년) 조합장 선거를 실시한 746개 조합에서 후보자 등록 수는 2,058명으로 약 2.8 : 1의 경쟁률을 보였습니다. 1인 후보자 등록으로 무투표 조합이 93개로 전체의 12.5%에 달하였습니다. 2~3인의 후보자 조합이

687개(65%)로서 가장 많았으며 6인 이상 후보자가 난립한 조합은 약 3%에 불과하였습니다.

〈표 3〉 후보자 등록수별 조합 현황

단위 : 개, 명

조합수	후보자 총수	1인 (무투표)	2인	3인	4인	5인	6인 이상
746	2,058	93	284	203	97	48	21

🔁 **사회자** : 조합장 선거경쟁률을 보면 2~3인이 경쟁한 조합이 65%로 가장 많았군요. 다음은 조합장선거 유권자의 투표율에 대해서 설명해 주시지요.

🔁 **신인식** : 2005~2006년도 투표율은 전국 평균 81.3%로 농협이 83%로 가장 높았고 산림조합이 61.7%로 가장 낮았습니다.

〈표 4〉 조합별 전국평균 투표율

단위 : %

구분		전체 평균	농협	축협	수협	산림조합
투표율	2005~2006	81.3	83.0	79.7	77.0	61.7

🔁 **사회자** : 조합장 선거는 선거구가 좁기 때문인지 투표율이 높군요. 다음은 조합장선거결과 선거법 위반행위도 있었으리라 생각됩니다. 이

에 대한 선거관리위원회의 예방활동과 위법행위 조치현황에 대해서 말씀해 주시지요.

② 선거법 위반행위 조치 및 예방활동

🔁 **신인식** : 먼저 선거관리위원회의 조합장선거 위법행위 조치 및 예방활동에 대해서 말씀드리겠습니다. 선거관리위원회는 후보자, 조합원 또는 조합직원 등이 법을 몰라 위반하는 사례가 발생하지 않도록 관계 법규와 위반사례(예시) 등을 지속적으로 안내하는 한편, 각종 홍보물에는 신고포상금 제도와 과태료 규정을 게재하여 발송하는 등 공명선거 분위기 조성에 노력하였습니다. 신고·제보자 포상금 지급기준은 공직선거에 준하여 선거관리위원회와 위탁조합이 협의·결정하였으며, 지급 절차는 선거관리위원회가 결정한 액수를 당해 조합으로부터 납부 받아 신고·제보자에게 익명으로 지급하였습니다.

🔁 **사회자** : 선관위에서 선거법 위반행위 예방을 위해 많은 노력을 하는 군요. 다음은 위법행위 단속은 어떻게 하는지 설명해주시요.

🔁 **신인식** : 위법행위 단속을 위한 단속반은 조합의 규모와 지역 실정 등을 감안하여 가급적 최소 인력으로 편성하여 낭비요인을 없애는 대신, 금품·향응 제공 등 조합장선거의 고질적인 병폐를 근절하는 데 집중하여 감시·단속 효과의 극대화를 지향하였습니다. 특히 선거부정

감시단은 조합원, 조합의 전직 임·직원, 관련단체의 구성원 등 선거정보를 잘 알 수 있는 사람을 선정하여 구·시·군별 6~15인으로 구성하였고, 비공개 신고·제보 감시단원을 운영하여 조합장선거의 신고·제보 기피 현상을 극복하는데 노력하였습니다.

2005년도와 2006년도에 실시한 조합장선거 위법행위 단속반은 11,753명이며 이중 47%인 5,502명은 조합 전직 임·직원이며 42%인 4,889명은 선거부정 감시단이었습니다.

〈표 5〉 2005~2006년 위법행위 단속반 편성내역

단위 : 명

계	전임직원	공익요원	선거부정감시단
11,753	5,502	1,362	4,889

사회자 :선거법 위반행위 예방활동을 하고 선거부정 감시단을 운영하는 등 많은 노력에도 불구하고 위법행위는 있었을 것입니다. 위법행위 유형과 조치현황을 설명해주시지요.

신인식 : 적발된 위법행위는 사안의 경중과 선거 전체에 미치는 파급효과 등을 고려하여 금품·음식물 제공 행위 등 중대한 사안은 고발 또는 수사의뢰 하고, 명함 배부 등 비교적 경미한 사안은 경고 조치하는 등 재발 방지를 촉구하였습니다. 위법행위 조치사항을 구체적으로 보면 경고가 2005년, 2006년도 각각 53.4%, 43.3%로 가장 많았으며 다음으로 금품·음식물 제공이 같은 기간 각각 32%, 35%로 많았습니

<표 6> 위반행위 유형별 조치실적(2005~2006년)

단위 : 건

구분	계	고발	수사의뢰	경고	주의	이첩
계	218/312	43/62	17/36	117/135	39/72	2/7
금품·음식물제공	70/108	26/39	14/25	24/32	5/9	1/3
선심관광·교통편의 제공	0/1	–	–	0/1	–	–
비방·흑색선전	1/13	0/2	0/5	1/2	0/1	0/3
시설물설치 등	2/8	–	–	1/3	1/5	–
인쇄물배부 등	21/30	3/7	2/1	12/15	4/6	0/1
간행물불법배부	1/2	0/2	–	1/0	–	–
홍보물발행	1/1	–	–	1/1	–	–
신문방송 등 부정이용	1/2	–	–	1/0	0/2	–
연설회 등 관련	0/1	–	–	0/1	–	–
집회·모임 등 이용	11/19	–	1/0	6/11	4/8	–
여론조사·서명운돈 관련	1/0	–	–	–	–	1/0
선거관리침해	1/0	1/0	–	–	–	–
호별방문	47/48	4/6	0/1	35/29	8/12	–
회견·보도자료 등 이용	0/1	–	–	0/1	–	–
사이버이용	0/2	–	–	0/2	–	–
전화이용	34/42	2/3	0/2	25/21	7/16	–
허위 학·경력개제	3/2	1/1	–	1/1	1/0	–
기타	25/32	7/2	0/2	9/15	9/13	–

다. 그리고 회견·보도 자료 이용, 허위 학력·경력 게제 순으로 나타났습니다.

🔁 **사회자** : 선거관리위원회가 공명선거 분위기 조성에 의한 공정한 조합장선거를 위한 노력을 많이 하였군요. 조합장 출마자가 가장 궁금해 할 것 같은 당선회수 즉, 초·재선·다선 조합장(3선 이상)의 비율에 대해 말씀해 주시지요.

3 조합장 당선자 현황

1. 당선횟수

🔄 **신인식** : 선거관리위원회에서 2005년, 2006년 2개년도 당선인의 당선횟수를 협동조합별로 발표하였습니다. 2년 동안 농협·축협·수협·산림조합의 선거조합수가 746개 조합이므로 당선인수가 746명입니다. 협동조합별로 보면 농협·축협·수협·산림조합이 각각 608명, 63명, 45명, 30명입니다. 당선횟수를 보면 초선이 51.3%, 재선이 32.3%이며 3선 이상은 16.4%입니다. 이를 협동조합별로 보면 농·축협 합산은 초선이 52%, 재선 및 3선 이상이 각각 34%, 14%입니다. 수협 및 산림조합은 초선의 비율이 각각 40%, 57%, 재선이 각각 36%, 27%이므로 3선 이상의 비율은 각각 24%, 17%로 나타났습니다. 이를 보면 다선 조합장이 되기 쉽지 않다는 것을 알 수 있습니다.

〈표 7〉 당선횟수별 당선인수

단위 : 명

구분	당선인수	초선	재선	3선	4선	5선	6~9선
합계	746	383	241	83	22	6	11
농협	608	320	190	69	14	4	11
축협	63	28	27	6	1	1	
수협	45	18	16	5	6		
산림	30	17	8	3	1	1	

사회자 : 2005~2006년 선거에서 농·축·산림조합은 50% 내외의 현직 조합장이 낙선을 하였으며 3선 이상의 다선이 어렵다는 얘기군요. 그리고 협동조합별로는 수협이 상대적으로 다선의 비율이 높았다고 볼 수 있군요. 다음은 조합장의 연령에 대해 분석해 주시지요.

2. 당선자의 연령

신인식 : 당선인의 연령을 보면 농협·축협·수협은 50대가 각각 57%, 49%, 67%로 가장 많은 반면 산림조합은 60대가 47%로 가장 많았습니다. 다음으로 많은 연령은 농협·수협이 60대, 축협은 40대, 산림조합 50대 순입니다.

<표 8> 성별·연령별 당선인수(2005~2006년)

단위 : 명

구분		당선인수	남성	여성	40대	50대	60대	70대
계		746	745	1	141	422	174	9
조합별	농협	608	607	1	111	350	138	9
	축협	63	63	-	21	31	11	-
	수협	45	45	-	4	30	11	-
	산림	30	30	-	5	11	14	-

사회자 : 대체적으로 축협조합장의 연령이 낮은 편이고 산림조합은 높은 편이라고 볼 수 있군요. 다음은 당선자의 학력에 대해서 설명해주시지요.

3. 당선자의 학력

신인식 : 2005~2006년도 협동조합 전체(농·축·수·산림) 조합장 당선자의 학력은 대졸 이상이 27%, 고졸이 49%, 중졸 이하가 21%입니다. 협동조합별로 보면 대졸 이상이 농협·축협·산림·수협이 각각 28%, 25%, 23%, 18%이며, 중졸 이하의 비율은 농협·축협·산림·수협이 각각 23%, 22%, 24%, 27%입니다.

〈표 9〉 학력별 당선인수(2005~2006년)

단위 : 명

구분		당선인수	미기재	초졸 이하	중졸 이하	고졸 이하	대졸 이하	대학원졸 이하
계		746	22	69	84	367	182	22
조합별	농협	608	17	54	71	293	155	18
	축협	63	3	6	5	33	14	2
	수협	454	-	7	5	25	7	1
	산림	30	2	2	3	16	6	1

제13장

전국 제1·2회 조합장 동시선거

① 농·수·산림 조합장 당선자 현황

➤ **사회자** : 당선자에 대해서 알아보기 전에 먼저 조합원의 참여도를 알아보기 위한 조합별 선거조합수와 투표율에 대해서 말씀해 주시지요.

➤ **신인식** : 중앙선거관리위원회의 제2회 전국동시조합장 선거 요약 (2019. 7) 자료를 중심으로 설명하겠습니다. 농·수·산림조합동시선거 실시조합 수를 보면 조합 전체는 제1회 1,326개 조합에서 제2회에서는 1,344개 조합으로 18개 조합이 증가하였습니다. 같은 기간 협동조합별로 보면 농협이 각각 1,115개, 1,114개이며 전체의 84.1%, 82.9%로 가장 많았습니다. 다음으로 산림조합이 129개 조합에서 제2회에는 140개로 11개가 증가하였으며 수협도 82개에서 90개로 증가하였습니다.

〈표 10〉 조합별 선거 조합 수

구분	농협	축협	수협	산림	계
제1회 동시선거	1,115(84.1)		82(6.2)	129(9.7)	1,326(100.0)
제2회 동시선거	1,114(82.9)		90(6.7)	140(10.4)	1,344(100.0)

💫 **사회자** : 다음은 조합별 경쟁률에 대해서 설명해주시지요.

💫 **신인식** : 제2회에서 전체 1,344개 조합에 출마를 등록한 후보자는 총 3,475명으로 평균 2.6대 1의 경쟁률을 보였으며 이는 제1회 동시선거 평균 경쟁률 2.7대 1보다 0.1%포인트 낮아졌습니다. 이를 조합별로 보면 농협은 2.7:1에서 2.6:1로 낮아진 반면, 산림조합은 2.2:1에서 2.3:1로 높아졌으며, 수협은 2.5: 1로 변화가 없었습니다.

〈표 11〉 조합별 경쟁률

구분	전체 조합 수	전체 후보자 수	평균 경쟁률	농협			수협			산림		
				조합 수	후보자 수	경쟁률	조합 수	후보자 수	경쟁률	조합 수	후보자 수	경쟁률
제1회	1,326	3,523	2.7:1	1,115	3,037	2.7:1	82	205	2.5:1	129	281	2.2:1
제2회	1,344	3,475	2.6:1	1,114	2,929	2.6:1	90	227	2.5:1	140	319	2.3:1

💫 **사회자** : 투표율(투표참가자수/총선거인수)을 조합별 동시선거 이전, 제1회와 제2회 전국동시선거로 구분하여 알아봅시다.

💫 **신인식** : 제1회 전국조합장동시선거 조합별 투표율을 보면 농·축협이 81.7%, 수협과 산림조합이 각각 79.7%, 68.3%로 산림조합의 투표율이 가장 낮았습니다. 그러나 2005~2006년도에 비해 산림조합의 참여율은 61.7%에서 68.33%로 크게 높아졌습니다. 제2회는 제1회에 비해 전체적으로 0.5%의 투표율이 높아졌으며, 조합별로 보면 농·축협

은 1%, 수협은 1.4% 높아진 반면 산림조합은 0.2% 낮아졌습니다. 조합장 선거 투표율은 2014년 6.4 지방선거 투표율 56.8%보다 크게 높았습니다. 지역별 제2회 투표율을 보면 85% 이상이 3개 지역으로 대구(87.7%)·광주(86.2%)·대전 (85.1%)이며, 80% 이상 85% 미만 지역이 9개 지역으로 경남(82.5%)·서울(82.1%)·경북(81.5%)·제주(80.9%)·세종(80.6%)·충남(80.6%)·전남(80.6%)·전북(80.4%)·강원(80.2%)입니다. 그리고 80% 미만으로 낮은 지역이 울산(79.7%)·충북(78.6%)·인천(77.7%)·부산(75.7%), 경기(75.4%) 지역으로 나타났습니다.

〈표 12〉 투표율(%)

구분	농협	축협	수협	산림	계
2005~2006	83.0	79.7	77.0	61.7	81.3
제1회 동시선거	81.7		79.7	68.3	80.2
제2회 동시선거	82.7		81.1	68.1	80.7

주 : 2014년 6.4 지방선거 투표율 56.8%임.

🔁 **사회자** : 단독출마 즉 무투표당선조합 현황을 협동조합별로 설명해 주시지요.

🔁 **신인식** : 제2회 전국동시선거에서 단독 출마에 의한 무투표당선조합장은 총 204명(15.2%)인데, 조합별로 보면 농·축협조합장 153명(13.7%, 중앙회 비회원 조합 조합장 3명 포함), 수협조합장 15명(18.3%), 산림조합장 36명(27.9%)으로 산림조합의 무투표 당선자 비율이 가장 높았으며, 농·축협이 가장 낮았습니다.

사회자 : 농·축협의 무투표당선자비율이 가장 낮다는 것은 타 조합에 비해 경쟁이 심하다는 의미겠지요. 그러면 초선조합장 즉, 교체조합현황에 대해서 설명해주시지요.

신인식 : 선거시기별 초선 조합장비율을 보면 전체 조합이 2005~2006년도 51.3%, 제1회와 제2회가 각각 46.2%, 42.3%로 낮아졌습니다. 이는 재선의 비율이 높아진데 있다고 봅니다. 협동조합별로 보면 농·축협이 2005~2006년 51.9%, 제1회와 제2회가 각각 46.6%, 41.7%로 점차 낮아지는 추세입니다. 반면에 수협은 같은 시기 40%, 46.3%, 48.9%로 높아지는 추세로 나타났습니다. 산림조합은 농·축협과 같은 추세를 보이고 있습니다. 즉, 농협과 산림조합은 초선조합장 비율이 낮아진 반면 수협은 높아졌습니다.

〈표 13〉 조합별 초선조합장 비율

구분	농협	축협	수협	산림	계
2005~2006	52.6 (320/608)	44.4 (28/63)	40.0 (18/45)	56.7 (17/30)	51.3 (383/746)
제1회 동시선거	46.6 (517/1,115)		46.3 (38/82)	44.2 (57/129)	46.2 (612/1,326)
제2회 동시선거	41.7 (465/1,114)		48.9 (44/90)	42.9 (60/140)	42.3 (569/1,344)

사회자 : 다음은 조합장 당선자의 연령별 현황을 조합별, 선거시기별로 설명해 주시지요.

🔹 **신인식** : 당선자 연령별 현황을 조합별로 농협은 40대 당선자비율이 2005~2006년 19.7%에서 제1회와 제2회의 동시선거에서는 각각 4.9%, 1.9%로 그 비중이 크게 감소하였습니다. 반면에 60대 이상의 비율은 같은 기간 23.5%, 37.3%, 58.7%로 크게 증가하였습니다. 50대의 비율은 같은 기간 2005~2006년도와 제1회 동시선거에서는 각각 56.8%, 57.8%로 큰 차이가 없었으나 제2회 선거에서는 39.4% 그 비중이 낮아졌습니다. 농협의 조합장 연령은 제1회 동시선거 까지는 50대의 비율이 가장 높았으나 제2회에서는 60대 이상의 비율이 가장 많았습니다. 이러한 현상은 수협과 산림조합에서도 나타났습니다. 즉, 조합장 연령이 60대 이상의 비율은 크게 높아진 반면 40대는 크게 낮아졌습니다. 이는 기대수명 증가와 더불어 투표자인 조합원의 연령이 높은 데도 원인이 있다고 볼 수 있습니다.

〈표 14〉 당선자 연령

구분		40대	50대	60대 이상	계
2005~ 2006	농협	132(19.7)	381(56.8)	158(23.5)	671(100.0)
	수협	4(8.9)	30(66.7)	11(24.4)	45(100.0)
제1회 동시선거	농협	42(4.9)	575(57.8)	498(37.3)	1,115(100.0)
	수협	1(1.2)	42(50.6)	39(48.2)	82(100.0)
	산림	4(3.1)	49(38.0)	76(58.9)	129(100.0)
제2회 동시선거	농협	26(1.9)	530(39.4)	788(58.7)	1,334(100.0)
	수협	3(3.3)	28(31.1)	59(65.6)	90(100.0)
	산림	2(1.4)	55(39.3)	83(59.3)	140(100.0)

② 농협 당선자와 유권자 분석

사회자 : 농협에 대해 구체적으로 설명하기 전에 조합별 유권자 즉 선거인수 현황에 대해 먼저 알아보는 것도 좋을 것 같군요.

신인식 : 확정된 선거인명부에 의한 선거인구 현황을 제1회와 제2회를 비교하여 보면, 제2회 총선거인수는 2,216,844명으로 제1회 2,299,901명에 비해 83,057명으로 3.6% 감소하였습니다. 협동조합별로 보면 농협은 7.5% 감소한 반면 수협과 산림조합은 같은 기간 각각 12.7%, 20.6%로 크게 증가하였습니다.

사회자 : 선거인수 즉 조합장선거유권자수는 조합의 조합원수 즉, 조합원 자격이 있는 농업·수산업·산림업종사자수와 비례한다고 볼 수 있겠지요. 그러면 연령별 비중은 어떤 변화가 나타나는지요.

신인식 : 먼저 전체 연령별 선거인수 변화를 보면 40대 이하의 제1회 비중은 12.1%이었으나 제2회에서는 9.5%로 낮아졌습니다. 조합별로도 같은 추이를 나타내고 있습니다. 이러한 추이는 50대에서도 같은 경향이 나타나고 있습니다. 반대추이를 나타내는 연령은 60대와 80대 이상에서 나타났으며 70대의 비중은 큰 변화가 없었습니다.

<표 15> 연령별 선거인수 현황(확정선거인 명부 기준)

구분		합계	~40대	50대	60대	70대	80대~	법인
제1회	계	2,299,901 (100.0)	277,508 (12.1)	601,669 (26.1)	638,640 (27.8)	582,937 (25.3)	198,063 (8.6)	1,084 (0.1)
	농협	1,951,592 (100.0)	237,477 (12.2)	514,872 (26.4)	541,896 (27.8)	492,998 (25.2)	163,632 (8.4)	717 (0.0)
	수협	109,485 (100.0)	16,259 (14.8)	30,340 (27.8)	30,588 (27.9)	24,447 (22.3)	7,755 (7.1)	96 (0.1)
	산림	238,824 (100.0)	23,772 (10.0)	56,457 (23.6)	66,156 (27.7)	65,492 (27.4)	26,676 (11.2)	271 (0.1)
제2회	계	2,216,844 (100.0)	209,675 (9.5)	507,479 (22.9)	689,414 (31.1)	557,756 (25.2)	250,718 (11.3)	1,802 (0.0)
	농협	1,805,415 (100.0)	168,387 (9.3)	418,632 (23.2)	566,348 (31.4)	454,057 (25.1)	196,982 (10.9)	1,000 (0.1)
	수협	123,408 (100.0)	15,796 (12.8)	28,710 (23.3)	37,154 (30.1)	28,770 (23.3)	12,672 (10.3)	309 (0.2)
	산림	288,021 (100.0)	25,495 (8.8)	60,137 (20.9)	85,912 (29.8)	74,929 (26.0)	41,064 (14.3)	484 (0.2)

🔷 **사회자** : 지금부터 전국동시선거 조합의 80% 이상을 차지하고 있는 농협의 선거결과를 중점적으로 설명해 주시지요.

🔷 **신인식** : 먼저 농협 조합장 당선자의 경력을 보면 현직 조합장의 당선 비율이 가장 높은데 제1회 53.4%에서 제2회 58.1%로 높아졌습니다. 다음은 조합직원으로 제1회 17.2%, 제2회 17.6%로 비슷한 비중입니다. 그리고 이감사의 비중은 같은 기간 18.4%에서11.3%로 낮아졌습니다. 공무원 의원 등 기타가 1회 2.6%에서 6.3%로 증가하였습니다. 이를 보면 조합장 경력이 다양화되고 있다고 하겠습니다.

<표 16> 농협 당선자 경력

구분	조합수	현 조합장	전 조합장	이사	감사	조합 직원	대의원	농업 경영인	공무원, 지방의회 의원	기타
제1회	1,109 (100.0)	592 (53.4)	54 (4.9)	163 (14.7)	41 (3.7)	191 (17.2)	10 (0.9)	29 (2.6)	13 (1.2)	16 (1.4)
제2회	1,105 (100.0)	642 (58.1)	41 (3.7)	91 (8.2)	34 (3.1)	195 (17.6)	9 (0.8)	24 (2.2)	24 (2.2)	45 (4.1)

🔊 **사회자** : 현조합장의 당선비율이 높아지는 것은 조합장 진입이 어려워진다는 것이지요. 그럼 조합장 당선자의 재임회수별 현황을 알아보는 것도 의미가 있겠지요.

🔊 **신인식** : 당선자의 재임회수를 보면 초선이 제1회와 제2회에서 각각 41.7%, 41.9%로서 큰 변화를 보이지 않고 있으나 재선은 같은 기간 30.7%에서 33.7%로 증가하였습니다. 이에 따라 3선 이상의 비율은 제1회 27.6%에서 제2회 24.3%로 낮아졌습니다. 이를 보면 다선 조합장이 되기 어렵다는 것을 알 수 있습니다.

<표 17> 농협 당선자 재임회수별 현황

구분	조합수	초선	재선	3선	4선	5선	6선	7선 이상
제1회	1,109 (100.0)	463 (41.7)	340 (30.7)	175 (15.8)	77 (6.9)	38 (3.4)	8 (0.7)	8 (0.7)
제2회	1,105 (100.0)	463 (41.9)	372 (33.7)	158 (14.3)	66 (6.0)	25 (2.3)	16 (1.4)	5 (0.5)

🔹 사회자 : 다선이 어렵다고 하였는데 다선 조합장이 되기 위해서는 어떻게 해야 되는지요?

🔹 신인식 : 어떻게 하면 다선 조합장이 된다고 구체적으로 말씀드리기는 어렵습니다. 추상적이나 농협직원과 조합원 및 조합장과 대화를 해본 결과 조합원에게 신뢰를 받는 것이 가장 중요하다고 생각합니다. 다음으로 조합원에게 실익을 줄 수 있는 사업을 할 수 있는 경영능력이 있어야 된다고 합니다. 그러니까 조합장의 역할이 지역을 관할구역으로 하는 경영체인 조합을 독립적으로 운영한다고 볼 수 있으므로 조합장은 농협의 최고경영자이며 지역사회 최고지도자입니다. 그러므로 농협 경영능력뿐만 아니라 지역사회 발전에 큰 영향을 미치므로 이에 대한 역할 확대도 다선에 도움이 되지 않을까 생각합니다. 다음으로 무엇보다 조합원의 실익사업 즉, 개별조합원에게 경제적 이익을 주어야 하겠지요.

🔹 사회자 : 제1회와 제2회 동시선거에서 농협조합장 당선자의 특이사항이 있으면 얘기해 주시지요.

🔹 신인식 : 제2회 동시선거 결과 최연소 당선자는 42세이며, 최다선 조합장은 제1회 11선, 제2회 10선입니다. 그리고 최고득표조합장은 득표율 90%를 상회하였으며, 최저 득표로 당선된 조합장은 득표율 20% 미만이었습니다. 여성조합장은 제1회에서는 전국에서 19명이 입후보하여 5명이 당선되었으며, 제2회에서는 당선자가 8명으로 재선 4명, 초선 4명이었습니다.

💬 **사회자** : 선관위가 제1회 동시선거에 대해 조합장후보자와 유권자를 대상으로 조사하였다는데 먼저 조합장 후보자 대상설문결과에 대해 말씀해 주시지요.

💬 **신인식** : 선관위에서 지역농협·품목농협 조합장 후보자 2,600여명을 대상으로 조사한 결과를 보면 조합원 자격유지 기간이 평균 24년 4개월인데 이중 15년 이상 자격유지조합원이 83.4%(2,428명)로 대다수이며, 5년 미만은 2.2%(58명)에 불과합니다. 그리고 전국 조합원 평균출자좌수가 700좌(3,500,000원)인데 후보자 평균출자좌수는 3배인 2,100좌(10,500,000원)입니다. 사업이용실적도 예·적금 평균잔액 5,700만 원, 경제사업 평균이용실적 4,300만원으로 높았습니다.

💬 **사회자** : 조합장 출마자가 일반조합원보다 조합원 자격 유지기간이 길고 사업이용실적도 많군요. 다음은 조합장 선거유권자 대상 의식조사 결과를 설명해 주시지요.

💬 **신인식** : 조합장 선거에 참여한 농림어업인 1,000명 대상 전화면접에 의한 유권자 의식조사결과를 요약하여 보면 첫째, 후보자의 선거법 위반행위를 직접목격하거나 들은 경험 있나? 라는 문항에 없다 89.9%, 주변에서 들어 본적 있다 9.4%, 직접 목격한적 있다는 0.7%이었습니다. 다음으로 과거에 비해 선거가 투명하였다고 응답한 비율이 70.8%이었으며 그 이유로 조합원의 공명선거의식향상 44.8%, 선관위의 적극적인 감시·단속활동 32.9%, 후보자의 준법선거 노력이 13.3%로 나타났습니다. 이번 선거가 혼탁했다고 답변한 8.8%의 이유를 보면

후보자들의 돈 선거 증가가 35.2%, 언론의 불법행위 집중보도 32.6%, 조합원의 금품 요구증가 10.2%, 선관위, 검·경의 적발건수 증가 8.0% 순이었습니다. 후보자들이 선거법을 잘 준수하였다고 생각하는가? 라는 질문에 과거에 비해 잘 지켰다 28.7%, 대체로 잘 지켰다 56%, 준수하지 않았다 8.3% 순이었습니다.

🔹 **사회자** : 다음은 유권자의 의사결정을 위한 후보자의 정보에 대한 설문결과는 어떻습니까?

🔹 **신인식** : 후보자에 대한 정보가 의사결정을 하기에 충분 했는가? 라는 설문에 매우 충분했다 59.3%, 어느 정도 충분했다 31.7%, 별로 충분하지 못했다 31%, 전혀 충분하지 못했다 9.6% 순이었습니다. 후보선택에 도움이 된 사항은? 의 설문에 주변의 평판이 39.4%, 후보자의 선거벽보·선거공보 32.4%, 후보자의 문자메시지 14.9% 순이었습니다. 조합장선거에서 개선이 필요한가라는 문항에 선거운동방법 확대가 37%, 현 제도가 바람직하다고 응답한 비율이 31.9%, 돈 선거 근절방안 마련이 22.4% 등이었습니다.

선거운동 방법 확대 때 필요한 제도로 합동연설회가 49.3%로 가장 많았고, 다음으로 언론기관 및 단체의 대담·토론회 21.3%, 예비후보자 제도가 13.6%, 후보자 배우자 및 직계존비속의 선거운동 허용 9.7%, 현수막 게시 2.9%이었습니다.

🔹 **사회자** : 유권자인 조합원이 조합장에게 바라는 점은 어떤 것입니까?

⚡ **신인식** : 당선자에게 바라는 점으로는 조합의 미래 청사진 마련 27.9%, 조합원·직원의 복지향상 26.2%, 정책·공약 준수 23.6%, 조합원들의 화합 20.1% 순이었습니다.

⚡ **사회자** : 유권자 의식조사결과를 보면 대체로 과거에 비해 선거가 투명하다고 보았으며, 이는 조합원의 공명선거의식 향상이라고 하였군요. 그리고 후보자들이 선거법을 잘 준수하였다고 생각하였으며, 후보자에 대한 정보가 불충분 했다는 의견도 31%나 되었군요. 후보선택에 가장 도움이 된 사항은 주변의 평판이라고 하였으며, 선거운동 확대와 이를 위해 합동연설회의 요구가 많았군요. 다음은 선거법 위반사례 등에 대해 논의해 보지요.

③ 농협법·위탁선거법 위반 사례

⚡ **사회자** : 선거법위반행위와 처리결과를 선거시기별(동시선거 이전, 제1회와 제2회 동시선거)로 설명해 주시지요.

⚡ **신인식** : 먼저 선거법위반행위 건수를 선거시기별로 보면 동시선거 이전(2005~2006)과 동시선거 제1회와 제2회가 각각 530건, 867건, 723건으로 조합당 각각 0.71건, 0.65건, 0.53건으로 점차 감소하였습니다. 선거법위반행위건수에서 차지하는 고발건수의 비중을 보면 2005~2006년도 20%이던 것이 제1회 동시선거에서는 19.7%로 비슷하였으

나, 제2회에서는 25.6%로 높아졌습니다. 반면에 제2회가 제1회보다 고발건수의 비중은 증가한 반면 수시의뢰비율은 낮아졌습니다.

🔁 사회자 : 제2회 동시선거에서 제1회보다 고발건수의 비중은 높아졌으나 수사의뢰비율이 낮아진 원인은 무엇이라고 생각하는지요?

🔁 신인식 : 제2회 동시선거에서는 돈 선거 등 중대선거범죄에 단속역량을 집중한 결과 고발건수는 증가한 반면 수사의뢰는 크게 감소하였습니다.

〈표 18〉 선거시기별 선거위반행위 처리결과

구분	선거 조합 수	계	고발	수사의뢰	경고 등
2005~2006	746	530(100.0)	105(20)	53(10)	372(70)
제1회	1,326	867(100.0)	171(19.7)	56(6.5)	640(73.8)
제2회	1,344	723(100.0)	185(25.6)	19(2.6)	519(71.8)

🔁 사회자 : 다음은 선거법 위반행위에 대한 유형별 조치현황을 설명해주시지요.

🔁 신인식 : 위법행위 유형별 조치현황을 보면 돈 선거 적발에 단속역량을 집중한 결과 금품·음식물 제공 등 기부행위가 제1회 349건으로 가장 많아 40.3%를 차지하였으나, 제2회에서는 259건으로 감소한 반면 고발건수는 117건에서 143건으로 증가하였습니다. 선관위와 협동조합의 적극적인 안내·예방활동과 조합원 대상 홍보강화로 호별방문이

나 인쇄물·시설물 등과 관련된 불법선거운동은 감소하였으나, SNS 이용이 증가함에 따라 전화·정보통신망을 이용한 불법행위는 증가하였습니다.

🔸 **사회자** : 지역별 위법행위 조치현황자료가 있으면 설명해주시지요.

🔸 **신인식** : 제2회 동시선거의 지역별 조치현황을 보면 충남·경북·전남·경기 4개도에서 전체 조치건수의 54.2%인 392건을 조치하였습니다. 서울특별시와 6개 광역시의 조치건수는 124건으로 전체의 17.2%에 불과하여 도심지역보다 농·어촌지역의 조치건수가 많았으나 대체로 조치건수는 선거 조합 수에 비례하는 것으로 나타났습니다.

〈표 19〉 위법행위 유형별 조치현황

구분		계	기부 행위	비방· 허위사실 공표	인쇄물· 시설물	전화 이용	정보 통신망 이용	호별 방문	기타
제 1 회	계	867	349	54	117	211	2	54	80
	고발	171	117	9	15	26	1	3	
	수사의뢰	56	39	7	5	2			3
	경고등	640	193	38	97	183	1	51	77
제 2 회	계	723	259	40	90	220	41	27	46
	고발	185	143	15	13	7	2	2	3
	수사의뢰	19	11	3	2		1		2
	경고등	519	105	22	75	213	38	25	41

😊 **사회자** : 지금까지 선관위 위탁조합 전체에 대해서 설명하였는데 조합별로 알아보는 것도 의미가 있다고 봅니다.

😊 **신인식** : 조합별 조치현황을 보면 농협이 604건으로 가장 많고 산림조합·수협 순으로 조합 수에 비례하는 것으로 나타났습니다.

〈표 20〉 제2회 전국동시조합장 선거 조합별 위법행위 조치현황

조합	선거 조합 수	위법행위 조치				
		계	고발	수사의뢰	이첩	경고
계	1,344	723	185	19	19	500
농협	1,114	604	152	15	14	423
수협	90	42	17	2	2	21
산림	140	77	16	2	3	56

😊 **사회자** : 신고자 포상금 지급 및 지급사례에 대하여 설명해주시지요.

😊 **신인식** : 제2회 동시선거에서 신고·제보 활성화 특별대책의 일환으로 신고자 포상금 최고액을 기존 1억 원에서 3억 원으로 상향하고 이를 적극 홍보하였습니다. 그 결과 지급된 포상금은 16건으로 23명에게 3억 5천 4백만 원이 지급되어 신고자 1인당 평균지급액은 15,415천 원이었습니다. 입후보예정자가 조합원가구를 방문하여 조합원 10명에게 현금 총 550만 원을 제공한 건에 대하여 신고자 4명에게 포상금 총 1억원을 지급한 사례도 있었습니다.

사회자 : 선거법위반에 대한 과태료 부과 및 부과사례에 대하여 설명해주시지요.

신인식 : 선관위는 과태료 부과에 대한 심적 부담으로 신고·제보를 꺼리는 정서와 선거인의 다수가 고령인 조합원인 점등을 감안하여 후보자 측으로 부터 금품 등을 제공받은 자가 자수하는 경우에는 과태료 면제방침을 시행하는 한편, 자수자를 제외한 금품수수자에게는 과태료를 적극 부과하였습니다. 과태료 부과는 총7건으로 117명에게 총 5천 7백만 원을 부과하였으며, 식사모임에 참석하여 음식물·주류 등 향응을 제공받은 13명에게 과태료 2,137만 원을 부과한 사례도 있습니다. 1인당 평균과태료부과금액은 487천 원이며, 건당 최고액은 2,137만 원이었습니다.

사회자 : 동시선거의 선거법 위반사례를 알아보기 전에 많이 발생하는 위반사례가 어떤 규정의 위반인지를 알아보는 것이 이해에 도움이 된다고 생각합니다.

신인식 : 농협법·위탁선거법 등을 중심으로 위반하기 쉬운 규정을 말씀드리겠습니다. 먼저 기부행위와 화환, 화분제공에 대해 말씀드리겠습니다. 이는 기부행위 제한기간 전과 후가 다릅니다. 기부행위 제한 기간은 농협법 제50조의2, 1항에 지역농협의 임원 선거 후보자, 그 배우자 및 후보자가 속한 기관·단체·시설은 임원의 임기만료일 전 180일(보궐선거 등의 경우에는 그 선거의 실시 사유가 확정된 날)부터 그 선거일까지 조합원(조합에 가입 신청을 한 사람을 포함한다. 이하 이

조에서 같다)이나 그 가족 또는 조합원이나 그 가족이 설립·운영하고 있는 기관·단체·시설에 대하여 금전·물품이나 그 밖의 재산상 이익의 제공, 이익 제공의 의사 표시 또는 그 제공을 약속하는 행위(이하 "기부행위"라 한다)를 할 수 없다고 규정되어 있습니다.

사회자 : 기부행위 제한기간 중에는 기부행위를 할 수 없군요. 그러나 농·축협이 법령이나 정관 등에 따른 사업계획 및 수지예산에 따라 집행하는 금전·물품을 농·축협 명의로 제공하는 행위는 직무상의 행위로서 기부행위로 보지 않습니다. 단, 화환·화분을 제공하는 행위는 제외된다고 하는데…….

신인식 : 농·축협 명의로 제공하더라도 기부행위제한 기간 중에는 화환·화분제공은 금지됩니다. 즉, 기부행위 제한기간 외의 기간 중에는 가능합니다. 그러나 대상은 선거인, 선거인의 가족, 선거인이나 그 가족이 설립·운영하고 있는 기관·단체·시설에 해당 되지 않는 제3자에게는 기부행위제한 기간 중에도 가능합니다.

사회자 : 현직 조합장의 업무상행위가 사전선거운동 해당여부에 대해 논란이 많습니다.

신인식 : 현직 조합장은 선거와 관련 없이 업무상 등으로 투표권자인 조합원과 접촉이 많습니다. 그래서 현직 조합장이 유리하다는 얘기도 많이 나옵니다. 그러므로 법령이나 정관 등에 따른 사업계획 및 수지예산에 따라 실시하는 농·축협 행사에 조합장이 참석은 가능하나,

선거운동은 금지되므로 동 행사에 참석하는 경우에도 선거운동으로 오인할 만한 언행은 금지되어 있어 주의를 하여야 합니다.

사회자 : 현직 조합장이 선거운동기간 전에 문자메시지로 명절 및 계절문안인사를 할 경우, 조합장 직함, 또는 이름을 기재해도 됩니까?

신인식 : 선거운동기간 전 문자메시지 발송 시 조합장 직함 또는 이름을 기재할 경우 사전 선거운동에 해당될 수 있으므로 기재하지 않는 것이 바람직합니다.

사회자 : 조합장이 조합의 경비로 축의나 부의금품을 제공할 수 있습니까? 그리고 사례가 있으면…….

신인식 : 현직 조합장은 언제든지 조합의 경비로 관혼상제의식이나 그 밖의 경조사에 축의·부의금품을 제공하는 경우에는 해당 조합의 경비임을 명기하여 해당 조합의 명의로 제공하여야 합니다. 그러므로 해당 조합의 대표자의 직명 또는 성명을 밝히거나 그가 하는 것으로 추정할 수 있는 방법으로 하는 행위는 기부행위로 보며 2년 이하 징역 또는 2,000만 원 이하 벌금에 해당됩니다. 사례를 보면 조합원 5명에게 자신의 이름과 직책으로 경조사비 50만 원을 보냈으며, 재임시절 조합원 2명에게 개인경비 20만 원을 부의금으로 낸데 대해 1심은 벌금 70만 원을 선고하였습니다.

사회자 : 지금까지 조합장선거 위법행위 및 조치현황에 대해서 설명하였습니다. 이제 전국동시조합장선거 제1회와 제2회의 농협법 및

위탁선거법 위반에 대한 조치사례에 대해서 알아봅시다.

🔁 **신인식** : 위반사례는 금품수수, 사전선거운동, 비방 등 다양한 사례가 있습니다. 먼저 금품수수의 위반에 대한 조치사례를 말씀드리겠습니다. 금품수수에 대해 대부분의 구형 및 선고의 사례를 보면 "금품 살포는 불법선거 운동 중에 죄질이 가장 불량한 것"으로 볼뿐만 아니라 "농협 조합장 선거가 선거인 수가 적은 특성상 후보자의 행동이 선거 결과에 영향을 미칠 수 있는 만큼 당선 무효 형에 해당하는 판결"을 내린 사례가 많습니다.

🔁 **사회자** : 금품수수행위는 당선무효 형에 해당하는 판결이 많군요. 판결내용 전체를 설명하기는 어렵겠지만 언론기사 등을 참조하여 개략적으로나마 설명하는 것도 조합장 선거의 유권자와 출마자에게 도움이 되겠지요…….

🔁 **신인식** : 금품수수관련 위반사례는 다양한데 먼저 동창회 관련 위반사례를 보면, 선거운동기간 전 고교동기야유회에서 선거인 등에게 70만 원 상당의 식사와 기념품을 제공한 혐의로 벌금 300만 원이 확정된 사례가 있습니다. 초등학교 동창회에 찬조금 100만 원을 기부한 행위에 대해 피고가 동창회는 법상 기부행위 상대방에 해당하지 않고, 찬조행위는 위탁선거법에 금지하고 있는 게 아니라고 주장하였으나 1심에서 동창회 160여 명 중 조합원이 30여 명이며, 경쟁자와 표 차이가 40여 표이며, 동창회가 지역사회에 영향을 미치므로 벌금 100만 원을

선고하였으나, 2심에서는 유죄로 인정하나 기부행위가 선거에 직접적인 영향을 끼치지 않았을 것이라고 판단하여 벌금 80만 원을 선고한 사례가 있습니다.

그리고 마을노인회에 50여만 원 상당의 쌀을 제공하였고, 복지센터를 통해 경로당과 마을회관 40여 곳에 14만 원 상당의 쌀을 배부하여 1심에서 벌금 300만 원을 선고받아 조합장에 불출마한 사례도 있습니다.

사회자 : 동창회나 마을노인회 관련하여 설명하였습니다. 그러면 유권자인 개별 조합원에게 금품을 수수한 경우를 설명해주시지요.

신인식 : 조합원 B 씨에게 현금 30만 원 다른 조합원에게 현금 20만 원을 건넨 혐의에 대해 1심에서 "선거인 매수를 위한 금전제공행위는 선거의 공정성을 훼손할 뿐만 아니라 조합장 선거의 경우 선거결과에 미치는 영향도 커 엄한 처벌이 필요"하나 금전제공횟수 2회, 금액소액인 점을 고려하여 징역 6개월 집행유예 2년을 선고한 사례가 있습니다. 그리고 선거운동을 목적으로 50만 원을 건넨 혐의와 선거운동기간 전 문자메시지를 통해 사전선거운동을 하였다고 하여 대법원은 징역 6월, 집행유예 2년, 사회봉사명령 120시간을 선고하였으며, 돈을 받은 혐의자도 징역 4월, 집행유예 2년을 선고한 사례가 있습니다.

선거직전 사위이름으로 조합원 80여 명에게 약 300만 원 상당의 사과 80여 상자를 전달한 것에 대해 1심에서는 "기부 규모가 상당하고 기부행위가 당선에 영향을 미친 것으로 판단"하여 징역 1년, 집행유예 2년을 선고한 사례도 있습니다. 그리고 조합원에게 선거를 도와 달라며

100만 원을 제공한 혐의에 대해 2심은 반성하고 제공횟수와 금액이 적고 조합장 후보를 사퇴한 점을 고려하여 징역 6개월, 집행유예 2년을 선고한 사례도 있습니다.

사회자 : 금품수수에 대해서는 처벌이 매우 엄하여 모두 최종심은 아니나 징역형이 많군요. 그러면 조합장 직을 유지할 수 있는 벌금 100만 원 미만의 사례가 있으면 설명해주시지요.

신인식 : 보궐선거에서 조합원 1명에게 찾아가 100만 원을 전달한 뒤 음식물을 제공한 혐의에 대해, 100만 원 전달은 증거가 부족하고, 조합원은 조합원 자격이 없고 선거인명부에 등재될 자격이 없어 검찰 항소를 기각하였고, 음식물제공은 유죄인정으로 대법원은 벌금 50만 원의 원심을 확정한 사례가 있습니다.

사회자 : 금품수수의 경우는 당선 무효 형에 해당하는 구형과 선고가 많군요. 그러나 모든 사례가 최종판결이 아니기 때문에 다소 변동이 있을 수 있겠군요.

사회자 : 다음은 사전선거운동으로 인한 선거법 위반사례를 말씀해 주시지요.

신인식 : 사전선거운동은 대부분 문자메시지와 전화를 이용 하여 지지를 호소한 경우가 대부분입니다. 사례를 보면 의례적인 인사를 가장해 자신의 이름과 전 직함이 기재된 문자메시지를 전송하는 경우, 조합원 명부를 미리 확보한 뒤 선거운동기간 전 선거권이 있는 조합원을

대상으로 전화를 거는 경우, 조합원에게 편지를 보내는 경우, 기부행위의 약속, 현직 조합장이 조합원에게 자신의 이름이 담긴 신년인사 문자 메시지 및 연하장을 보낸 경우, 이사회 심의안건과 안부문자를 보낸 경우 등 다양합니다. 조합의 이사가 조합장의 업무상 횡령사건의 약식명령문과 이를 비판하는 편지를 작성하여 소속 조합원에게 발송한 행위도 위반행위에 해당됩니다.

사전선거운동에 대한 판결은 범행에 대한 반성 및 사전운동시기, 선거에 미치는 영향력, 초범여부 등 여건을 감안하여 판결하며 당선 무효형이 아닌 벌금 100만 원 미만도 많았습니다. 그리고 선거의 공정성과 객관성을 해치는 행위를 하고도 범죄행위를 부인하여 100만 원 이상의 벌금형을 받은 사례도 있습니다.

사회자 : 다음은 선거공보화상을 문자메시지에 첨부해 조합원의 휴대전화에 발송하는 것은 가능한지요.

신인식 : 선거공보 화상을 첨부 문자 발송한 농협조합장이 1심에서 벌금 300만 원을 선고하였으나 2심에서는 80만 원으로 감형한 사례가 있습니다. 내용을 보면 선거이전 4회 얼굴·약력·기호 등이 새겨진 선거공보화상을 문자메시지에 첨부해 조합원의 휴대전화로 발송한 혐의에 대해 1심은 조합원 3,450여 명 중 2,900여 명에게 4회 보냈으며 차점자와의 득표수 차이가 80여 표로 선거결과에 영향을 끼치지 않았다고 보기 어렵다고 판단하여 벌금 300만 원을 선고하였습니다. 그러나 2심에서는 범행을 모두 자백하며, 잘못을 반성하고 있는 점, 피고인

이 전송한 화상은 선거인들에게 배포되는 선거공보에 포함된 인쇄물과 동일한 화상인 점, 직원·조합원의 선처 탄원 등을 종합하여 벌금 80만 원으로 감형된 사례도 있습니다.

🔄 **사회자** : 문자메시지에 의한 사전선거운동은 최종판결은 아니나 당선 무효 형이 아닌 벌금 100만 원 미만도 많군요. 다음은 지자체장 선거와 연관되어 당선무효가 된 사례도 있습니까?

🔄 **신인식** : 조합장 선거와 관계없이 지자체장 선거를 도운 혐의로 현직 조합장에게 대법원이 벌금 200만원을 선고한 원심을 확정한 사례가 있습니다.

🔄 **사회자** : 다음은 허위사실유포에 대한 사례를 설명해주시지요.

🔄 **신인식** : 선거당일 투표소에서 인사를 하는 등 선거운동을 하였고 상대후보자가 돈 봉투를 돌렸다는 허위사실유포 혐의와 득표차이가 적어 선거결과에 영향을 미칠 가능성이 크다는 판단으로 대법원이 벌금 500만 원을 확정한 사례가 있습니다.

🔄 **사회자** : 현직 조합장이 선거전 영농회 총회를 개최하여 업적을 얘기하는 것은 사전선거운동에 해당 되는지요.

🔄 **신인식** : 법원의 원심과 항소심에서 영농회 총회개최를 선거일 이후로 연기하라는 농협과 선관위의 권고에도 불구하고 조합장이 총회를 개최하고 자신의 업적을 홍보해 사전선거운동에 해당된다며 벌금 300만 원을 선고한 사례가 있습니다.

🔁 사회자 : 조합장선거이전에 조합장출마자나 출마희망자는 조합원 명부가 필요한데 개인정보보호법에 의해 알 수 없다고 하는데 이에 대한 사례는 있는지요.

🔁 신인식 : 개인정보보호법 위반혐의로 1심에서 벌금 500만 원을 선고하였으나 사전선거운동혐의를 벗으면서 조합장직을 유지하게 된 사례가 있습니다. 즉, 직원이 퇴직 후 직원으로부터 조합원명부를 제공받아 인지도를 높이기 위해 생일축하나 건강문자메시지를 보내어 개인정보보호법 위반혐의로 1심에서 벌금 500만 원을 받았으나 문자 받은 조합원들이 처벌을 원치 않는다는 탄원서제출 및 문자메시지가 조합원 명부 받기 전에도 개인적으로 보낸 적이 있어 사전선거운동혐의를 벗으면서 조합장직을 유지하게 되었습니다.

🔁 사회자 : 다음은 임직원 대상 현직 조합장의 선거법 위반사례가 있으면 설명해주시지요.

🔁 신인식 : 조합장이 설 세뱃돈 명목으로 농협 임직원에게 1인당 2만 원 상당의 금품을 제공하고 연말 송년회에서 임직원과 배우자 등에게 400여만 원 상당의 음식물을 제공한 선거법 위반혐의에 대해 벌금 600만 원을 구형한 사례가 있습니다. 검찰은 피고인의 범죄는 공공단체선거의 공정성을 해치고, 선거가 임박해 조합장의 지위를 이용하여 공금을 사용한 것이라고 밝혔습니다. 이 사건의 고발자 A씨는 선관위로부터 550만 원씩 1, 2차로 나누어 1,100만 원의 포상금을 지급받았습니다.

🔁 사회자 : 끝으로 조합장 선거과정에서 규정해석상 논의가 있었던 것이 있으면 설명해 주시지요.

🔁 신인식 : 조합장후보의 배우자가 농협의 사업과 경업(경쟁영업) 관계에 있는 별도 법인의 임원이므로 부부로서 경제공동체라고 봐야 하므로 '농협법' 제52조 제4항에서 규정한 임직원 및 대의원의 자격에 위배된다는 것에 대해 선관위 측은 본 선거가 위탁선거에 따른 사무이므로 이의가 제기된 후보의 경업 여부는 농협 측에서 판단할 일이지 선관위에서는 결정할 권한이 없다는 입장이라고 했습니다.

해당농협은 이에 대해 "조합에서는 조경업을 사업범위에 포함하라는 중앙회의 공문에 따라 조경업 협회에 가입하고 매월 회비를 납부하고 있긴 하지만 실제 조합에서 조경사업을 진행했던 바가 없다"고 말했다. 때문에 "비사업분야인 이 사안을 두고 조합의 이사회를 열어 경업의 가부를 따질 수는 없다"며 자체 실무진 차원에서 경업이 아니라는 결론을 내리고 선관위에 답신한 것으로 전해졌습니다. 농협중앙회는 "경업관계에 대한 확인은 해당 조합의 이사회에서 결정하게 돼 있다"는 답변으로 본 사안은 이사회 의결이 절대적이라는 입장에서 해당농협이 이사회를 개최하지 않고 자체 임직원 차원에서 경업 여부를 판단하고 결정하는 것은 자칫 월권으로 비칠 수 있어 논란이 된다고 하였습니다.

🔁 사회자 : 다음은 현직 조합장이 이사회의결을 거치지 않고 직원의 특별성과급을 지급하는 경우에 대해서 사례를 들어 설명해주시지요.

🔁 신인식 : 이사회 의결을 제대로 거치지 아니하고 임의대로 직원의

특별성과급지급에 대해 선거법위반과 업무방해 및 업무상횡령배임혐의로 2심에서 1심 유죄판결을 유지한 사례가 있습니다. 1심에서 기부행위(이사에게 뇌물과 양주, 홍삼셋트 공여)와 선거법위반과 업무방해 및 업무상횡령배임혐의로 징역 6월, 집행유예 2년을 선고하였습니다. 이에 대해 피고는 농협정관에 이사회 의결을 거쳐야 할 명시적인 규정이 존재하지 않고 이사회 의결 당시 결산해보고 수익이 나면 특별성과급을 지급해도 무방하다는 취지의 결론이 났고, 연말 결산 시 수익이 발생해 성과급을 지급했다고 주장하였고, 특별성과급에 대한 이사회의 추인이 있었기 때문에 농협에 손해를 가했다고 볼 수 없다고 주장하였으나 2심은 이사회의 의결 등을 거치지 않고 임의대로 특별 성과급을 지급한 것으로 인정하고 1심의 유죄판결을 유지하였습니다.

🔄 **사회자** : 끝으로 조합장 후보자의 겸업관계와 피선거권박탈에 대한 위탁선거법 위반에 대한 사례가 있다면 설명해주시지요.

🔄 **신인식** : 재판부는 "원고의 피선거권을 박탈하기 위해서는 후보자 등록일 저녁까지 겸업관계가 해소되지 않고 유지되어야 하는데 이사회 의결로 겸업관계를 인정한 경우에도 후보자 등록 저녁까지 이러져야 된다"며 만약 그렇게 되지 않고 그 이후에 이사회의 의결로 겸업관계를 인정한 경우 "선거에 출마하고자 하는 후보자로서는 후보자 등록일 저녁까지 겸업관계를 해소할 방법이 없이 피선거권을 박탈당하기 때문이다"라고 밝혔습니다. "따라서 후보자등록 마감일 이후 겸업관계가 있음을 인정한 부분은 후보자 등록 전일까지 겸업관계가 없기 때문에 겸업

관계를 해소하지 아니한 사람에 대한 선관위의 후보자 등록 무효처분은 위탁선거법 제19조 제1항 제1호를 위반한 것으로 위법하다고 본다"며 "이사회의 무투표 당선인 결정은 하자가 있어 무효임을 확인한다"고 한 사례가 있습니다.

④ 조합장 선거 개선점

🔄 **사회자** : 제1·2회 전국동시조합장 선거가 끝난 후 중앙선관위 등 각계에서 조합장 선거에 대해 문제점과 개선점을 제시하였습니다. 어렵겠지만 이에 대해 논의해 보는 것이 다음선거와 조합발전에 도움이 될 것이라고 생각합니다.

🔄 **신인식** : 제기된 문제점을 나름대로 정리해 보면 제1회에서는 조합장의 과도한 권한, 무자격조합원 정리 미흡, 조합원의 알권리 보장 등으로 나누어 볼 수 있으며, 제2회에서는 유권자 알권리 보장, 선거운동자유 확대, 선거의 공정성 강화 및 유권자의 편의성제공 등입니다. 모두다 단기적으로 해결될 문제는 아니라고 봅니다. 먼저, 조합장의 과도한 권한 문제는 원론적 대안이나 이사회·대의원회 및 감사의 견제기능을 강화하고, 조합 사업을 적극적으로 이용하는 조합원이 조합 의사결정에 참여할 수 있도록 하는 제도개선이 따라야 할 것으로 생각됩니다.

사회자 : 다음으로 무자격조합원문제는 선거 전이나 후에 많은 문제점이 나타나고 있습니다. 이는 간략하게 논의할 문제가 아니라고 봅니다만…….

신인식 : 그렇습니다. 법에 의해 무자격조합원을 엄격하게 정리하면 된다고 볼 수 있으나 부작용도 적지 않아 참 어렵습니다. 이는 또한 선거분쟁 발생을 야기 시키고 있습니다. 무자격조합원 문제는 지역별·품목별 조합의 특성을 반영한 조합원 기준을 구체화하고, 현행의 조합원 수에 따른 조합 설립인가 기준에 판매사업 규모, 관할구역 규모, 약정조합원 수 등을 추가해 차별 적용하는 방안 등 다양하게 검토할 필요가 있다고 봅니다.

사회자 : 현행 조합장 선거운동 방식이 엄격해 조합원의 알권리 및 후보자들의 정책홍보 기회가 제한되고, 현직 조합장에게 유리하다는 지적이 많았습니다.

신인식 : 엄격한 선거 규정이 후보들이 자신을 알릴 기회가 극히 제한적인데다 유권자들이 후보들을 검증할 방법이 없어 일부에서는 '깜깜이 선거'라는 주장도 있는 것이 사실입니다. 그리고 현직 조합장은 임기동안 유권자인 조합원들과 친밀도를 높일 수 있어 유리한데 비해 신인들은 설 자리가 없다는 주장입니다.

이에 대해 농협중앙회는 조합장 후보자들의 평균 출자좌수(2,100좌)가 전국 조합원 평균 출자좌수(700좌)의 3배에 달하며, 예·적금 평균잔액 및 경제사업 평균이용실적이 매우 높을 뿐만 아니라 대다수 입후보자들이 협동조합 조합원으로서 오랜 기간 동안 영농회·작목반 등 각종 모임에 활발히 참여해 왔으며, 농협 사업에 대한 이해와 경험이 풍부하므로 농협중앙회 관계자는 "선거를 앞둔 조합원들이 후보자가 어떤 사람이고, 그동안 어떤 활동을 해 왔는지를 충분히 알 수 있어 이번 조합장 동시선거가 후보자를 알릴 기회가 없어 깜깜이 선거라는 말은 사실과 다르다"고 주장하기도 하였습니다.

사회자 : 제2회 전국동시선거 이후 조합원의 후보자에 대한 알권리 보장에 대한 많은 논의가 있었습니다. 이에 대해 구체적으로 설명해 주시지요.

신인식 : 조합원의 알권리 보장에 대한 개선의견을 보면, 선거운동기간 중 조합원이 과반수 차지하는 단체 또는 조합원 총수의 5% 이상 서명을 받은 조합원은 후보자초청토론회 개최로 후보자를 평가할 기회를 주는 것입니다. 중앙회장 선거에서 실시하고 있는 예비후보자 등록으로 선거운동기간을 확대하는 방안도 논의되고 있습니다. 그리고 유권자에게 발송하는 선거공보에 후보자의 전과기록 게재와 선거벽보 첩부장소 확대 등의 개선점도 논의되고 있습니다.

사회자 : 조합장 선거는 공직선거와 달리 예비후보 등록제도가 없어 출마 의향을 내비치더라도 지지호소는 허용되지 않아, 후보자가 드러나는 건 후보등록이 이루어진 후이고, 그 이전에는 누구도 선거운동을 할 수 없습니다. 이에 대한 의견을 말씀해 주시지요.

신인식 : 공직선거와 달리 조합장 선거는 후보자 본인 외에는 선거운동을 할 수 없는데다 공식 선거운동 기간이 단 13일인데, 가족 등 누구의 도움을 받지 못하고 후보자 혼자 자신을 알려야 하므로 유권자의 알 권리 침해라는 얘기가 나올 수도 있습니다.

 사회자 : 조합장선거운동이 너무 제한적이라 이의 확대방안에 대한 논의가 많이 되고 있습니다.

 신인식 : 논의되고 있는 사항을 보면 예비후보자 제도신설로 선거개시일 전 50일부터 예비후보자의 선거운동을 하는 방안, 신거인도 신거운동기간 중 전화·문자메시지 등 제한적 선거운동허용 및 몸이 불편한 후보자의 활동보조인을 두는 방안 등입니다. 그리고 후보자는 모든 인터넷 홈페이지를 이용하여 선거운동을 할 수 있도록 하고, 문자메시지 이용 시 음성·화상·동영상의 전송도 허용하자는 의견도 있습니다. 또한 후보자의 선거운동기회 균등을 보장하기 위해 조합원의 전화번호를 후보자에게 제공하되 조합원의 전화번호가 노출되지 않도록 가상번호를 제공하는 방안도 제시되고 있습니다.

 사회자 : 선거의 공정성 강화뿐만 아니라 유권자에게 편의성을 제공하는 방안도 건의되고 있다고 하는 데요…….

 신인식 : 무자격자 등재 등 선거인명부의 부정확성을 해결하기 위해 선거인명부의 기초가 되는 조합원명부를 의무적으로 정비하도록 하고, 선거인명부 작성 시 지방자치단체의 주민등록전산정보자료를 이용

할 수 있도록 하는 방안도 있습니다. 그리고 금품수수행위 근절 등 선거의 공정성을 강화하기 위해 공직선거법에 준하여 위반혐의자의 통신 자료와 금융거래 자료의 제출을 요구할 수 있도록 하는 것도 논의되고 있습니다.

사회자 : 지금까지 논의된 문제점 중 조합원의 알권리 보장에 대한 논의가 가장 많습니다.

신인식 : 조합장 동시선거 기간 중 제기된 제3자 선거운동, 합동연설회, 대담 토론회 개최를 할 수 없어 조합원 알권리를 충족시킬 수 없다는 주장에 대해 반박논리도 있습니다. 이를 보면 첫째, 제3자의 선거운동개입 반대 측은 자율성 침해라고 보는 반면 찬성측은 조합원의 올바른 선택을 돕기 위한 공적활동이라고 주장하였습니다. 둘째, 합동연설회 및 토론회 등에 대해 반대 측은 조합장 후보자는 농협활동을 활발하게 하고 조합원 보유기간이 길고 영농회·작목반 등을 통해 조합원에게 잘 알려져 면대면 선거운동이 없어도 된다고 주장하였습니다. 찬성측은 조합장 선거에서 발생하고 있는 문제로 돈 선거, 지연·혈연 위주 선거의 폐단을 막기 위해서도 필요하다고 주장하였습니다. 셋째, 개최비용이 많이 들고 포퓰리즘적 공약 남발성, 청중동원을 위한 금품제공, 진행공정성 문제가 발생하므로 부정적인 견해를 밝히는 측이 있는 반면, 대담·토론회 등은 민주적 선거방법 중 하나로 비용, 공약남발가능성이 높지 않으면서 유권자의 올바른 선택에 도움이 된다고 주장하였습니다.

사회자 : 많은 문제점과 개선점이 논의되고 있군요. 정리를 해주시지요.

신인식 : 다음 선거까지 시간이 있습니다. 그러므로 제1·2회 동시선거에서 들어난 문제점들을 충분하게 검토하여 개선해야 할 것입니다. 제기된 조합원의 알권리 충족, 합동연설회 개최 등 선거방법은 중앙선거관리위원회, 농림축산식품부 등 관계 부처와 협의, 개선해 나가야 할 것이며, 또한 무자격조합원, 조합원의 조합참여 확대 등을 비롯한 농·축협 종합발전계획을 수립, 추진하여야 할 것입니다. 또 한 가지 간과할 수 없는 것은 이번 선거과정 중에 발생한 후보자 간, 조합원 간 갈등과 반목이 빠른 시간 내 해소돼 새로운 조합장 체제하에서 일선조합이 지역농업·농촌 발전을 선도하도록 노력하는 것이 가장중요하다고 봅니다.

사회자 : 전국동시조합장 선거결과에 대해서 지금까지 논의하였습니다. 간략하게 정리를 한다면······.

신인식 : 전국조합장 동시선거의 긍정적 측면을 보면 선거관련 비용 절감과, 전국동시선거로 사회적 관심이 높아져 공명선거 분위기 조성 등이라고 할 수 있습니다. 그러나 협동조합 종류별로 다양한 특성이 있는데 획일적으로 관리하는 과정에서 문제점도 발견되기도 하고, 금품선거 관행 등의 해소에는 부족한 점도 있었다고 볼 수 있습니다. 다음 제3회 동시선거에서는 조합의 다양한 특성고려와 금품선거 등의 근절에 더욱 노력하여 조합의 최고경영자이며 지역사회 최고지도자로서의 적임자가 선출되도록 하여야 할 것입니다.

제14장

뉴스 빅데이터를 활용한
농협 조합장 선거분석

1 분석 데이터

⚡ **사회자** : 지금까지 조합장 선거에 대해 선거관리위원회 선거데이터와 농협중앙회의 정형자료를 중심으로 알아보았습니다. 그런데 선관위자료 외에 비정형자료인 빅카인즈의 뉴스 빅데이터를 사용하여 농협과 농협조합장 선거에 대한 관심도 등 실태를 분석할 수 있다는데 이에 대해 설명해주시지요.

⚡ **신인식** : 빅카인즈(BIG KINDS)는 한국언론진흥재단이 1989년부터 신문기사 데이터베이스 KINDS(Korean Integrated News Database)를 구축하였고, 이를 기반으로 2016년 뉴스데이터를 종합적으로 분석할 수 있는 빅카인즈라는 빅데이터 분석 서비스를 개발하여 제공하고 있습니다.

⚡ **사회자** : 빅카인즈 시스템이 농협과 농협조합장 선거에 대한 일반의 관심도를 분석하는데 적합한 이유를 설명해주시지요.

신인식 : 현재 빅카인즈 시스템은 종합일간지(11), 경제지(18), 지역일간지(28), 방송사(5), 전문지(2) 등 54개의 언론사 뉴스를 수집하고 통합 데이터베이스를 제공하므로 약 6천만 건의 뉴스 텍스트의 빅데이터 분석이 가능합니다. 그러므로 농협과 농협조합장 선거와 같이 지역적으로 국내에 국한되어 있는 이벤트 분석에 있어서는 빅카인즈 시스템을 이용하는 것이 분석에 있어 정확도 및 용이성이 높다고 생각됩니다.

사회자 : 빅카인즈 시스템이 제공하는 뉴스기사가 농협과 농협조합장 선거에 대한 일반인의 관심도를 알 수 있어 출마자와 유권자의 의사결정에 도움이 된다고 하는데…….

신인식 : 뉴스 기사는 신문, 방송, 포털 등을 통해 공급되며 구독, 검색 등을 통해 소비됩니다. 뉴스기사는 전문가에 의해 작성되는 정보인 반면 검색은 일반이 가지는 관심도를 정리하는 정보입니다. 즉, 언론사가 조합장선거 주체(출마자와 조합원)의 활동상황과 그들의 생각과 판단을 취재하여 뉴스기사를 작성합니다. 이러한 뉴스기사의 이용자는 자신과 관련된 주변상황과 언론기사의 뉴스기사에 따른 심리변화를 바탕으로 상황을 판단하기도 합니다.

사회자 : 조합장선거관련자는 뉴스기사에 대한 관심이 많겠군요.

신인식 : 농협조합장 선거는 유권자인 조합원(조합원의 수·연령·성별·지역별 등)과 출마자(출마자수·연령·학력·경력 등)의 상황변화에 의해 측정될 수 있습니다. 따라서 농협조합장 선거관련자는 뉴스기사

를 접하면서 생각을 정리하고 자신에게 유리한 의사결정을 하는 경우가 많으므로 뉴스 기사와 관련성이 높다고 할 수 있습니다.

② 분석키워드 선정

> **사회자** : 빅카인즈에 의한 조합장선거분석을 한 필자의 논문을 중심으로 간략하게 설명해주시지요. 먼저 분석을 위한 검색키워드를 어떻게 선정 하였는지요.

> **신인식** : 빅카인즈 분석에서는 우선적으로 검색 키워드의 객관적인 선정이 중요하므로 앞장에서 설명한 중앙선거관리위원회 분석 자료 및 기존 연구에서 활용된 키워드를 중심으로 구성하여 키워드 선정에 있어 주관의 개입을 최소화하는데 노력하였습니다.

> **사회자** : 구체적으로 선정한 검색 키워드(단어)를 설명해주시지요

> **신인식** : 20년간(1990~2019) 빅카인즈에서 농협조합장 선거 실태 분석을 위한 주 키워드를 "농협"과 "농협조합장 선거"로 하였으며, 키워드 농협 검색건수는 정치·경제·지역으로 구분하였습니다. 농협조합장 선거의 위법행위 및 조치행위 검색을 위한 키워드는 선거관리위원회 위탁선거총람의 구분을 참조하였으며, 세부항목으로 위법행위는 해당 총람에서 명기하고 있는 "흑색선전"·"기부행위"·"호별방문"·"무자격조합원"·"부정선거"·"금품" 항목으로 하였습니다. 키워드 "부정선

거"는 위법행위 전체를 포괄한다는 의미라고 볼 수 있으나 트렌드를 보는데 도움이 될 것 같아 검색 키워드에 포함하였으며. 조치행위의 키워드로는 "고발"·"수사의뢰"·"구속"·"기소"로 구분하였습니다. 그리고 제1회와 제2회 동시선거의 선거전년도와 선거연도를 구분하여 분석하였습니다.

③ 선정 키워드의 기사 분석

사회자 : "농협"의 기사검색건수에 의해 한국에서 농협의 위치변화를 설명해주시지요.

신인식 : 한국에서 농협의 위치를 알아보기 위하여 뉴스기사에서 키워드 "농협"의 기사검색건수를 보면 1990년 1,403건에서 2010년 29,095건으로 20년 동안 약21배 증가하였으나 이후 감소하여 2019년도에는 24,259건으로 감소하였습니다. 한국의 대표기업인 키워드 "삼성"의 기사검색건수는 1990년 1,300건에서 매년 크게 증가하여 2015년 77,189건으로 25년 동안 약60배 증가하였으나 이후 감소하여 2019년도에는 48,761건으로 크게 감소하였습니다. 1990년도 이전에는 "농협"의 검색건수가 "삼성"보다 많았으므로 한국에서 농협의 위치가 상당히 높았다고 추론해 볼 수 있습니다.

사회자 : 농협은 2010년, 삼성은 2015년부터 기사검색 건수가 감

소하였는데 이유를 설명해주시지요.

🔁 **신인식** : 한국경제에 미치는 기업 및 기관을 본다면 과거 농협에서 삼성으로 최근에는 4차 산업혁명으로 IT업계의 연봉과 사회적 인지도가 높아짐에 따라 MZ세대(밀레니얼·Z세대)의 마음을 사로잡은 국내 주요 IT기업인 '네카라쿠배(네이버·카카오·라인플러스·쿠팡·배달의민족)' 선호 현상이라고 볼 수도 있습니다.

🔁 **사회자** : 키워드 "농협"의 검색건수를 세부적으로 분류하여 설명해주시지요.

🔁 **신인식** : 키워드 "농협"의 전 기간(1990~2019) 기사 건수는 총 429,423건으로 이중 경제, 지역, 정치면의 건수 비중이 각각 48.7%, 36.8%, 4.8%이었습니다. 이를 보면 농협은 경제단체이며, 지역을 기반으로 하고 있다는 것을 알 수 있습니다. 정치면의 키워드 "농협"의 검색건수 비중을 보면 선거연도가 전 기간 평균보다 조금 높게 나타났습니다. 특히 검색키워드 "범죄", "사고", "재해" 등의 비중은 제1회 동시선거 6.7%, 제2회 동시선거에서는 1.6%로 크게 감소하였습니다. 이는 전국 동시조합장선거제도 도입으로 선거의 문제점이 많이 개선되었다고 볼 수 있습니다.

🔁 **사회자** : 농협조합장선거에 대한 위법행위 관련 뉴스 검색 키워드는 무엇인지요?

🔁 **신인식** : 위법행위별 뉴스 검색 키워드는 "기부행위"·"금품"·"흑

색선전"·"부정선거"로 하였습니다. 키워드 농협조합장 선거 위법행위 관련 기사건수는 전 기간 1,771건인데 이중 선거연도의 기사건수의 비중이 89.6%로서 위법행위의 대부분은 선거연도에 발생하였다고 볼 수 있습니다.다. 그리고 제1회와 제2회 동시선거 기간 동안의 검색건수 비중이 전 기간의 79.9%를 차지하였는데 이는 전국 동시선거 기간 선거사무관리가 강화된 것에 기인한다고 볼 수 있습니다.

사회자 : 농협조합장선거에 대한 위법행위별 뉴스 키워드 기사건수에 대해 분석해주시지요.

신인식 : 위법행위별 검색기사 건수를 보면, 검색 전 기간에는 키워드 기부행위의 비중이 31.8%로 가장 많고 다음으로 금품 20.3%, 흑색선전 16.9%, 부정선거 16.4% 순으로 나타났습니다. 이는 선거실시연도에도 같은 순위를 나타내고 있습니다.

사회자 : 위법행위별 검색건수를 제1회와 제2회를 비교하여 설명해주시지요.

신인식 : 제1회 동시선거에서는 기부행위 34.7%, 부정선거 21.9%, 흑색선전 16.6%, 금품 13.9% 순이던 것이 제2회 동시선거에서는 기부행위 33.6%, 금품 31.4%, 흑색선전 14.2%, 부정선거 8.8% 순이었습니다. 제2회 동시선거에서 부정선거 비중이 상대적으로 낮게 나타났는데 이는 제1회 동시선거에서 결과를 바탕으로 제2회 선거에서는 부정선거 근절을 위한 많은 노력에 기인한 것으로 보입니다. 그러나 검색키워드

"금품"의 비중은 크게 높아졌습니다.

제2회의 검색건수 비중이 제1회보다 낮은 항목은 "흑색선전", "기부행위", "무자격조합원", "부정선거" 항목이었으며, 높은 항목은 "호별방문"과 "금품" 항목이었습니다.

🔹 **사회자** : 위법행위별 검색건수 비중을 선거연도와 선거전년도로 구분하여 알아보는 것도 의미가 있다고 보는데요.

🔹 **신인식** : 부정행위와 관련한 키워드 항목들은 모두 선거전년도 보다는 선거연도가 높게 나타났습니다. 제1회 선거전년도보다 제2회 선거전년도의 부정행위 관련 키워드 검색비중이 높은 항목은 무자격조합원 한 항목으로 제2차 동시선거전년도에 무자격조합원에 대한 많은 논의와 정리가 있었다고 볼 수 있습니다. 이는 제1회 동시선거에서 무자격조합원의 선거참여에 대한 재선거 조합이 발생한 것에도 원인이 있다고 볼 수 있습니다.

🔹 **사회자** : 위법행위 조치관련 항목의 기사검색 건수에 대해 설명해 주시지요.

🔹 **신인식** : 위법행위 조치 관련 항목의 키워드별 기사검색건수를 보면 동시선거 제2회가 제1회보다 전 항목(고발, 수사의뢰, 구속, 기소)이 감소하였습니다. 이러한 경향은 선거전연도와 선거연도가 같은 경향을 보였으며, 선거전연도가 더욱 적은 비중을 차지하였습니다. 이는 제2회에서 사전선거운동에 대한 처벌을 강화한 것에 있다고 볼 수 있습니다.

사회자 : 검색 키워드 "농협"의 매체별 관계도를 설명해주시지요.

신인식 : 검색 키워드 "농협"의 매체별 관계도를 보면 중앙지로서 조선일보·중앙일보·동아일보, 지방지는 무등일보와 울산매일이 높은 것으로 나타났습니다. 그리고 제1회 동시선거에 비해 제2회에서는 상대적으로 중앙지의 관련도가 높아진 것으로 나타났습니다. 이는 농협에 대한 관심이 지역에서 중앙으로 더욱 넓어진 것을 의미한다고 판단됩니다.

농·축협 경영과 중앙회

제15장

중앙회 회원인 조합의 의무와 권리

1 조합의 중앙회 의결권

사회자 : 농협중앙회는 회원(조합)의 공동이익 증진과 그 건전한 발전을 도모하는 것이 목적이라고 합니다. 먼저 중앙회의 통칙에 대해서 간략하게 말씀해 주시지요.

신인식 : 농협중앙회는 비영리법인으로 하며 서울특별시에 주된 사무소를 두고 전국을 구역으로 하되, 둘 이상의 중앙회를 설립할 수 없습니다. 그리고 회원으로는 지역조합, 품목조합 및 품목조합연합회로 합니다. 중앙회를 설립하려면 15개 이상의 조합이 발기인이 되어 정관을 작성하고 창립총회의 의결을 거쳐 농림축산식품부장관의 인가를 받아야 합니다.

사회자 : 중앙회 총회 의결권행사기준은 조합의 조합원수 기준 등으로 대통령령에 정한다고 합니다. 이에 대한 기준을 설명해 주시지요.

신인식 : 먼저 의결권 행사기준을 말씀드리면 조합원수는 중앙회 정기총회 직전 회계연도 말을 기준으로 합니다. 단, 정기총회 이후 합

병하거나 새로 설립된 조합은 합병등기일 또는 설립등기일 기준으로 중앙회 이사회가 조합원수를 확정 합니다. 의결권 행사기준을 보면 조합원수가 2천 명 미만인 조합 또는 품목조합연합회는 1표, 2천 명 이상 3천 명 미만은 2표, 3천 명 이상인 조합은 3표입니다.

🌀 **사회자** : 지역농협의 총회의결권은 조합원 1인 1표인데 중앙회는 조합원수에 따라 다르군요. 다음은 총회를 갈음하는 대의원회를 간략하게 설명해 주시지요.

🌀 **신인식** : 대의원의 수는 회원 3분의 1의 범위에서 조합원수 및 경제 사업규모 등을 고려하여 정관으로 정하되, 회원인 지역조합과 품목조합의 대표성이 보장되어야 합니다. 대의원은 정관으로 정하는 바에 따라 회원의 직접투표로 선출하되, 회원별 투표권의 수는 조합원수 등을 고려한 정관에 정하는 바에 의합니다.

🌀 **사회자** : 대의원회에 대해 좀 더 구체적으로 설명해 주시지요.

🌀 **신인식** : 대의원회는 회장을 포함한 대의원으로 구성3)하며 회장이 의장이 됩니다. 대의원은 회원인 지역조합과 품목조합의 조합장 또는 품목조합연합 회장이어야 하며, 대의원수는 300명 이내(회원조합은 50~200인에서 조합정관에서 결정)에서 광역자치단체별(품목조합은 품목별) 조합원수, 경제사업규모, 중앙회 출자금규모 및 지자체 수 등을 고

---

3) 회장은 대의원회 구성원이기 때문에 대의원의 정수에는 포함되지 않으나 정족수(개의 및 의결정족수)에는 포함됨.

려하여 규약으로 정합니다. 대의원은 회원의 직접투표로 선출하되, 대의원을 선출하기 위한 회원별 투표권의 수는 의결권 행사기준에 의합니다.

2 회원의 자격

사회자 : 중앙회구성의 기본요소이고 최고기관인 총회의 구성원인 회원의 자격, 가입 및 탈퇴, 그리고 공익권과 자익권에 대해 알아보아야겠지요. 먼저 중앙회의 회원은 지역조합과 품목조합 및 품목조합연합회에 한하므로 자연인과 조합공동사업법인은 회원이 될 수 없다고 합니다. 이러한 회원의 자격문제에 대해서 말씀해 주시지요.

신인식 : 자연인인 농업인이나 조합공동사업법인과 농업관련단체 등의 법인은 중앙회의 회원이 될 수 없습니다. 농협법에 의한 지역농·축협은 모두 회원으로 가입되어 있으나 품목조합은 중앙회의 비회원인 조합도 있습니다. 농협법에 의한 조합이라도 당연히 회원이 되는 것이 아니고 가입해야 됩니다. 중앙회는 가입승낙에 대한 재량권이 없이 신청일로부터 60일 이내에 특별한 사유가 없는 한 가입을 승낙해야 합니다. 그리고 중앙회는 조합공동사업법인 및 농업 또는 농촌 관련 단체와 법인을 준회원으로 할 수 있습니다. 그러나 자연인은 준회원의 자격도 없습니다. 회원의 자격은 정관의 절대적 필요기재사항으로 이 사항이 빠지면 정관은 무효가 됩니다.

사회자 : 농협법에 의한 지역농·축협은 모두 회원으로 가입되어 있으나 품목조합은 중앙회의 비회원인 조합도 있으며 중앙회는 가입승낙에 대한 재량권이 없군요. 그리고 조합공동사업법인 및 농업 또는 농촌관련단체와 법인을 준회원으로 할 수 있으나 자연인은 준회원의 자격도 없군요. 다음은 중앙회의 회원자격 거절기준에 대해서 설명해 주시지요.

신인식 : 중앙회의 회원자격 거절기준(대통령령)을 보면 중앙회와 호환이 가능한 최소한의 전산설비를 갖추지 아니한 경우, 제명을 회피할 목적으로 탈퇴한 지 2년이 지나지 아니한 조합이라고 중앙회 이사회가 결정하는 경우와 설립 후 농업협동조합관련 법령, 관련법령에 따른 행정명령 또는 정관에 위반되는 행위를 함으로서 중앙회 및 회원에 대하여 재산상 피해를 입히거나 명예를 훼손한 사실이 있고 그 위반사실을 해소한지 2년이 지나지 아니한 조합이라고 중앙회 이사회가 결정하는 경우입니다. 회원은 총 출자좌수의 100분의 10 이내에서 1,000좌 이상을 출자하여야 하며 1좌의 금액은 1만원(회원조합 5천원)입니다.

③ 회원의 가입 및 탈퇴

사회자 : 회원의 자격은 자연인은 될 수 없고 신청자에 대한 거절도 어렵군요. 그러면 좀 더 구체적으로 회원의 가입탈퇴 등에 대해 알아보아야겠습니다.

신인식 : 신청자에 대해 거절할 수 없는 가입자유의 원칙에 대해 말씀드리겠습니다. 협동조합은 헌법상 자율적 운영이 보장되는 조합원의 자주적인 협동조직이므로 회원의 자격이 있는 자에게 정당한 사유 없이 가입을 거절하거나 그 가입에 관하여 다른 회원보다 불리한 조건을 붙일 수 없습니다.

여기서 정당한 사유에 대해 헌법상 명문규정이 없으므로 사회통념에 따라 판단할 수 있으나 엄격히 해석하여야 할 것입니다. 정당한 사유의 예를 들면 고의 또는 중대한 과실로 중앙회에 손실을 끼치거나, 신용을 잃게 하여 제명된 회원으로서 가입허용의 경우 운영에 부정적인 영향을 우려하여 이사회에서 판단하는 경우입니다.

사회자 : 회원가입의 거절은 매우 엄격하게 되어 있군요. 그리고 중앙회 회원가입 시 이사회의 자격심사와 가입승낙절차는 형식적이고 절차적·사후 확인적 단계에 불과한데, 무조건 가입을 승낙하여야 하는 데서 오는 불합리 점을 해소하는 방안은 있는지요.

신인식 : 농협법과 중앙회의 정관에 가입제한 근거를 마련하였습니다. 이를 보면 부실조합 및 부실우려조합, 제명된 조합 또는 품목연합회, 농협의 발전을 저해하는 조합입니다.

사회자 : 부실 및 부실우려조합에 대해 구체적으로 설명해 주시지요.

신인식 : 부실조합은 경영상태 실시결과 부채가 자산을 초과하거나 거액의 금융사고 또는 부실채권의 발생으로 정상적 경영이 명백히

어려운 조합, 예금 등 채권의 지급이나 중앙회로부터의 차입금 상환이 어려운 조합 및 중앙회로부터 자금지원 또는 차입이 없이는 예금 등 채권의 지급이나 차입금상환이 어려운 조합으로서 기금관리위원회의 심의를 거쳐 농림부장관이 결정한 조합입니다. 제명된 후 2년이 경과하지 않은 조합 및 품목조합연합회 및 농협의 발전을 저해하는 조합입니다.

🔹 **사회자** : 농협법에 가입자유뿐만 아니라 탈퇴의 자유도 보장하고 있다고 합니다. 이제 탈퇴에 대해 논의해 보도록 합시다. 먼저 탈퇴의 종류에 대해 설명해 주시지요.

🔹 **신인식** : 회원의 탈퇴는 회원의 자유의사에 따라 임의탈퇴와 법정탈퇴로 구분할 수 있으며, 임의탈퇴는 단순탈퇴와 양도탈퇴가 있습니다.

🔹 **사회자** : 탈퇴의 종류 중에서 먼저 임의 탈퇴에 대해 구체적으로 설명해 주시지요.

🔹 **신인식** : 임의탈퇴 중 단순탈퇴는 회원이 중앙회에 탈퇴의사를 통지하고 탈퇴하는 제도입니다. 그러므로 회원 일방의 의사표시에 의해 효력이 발생하는 것입니다. 그리고 양도탈퇴는 지분의 양도에 의한 탈퇴로서 중앙회의 승낙을 얻어 회원이 지분의 전부를 다른 회원에게 양도하였을 경우 양도회원은 중앙회에서 탈퇴하게 됩니다.

🔹 **사회자** : 다음은 법정탈퇴 즉, 당연탈퇴에 대해 설명해 주시지요.

🔹 **신인식** : 회원에게 법상 규정된 일정한 사유가 발생한 경우 회원

이 당연 탈퇴되는 것을 법정탈퇴 즉 당연탈퇴라고 합니다. 법정탈퇴의 사유로 회원자격이 없는 때 즉, 회원자격요건 상실 시로 이는 이사회의 의결을 요하므로 의결시점까지 회원자격을 보유합니다. 다음으로 회원이 채무완재불능의 상태에 도달하여 법원으로부터 파산선고를 받으면 당연탈퇴 되며, 탈퇴 시기는 법원의 선고일이 됩니다. 그리고 회원인 법인이 해산하면 청산절차를 거쳐 법인격이 소멸되므로 당연탈퇴 됩니다.

⚙️ **사회자** : 회원의 탈퇴에는 임의탈퇴와 당연탈퇴 외에 제명이 있습니다. 이에 대해 구체적으로 설명해 주시지요.

⚙️ **신인식** : 제명이란 중앙회가 특정한 회원에 대하여 회원의 지위를 박탈하는 행위를 말합니다. 이는 회원의 의사여부를 불문하고 강제적으로 중앙회로부터 추방하는 가장 중한 제제이므로 제명의 사유 및 절차 등의 법정요건을 충족하지 못한 경우의 제명은 무효가 됩니다.

제명의 사유를 보면, 1년 이상 중앙회의 사업(회원조합도 1년 이상)을 이용하지 아니하였거나, 출자 및 경비의 납입·기타 중앙회에 대한 의무를 이행하지 아니한 회원, 고의 또는 중대한 과실로 중앙회에 손실을 끼치거나 중앙회의 신용을 잃게 한 때, 그리고 법령, 법령에 의한 감독관청의 처분 또는 정관과 제 규정에 위반한 회원입니다.

⚙️ **사회자** : 제명은 중앙회의 손실과 신용을 잃게 한 명확한 증거가 있고 중앙회의 이익을 위하여 불가피한 경우 최종적인 수단으로서 신중해야 하겠지요. 그러므로 제명사유가 발생해도 총회의 의결을 거쳐

야 하는군요. 다음은 탈퇴회원의 지분환급청구와 손실액 부담에 대해서 설명해 주시지요.

🔄 **신인식** : 탈퇴회원의 환급지분을 계산함에 있어서 중앙회의 재산으로 그 채무를 완제 할 수 없을 때에는 탈퇴한 회원은 납입의무를 이행하지 아니한 출자액의 범위 안에서 그가 부담하여할 손실액을 부담합니다. 그리고 탈퇴회원의 지분환급청구권은 납입출자금·회전출자금(사업이용고배당금 중 일정 금액)·사업준비금(매 회계연도 잉여금의 100분의 20 이상) 등이며 이월금은 환급에서 제외됩니다. 지분의 환급은 2년간 행사하지 않으면 소멸되며 탈퇴당시 회계연도의 다음회계연도부터 청구 할 수 있습니다.

🔄 **사회자** : 중앙회의 준회원은 조합공동사업법인과 농업·농촌관련 단체 또는 법인입니다. 준회원의 가입·탈퇴 및 권리·의무에 대해서 말씀해 주시지요.

🔄 **신인식** : 준회원으로 가입하고자 하는 자는 가입금을 기재한 가입신청서와 각종 구비서류를 중앙회에 제출하면 됩니다. 그리고 제명은 회원의 제명사유와 같습니다. 준회원은 사업이용권·이용고배당청구권·및 가입금환급청구권을 가집니다. 또한 출자를 하지 않으나 중앙회의 규정이 정하는 바에 따라 가입금·경비 및 과태금을 납입하여야 합니다.

🔢 회원의 의무와 권리

🔁 **사회자** : 회원의 의무 중 먼저 의무자(회원)의 의사여부와 관계없이 반드시 해야 하는 것으로 법에 의해 강요되는 의무에 대해서 말씀해 주시지요.

🔁 **신인식** : 회원의 의무에는 출자의무, 경비부담의무, 과태금납부의무, 손실액부담의무, 내부질서유지의무, 운영참여 및 사업이용의무 등이 있습니다.

🔁 **사회자** : 회원의 의무가 많군요. 의무 중 회원의 출자의무에 대해 상세하게 설명해 주시지요.

🔁 **신인식** : 회원의 출자에는 협동조합의 본질상, 회원 당 출자한도액의 제한, 출자배당제한 및 인출 등의 제한이 있습니다. 먼저 회원의 출자좌수 및 출자금액을 보면, 출자1좌 금액은 1만원(조합 5천 원), 최소출자 좌수는 회원당 1,000좌이며 상한출자좌수는 회원당 총 출자좌수 100분의 10 이내입니다.

🔁 **사회자** : 중앙회가 자본충실을 기하기 위해 회원별로 이용고배당액의 전부 또는 일부를 공제하여 적립하는 회전출자금에 대해서 얘기해 주시지요.

🔁 **신인식** : 회전출자금은 중앙회 측면에서는 적립금이고 회원 측에

서 보면 무이자 의무예치금이라고 볼 수 있습니다. 회전출자금은 자율이 아니라 당연히 적립하여야 하는 자기자본에 포함되며 손실보전의 경우에만 사용됩니다.

🔄 **사회자** : 중앙회의 교육·지원사업과 경제사업 수행을 위한 경비부담의무와 출자금 및 경비부담의무를 이행하지 않을 경우 부과하는 과태금에 대해 말씀해 주시지요.

🔄 **신인식** : 중앙회가 교육·지원사업 및 경제사업 이외의 사업은 수수료, 이용료 등 사업수익으로 사업을 실시하므로 경비를 부과하지 못하며 결손보전목적의 경비부과도 유한책임원칙에 반합니다. 그러므로 회원에게 혜택을 주는 교육·지원사업 및 경제사업은 수익자부담원칙에 따라 정관이 정하는 바에 따라 경비를 부과합니다. 경비부과 금액과 방법, 징수시기와 방법은 이사회에서 정하며, 회원의 동의가 필요하지 않으며 채권과 상계할 수 없고 납부를 태만히 하면 제명대상이 되고 과태료가 부과됩니다.

과태금은 내부통제수단으로 회원이 출자금을 납입하지 않거나 경비부담의무를 기한 내에 이행하지 아니할 때에 정관이 정하는 바에 따라 과태금(1일에 1만분의 4)을 부과합니다. 역시 납부를 태만히 하면 제명대상이 됩니다.

🔄 **사회자** : 중앙회 회원인 조합의 의무가 있으면 권리가 있습니다. 회원의 권리는 공익권(단독회원권, 소수회원권)과 자익권으로 구분됩

니다. 먼저 공익권중 단독회원권에 대해 설명해 주시지요.

🔄 **신인식** : 단독회원권으로는 의결권, 선거권, 피선거권, 정관 등 서류열람권, 임시임원선거 청구권, 임원직무 집행정지 및 직무대행자 선임 가처분 신청권, 의결 등의 취소 또는 무효 확인청구의 소제기 권 등입니다.

🔄 **사회자** : 그럼 먼저 의결권에 대해서…….

🔄 **신인식** : 의결권은 회원이 총회에 참석하여 의견을 발표하고, 의안에 대한 설명을 요구하는 권리와 의결에 참가할 수 있는 권리입니다. 의결권은 회원의 기본권이므로 정관이나 총회의 의결 등으로 박탈하거나 제한할 수 없습니다. 의결권은 총회에 직접 출석하여 행사해야 하며, 서면에 의해 의결권을 행사할 수 없습니다. 중앙회의 회원은 조합의 조합원 수를 고려하여 대통령령이 정하는 기준에 따라 정관으로 정하는 바에 의하여 1표 내지 3표의 의결권을 행사할 수 있습니다. 이를 부가의결권이라 하며 2004년 말 농협법 개정 시 중앙회 회원에게 대의원 선출 시에만 적용하고 있습니다.

제16장

조합발전을 위한 중앙회 사업

1 중앙회의 사업구분

② 사회자 : 중앙회가 사업수행을 위하여 조합상호지원자금, 유통지원자금 및 타법인 출자를 위해 지원자금을 조성·운용한다고 하는데 이는 회원의 관심이 가장 클 것이므로 좀 더 구체적으로 설명해 주시지요.

② 신인식 : 먼저 조합상호지원자금의 조성·운용을 보면, 이는 회원의 균형발전과 사업 활성화를 위해 조합상호지원자금을 무이자로 운용하고 있으며 조합상호지원자금과 이차보전자금이 투명하고 효율적으로 지원될 수 있도록 자금지원심의회를 두고 있습니다. 심의회는 회원지원담당 집행간부를 위원장으로 하고, 위원장이 지역본부장의 추천을 받아 위촉하는 10인 이내의 조합장, 농림축산식품부장관이 추천하는 공무원 1인, 농림축산식품부장관이 추천하는 학계전문가 1인과 위원장이 위촉하는 학계전문가 1인, 위원장이 지정하는 5인 이내의 관련부서장으로 구성됩니다. 위원장을 제외한 위원의 임기는 2년입니다. 심의회는 위원장이 소집하며 구성원 과반수출석으로 개의하고 출석구성원

3분의 2 이상의 찬성으로 의결합니다.

🔹 **사회자** : 도농상생기금 출연은 특·광역시 및 인구 30만 명 이상 시 소재 농·축협 중 전년 말 총자산 5,000억 원 이상으로 1회 한도는 7억 원이라고 하는데 세부적으로 설명해주시지요.

🔹 **신인식** : 신용총매출이익 200억 원 이상이면 3%, 100억 원 이상 200억 원 미만이면 2.5%, 100억 원 미만이면 2%입니다.

🔹 **사회자** : 중앙회는 회원의 조합원과 조합공동사업 법인이 생산한 농산물 등의 원활한 유통을 지원하기 위하여 유통지원자금을 조성·운용한다고 합니다. 이에 대해 구체적으로 설명해 주시지요.

🔹 **신인식** : 유통지원자금의 재원으로는 명칭사용료, 조합상호지원자금, 국가의 지원금 등입니다. 운용사업을 구체적으로 보면 농산물 등의 계약재배사업, 출하조절사업, 공동규격출하촉진사업, 매취사업과 중앙회가 필요하다고 인정하는 판매·유통·가공관련 사업 등입니다.

🔹 **사회자** : 중앙회가 사업을 수행하기 위하여 타 법인에 출자하는 경우 회원과 공동으로 출자·운영하는 것을 원칙으로 한다고 하는데 이에 대해 구체적으로 설명해 주시지요.

🔹 **신인식** : 중앙회가 사업수행을 위하여 타 법인에 출자하는 경우 자기자본 범위 안에서 출자하며 동일 법인에 대한 출자한도는 자기자본의 10분의 20 이내로 합니다. 그러나 농협경제 및 금융지주회사의 주

식취득 경우 자기자본을 초과하여 출자할 수 있으며 이 경우 회계연도 경과 후 3개월 이내에 출자 목적, 현황, 출자대상 지주회사 및 그 자회사의 경영현황을 총회에 보고하여야 합니다.

2 잉여금 배당

🔹 **사회자** : 다음은 중앙회의 잉여금 배당에 대해서 설명해주시지요.

🔹 **신인식** : 중앙회는 잉여금의 배당을 회원의 사업이용실적에 대한 배당, 회원의 납입출자금에 대한 배당, 준회원의 사업이용실적에 대한 배당 순으로 합니다. 사업이용실적(회원과 준회원) 배당은 그 회계연도의 취급된 물자의 수량·가액 기타 사업의 분량을 고려하여 행하되, 잉여금처분에 따른 총 배당액 중 100분의 20 이상으로 합니다. 이 경우 사업이용실적 산출에 필요한 항목, 대상 등에 관한 사항은 이사회에서 정합니다. 그리고 출자배당은 농협은행 1년 만기 정기예금 결산기준 연평균금리에 1퍼센트(조합은 2퍼센트)를 더한 범위 내에서 중앙회의 경영성과 및 경영환경 등을 고려하여 정하며 100분의 10을 초과할 수 없습니다.

🔹 **사회자** : 적립금과 이월금에 대해서도 말씀해 주시지요.

🔹 **신인식** : 중앙회는 매 회계연도 손실보전과 재산에 대한 감가상각

에 충당하고 잉여가 있을 때는 법정적립금을 자기자본의 3배에 달할 때까지 매 회계연도 잉여금의 100분의 10 이상을 적립하여야 합니다. 그리고 교육·지원 사업비용에 충당하기 위하여 매 회계연도 잉여금의 100분의 20 이상의 금액을 다음회계연도에 이월(이월금)합니다. 또한 잉여금에서 법정적립금과 이월금을 빼고 나머지가 있을 때는 잉여금의 10분의 20 이상을 사업 준비금으로 적립합니다. 그리고 나머지가 있을 때에는 임의적립금으로 총회에서 정하는 금액을 조합지원 사업 준비금, 유통손실적립금 등으로 적립합니다. 또한 중앙회가 고정자산처분으로 발생한 이익금에서 당해자산처분제비용, 법정적립금, 이월금, 사업 준비금, 조합지원 사업 준비금, 유통손실적립금을 빼고 나머지가 있으면 사업 준비금으로 추가 적립합니다.

사회자 : 잉여금 발생 시 배당 및 적립금에 대해서 설명하였는데, 이런 경우는 없겠지만 손실이 발생 시 어떻게 보전하는지요.

신인식 : 중앙회의 회계연도 결산결과 당기손실금 발생 시 미처분 이월금·임의적립금·법정적립금·자본적립금(감자에 대한 차익, 자산재평가 차익, 합병차익)·회전출자금의 순으로 이를 보전하며 보전 후에도 부족할 시 다음 회계연도에 이월합니다.

사회자 : 다음은 중앙회의 재산에 대한 회원의 지분 등에 대해 논의 해 봅시다.

신인식 : 지분계산에서 먼저 납입출자금을 납입출자액에 따라 매

회계연도 계산하며, 재산이 납입출자액의 총액보다 감소한 경우는 각 회원의 출자액에 따라 감액계산하며, 회전출자금도 납입액에 따라 가산하며, 회전출자금이 감소되었을 때에는 감액하여 계산합니다. 마찬가지로 사업준비금도 매 회계연도 가산하며 감소되었을 경우 감액 계산합니다.

③ 자기자본 확충방안과 명칭사용료

🌏 **사회자** : 중앙회의 자기자본 확충방안에 대해 설명해 주시지요.

🌏 **신인식** : 중앙회는 경영의 건전성을 도모하기 위한 자기자본의 확충을 위해 잉여금 배당에서 우선적 지위를 갖는 우선출자를 발행할 수 있습니다. 우선출자 1좌의 금액은 출자 1좌의 금액과 같아야 하며 총액은 자기자본의 2분의 1을 초과할 수 없습니다. 우선출자자는 의결권과 선거권이 없으나 출자배당보다 우선하며 배당률은 최저배당률과 최고배당률 사이에서 정기총회에서 정합니다. 그리고 정관의 변경으로 우선출자자에게 손해를 미치게 되는 경우에는 우선출자자 총회의 의결을 거쳐야합니다. 의결은 총좌수의 과반수 출석과 출석 출자좌수의 3분의 2 이상의 찬성이 있어야 합니다.

🌏 **사회자** : 중앙회는 산지유통활성화 등 회원과 조합원에 대한 지원 및 지도사업의 수행에 필요한 재원을 안정적으로 조달하기 위하여 농

업협동조합 명칭사용료(농업지원사업비)를 받는다고 하는데 이에 대해 구체적으로 설명해 주시지요.

🔁 **신인식** : 농협중앙회는 농업협동조합의 명칭(영문 명칭 및 한글·영문 약칭 등 정관으로 정하는 문자 또는 표식 포함)을 사용하는 법인(영리법인에 한함)에 대하여 매출액의 1,000분의 25 범위에서 총회에서 정하는 부과율로 명칭사용료를 부과할 수 있습니다. 단 조합만이 출자한 법인, 조합 공동사업 법인, 비영리법인, 조합과 중앙회가 공동으로 출자한 법인 중 이사회가 정하는 법인에 대하여는 부과하지 않습니다. 명칭사용료는 다른 수입과 구분 관리하여야 하며 수입과 지출내역은 총회의 승인을 받아야 합니다.

🔁 **사회자** : 매출액의 1,000분의 25 범위에서 명칭사용료를 받는다고 하는데 매출액의 규모와는 관계가 없는 지요?

🔁 **신인식** : 구체적 명칭사용료 기준을 보면 먼저 매출액은 부과율을 정하기 직전 3년 평균이 15조 원을 초과하면 1,000분의 20 초과에서 1,000분의 25 이하, 10조 원 초과에서 15조 원 이하는 1,000분의 15초과에서 1,000분의 20 이하, 7조 원 초과에서 10조 원 이하는 1,000분의 10초과에서 1,000분의 15 이하, 5조 원 초과에서 7조 원 이하는 1,000분의 5 초과에서 1,000분의 10 이하, 3조원 초과에서 5조 원 이하는 1,000분의 3 초과에서 1,000분의 5 이하, 매출액 3조 원 이하는 1,000분의 3 이하입니다.

🔁 **사회자** : 조합공동사업법인은 명칭사용료를 부과하지 않는 다고 하는데 이의 남발을 막을 설립기준에 대해 설명해 주시지요.

🔁 **신인식** : 조합공동사업법인의 설립인가기준은 회원자격이 있는 설립동의자(조합에 한정)가 둘 이상이어야 하며 설립동의자 출자금납 입확약총액이 3억 원 이상이어야 합니다.

🔁 **사회자** : 지금까지 회원의 사업이용에 대해서 말씀하셨는데 다음 은 비회원의 사업이용에 대해서 말씀해 주시지요.

🔁 **신인식** : 중앙회는 회원의 이용에 지장이 없는 범위 안에서 비회 원에게 사업을 이용하게 할 수 있습니다. 1회계연도에 있어서 비회원 (판매 사업은 비농업인)의 사업이용량은 각 사업별로 당해 회계연도 사 업량의 3분의 1을 초과할 수 없습니다. 단, 교육지원사업, 농업경제사 업·축산경제사업 중 판매사업(농업인에 한함), 상호금융사업, 보조사 업, 타 법령에서 정하는 사업 등은 이용량을 제한하지 않습니다. 그리 고 준회원의 사업이용은 회원의 이용으로 봅니다.

🔢 감독 (농림축산식품부 장관)

🔁 **사회자** : 조합과 중앙회의 업무에 대하여 농림축산식품부 장관(장 관), 지자체장, 금융감독원장의 감독을 받는 부문에 대하여 구체적으로 설명해 주시지요.

🌀 **신인식** : 장관은 대통령령에 정하는 바에 따라 감독상 필요한 명령과 조치를 할 수 있으며, 조합의 신용사업에 대하여는 금융위원회와 협의하거나 검사를 요청할 수 있습니다. 또한 감독권의 일부를 회장(대통령령) 또는 지자체장(지자체 보조사업 관련)에게 위임 할 수 있습니다. 그리고 금융감독원장은 조합에 관한 검사권의 일부를 회장에게 위탁할 수 있습니다.

장관은 조합과 중앙회의 총회·이사회의 의결사항이 위법·부당하다고 인정하면 전부 또는 일부를 취소하거나 집행을 정지하게 할 수 있습니다. 그리고 장관은 업무와 회계가 법령, 행정처분, 정관 등에 위배가 인정되면 기간을 정하여 시정을 명하고 관련 임·직원에게 조치를 하게 할 수 있습니다. 이를 이행하지 않으면 6개월 이내의 기간을 정하여 업무의 전부 또는 일부를 정지시킬 수 있습니다.

🌀 **사회자** : 장관은 조합원 보호에 지장을 줄 우려가 있다고 인정되면 조합 등에 대한 경영지도를 하는데 이에 대해 설명해 주시지요.

🌀 **신인식** : 조합원 보호에 지장을 줄 우려로는 감사결과 부실대출합계액이 자기자본의 2배를 초과하는 경우로서 단기간에 통상적인 방법으로는 회수하기가 곤란하여 자기자본의 전부가 잠식될 우려가 있는 경우와 임직원의 위법·부당한 행위로 인하여 재산상 손실발생으로 자력에 의한 경영정상화 추진이 어려운 경우, 파산위험이 현저하거나 임직원의 위법·부당한 행위로 조합의 예·적금 인출이 쇄도하거나 예·적금을 지급할 수 없는 상태에 이를 경우입니다. 그리고 회장의 경영상태

평가결과와 조합감사위원회의 감사결과 회장이 경영지도의 필요성을 건의 한 경우 등입니다.

사회자 : 장관의 경영지도를 하는 경우를 설명하였습니다. 그런데 경영지도란 어떤 사항에 대한 지도를 하는 것입니까?

신인식 : 불법·부실대출의 회수 및 채권의 확보, 자금의 수급 및 여·수신에 관한 업무와 조합의 경영 등에 관하여 대통령령으로 정하는 사항입니다. 장관은 경영지도업무를 회장에게 위탁할 수 있으며 경영지도사항에 대해 경영지도가 시작된 경우에는 6개월의 범위에서 채무의 지급을 정하거나 임원의 직무를 정지하게 할 수 있습니다. 이 경우 회장에게 지체 없이 조합 등의 재산실사를 하게 하거나 금융감독원장에게 재산실사를 요청할 수 있습니다.

사회자 : 장관이 회장 및 사업전담대표이사 등의 의견을 들어 조합설립인가를 취소하거나 합병할 수 있는 경우를 설명해 주세요.

신인식 : 설립인가 취소사유를 보면 첫째, 설립인가일부터 90일이 지나도 설립등기를 하지 아니한 경우, 둘째, 정당한 사유 없이 1년 이상 사업을 실시하지 아니한 경우, 셋째, 위법행위에 대한 행정처분을 받고도 2회 이상 시정하지 아니한 경우, 다섯째, 조합의 설립기준에 미치지 못하는 경우입니다. 그리고 업무정지 기간에 해당업무를 계속한 경우와 거짓이나 그 밖의 부정한 방법으로 설립인가를 받은 경우는 설립인가를 취소합니다.

👉 **사회자** : 조합원이나 회원이 검사를 청구할 수 있는지요?

👉 **신인식** : 조합의 경우 조합원 300인 이상이나 조합원 또는 대의원 100분의 10 이상의 동의를 받고(중앙회의 경우 회원 100분의 10 이상 동의), 소속조합 및 중앙회의 업무집행상황이 법령이나 정관에 위반된다는 사유로 검사를 청구하면 장관은 회장으로 하여금 조합의 업무상황을 검사하게 할 수 있고, 금융감독원장에게 중앙회에 대한 검사를 요청할 수 있습니다.

5 농·축협의 건전 발전을 위한 중앙회의 지원

👉 **사회자** : 중앙회의 회원조합지원은 자금지원, 합병지원, 경영지원, 제 규정 지도 등이 있습니다. 이에 대해서 알아보도록 합시다.

👉 **신인식** : 중앙회와 농·축협이 공동으로 조성한 자금으로 합병, 농기계은행사업 활성화 등에 무이자로 지원하는 조합상호지원자금이 있습니다. 2018년 기준 조성 현황을 보면 조성액이 5조 4,261억 원이며 구성비는 중앙회 56.6%, 농·축협 43.4%입니다. 자금조성 기준을 보면 중앙회는 매년 이익잉여금 적립 시 총회에서 의결하여 적립합니다. 농·축협은 조합상호지원출자금과 사업이용초과출자금으로 조성합니다.

👉 **사회자** : 농·축협에서 조성하는 조합 상호지원 출자금과 사업이용초과출자금의 출연기준을 설명해주시지요. 그리고 이차보전자금에

대해서도 간략하게 설명해주세요.

🔃 **신인식** : 조합상호지원출자금은 농·축협별 전년 말 매출총이익의 0.5~2% 이내로 1회 최고한도는 5억 원입니다. 구체적인 출연율을 보면 매출총이익 100억 원 이상 7대 도시 소재 농·축협(농촌형 제외) 2%, 매출총이익 50억 원 이상 1.5%, 25억 원 이상 1%, 25억 원 미만 0.5%입니다. 사업이용초과출자금은 농·축협별 비조합원 이용제한 사업 중 전년도 비조합원의 사업이용량이 전체 사업량의 1/3을 초과하는 부문에서 발생하는 매출총이익의 3%입니다. 비조합원 사업이용제한은 전체 사업량의 1/2입니다. 이차보전자금은 농·축협이 농협은행으로부터 자금을 차입하고 해당이자발생분에 대해 중앙회 사업계획에 반영된 예산으로 보전하는 자금으로 벼 매입, 재해지원 및 경제사업 활성화 등에 무이자(일부 저리)지원합니다.

🔃 **사회자** : 다음은 합병 농·축협에 대한 중앙회의 지원에 대해 알아봅시다. 먼저 합병추진의 기본방향을 알아봅시다.

🔃 **신인식** : 시도·시군단위 조합운영협의회 위주로 합병논의를 활성화하고, 합병업무의 원활한 추진과 개선책 마련을 위해 실무협의회를 개최하는 등 합병은 합병 필요 농·축협 중심으로 자율합병을 적극 추진하여야 합니다. 경영개선이 필요한 농·축협에 대한 경영진단을 실시하고, 합병권고(유예) 농·축협은 경영진단을 재실시하고 사후관리를 강화합니다.

🔄 **사회자** : 중앙회가 합병을 지원하는 목적과 지원예산에 대해 구체적으로 설명해주세요.

🔄 **신인식** : 합병지원자금의 목적은 피합병 농·축협의 손실보전 및 합병 농·축협의 동반부실방지, 합병 후 조기경영안정 및 사업 활성화를 도모하고 소멸 농·축협의 임원 퇴임공로금 등을 간접 보전하는데 있습니다. 합병기본자금으로 참여 농·축협당 무이자로 3년 거치 3년 분할 상환으로 100억 원 지원하며, 소멸 농·축협 당 무이자 5년 분할상환으로 20억 원을 지원합니다.

🔄 **사회자** : 다음은 소멸 조합임원에 대한 처우와 사후관리에 대해 알아봅시다.

🔄 **신인식** : 소멸조합 임원에 대한 처우는 합병 후 존속되는 신설 조합 이사회에서 결정합니다. 조합장은 자율합병 7천만 원, 합병권고 합병 5천만 원과 잔여임기보수액의 50%를 지원하는데 최고한도는 1억 5천만 원 이내입니다. 상임이·감사는 조합장 지급액 이내, 비상임이·감사에게는 특별 위로금을 지급하는데 최고 1천만 원 이내에서 잔여임기별(합병등기일 기준)로 차등지급합니다.

🔄 **사회자** : 다음은 중앙회의 지원 중 제규정의 지도에 대해서 알아봅시다.

🔄 **신인식** : 제규정이란 효력순위별로 규약, 규정, 준칙, 업무방법을 의미하는데, 상위 제규정에 저촉되는 하위 제규정의 조항은 효력을 상

실합니다. 중앙회가 정한 제규정(예)와 달리 정하고자 하는 경우 중앙회 입안부서장의 변경승인을 득하여야 합니다. 규약은 총회의 의결, 규정은 이사회의 의결, 준칙은 조합장이 결제하며 상임이사 직무 범위 내에서는 상임이사결제이며, 업무방법은 조합장결재입니다.

사회자 : 중앙회 이사가 되고 싶은 조합장의 가장 큰 관심분야는 이사선거운동에 관한 것이라고 생각합니다. 이에 대해서 말씀해 주시지요.

신인식 : 선거운동에 대하여 할 수 없는 행위를 직시하는 것이 이해하는데 더욱 도움이 될 것 같군요. 중앙회 이사가 되고자 하는 조합장은 이사 임기만료일 전 90일부터 선거일 까지 선거인을 호별로 방문하거나 특정장소에 모이게 할 수 없습니다. 그리고 누구든지 이사선거와 관련하여 연설·벽보 기타의 방법으로 허위사실을 공표하거나 공연히 사실을 적시하여 후보자를 비방 할 수 없습니다. 위원회는 규정을 위반하여 선거운동을 하는 경우에는 중지시키거나 철거·회수 등 기타 필요한 조치를 할 수 있습니다.

PART

4

조합원 만족경영 및 지지 확보

제17장

조합원 만족경영전략

↪ **사회자** : 지금까지 농업·농촌·농협의 지도자인 농협의 임원 및 조합장으로서 농업·농촌·협동조합기관·선거 및 중앙회 등에 대해 기본적으로 알아야 할 사항을 논의하였습니다. 이제부터 조합장으로서 조합원 만족경영을 위해 갖추어야 할 사항을 정리해 보는 것도 의미가 있다고 보는데요.

1 협동조합의 필요성

↪ **신인식** : 조합원의 만족경영을 위해서는 협동조합이 왜 만들어 졌는가. 즉, 협동조합의 필요성부터 알아보겠습니다. 산업혁명 이후 자본주의가 발달되면서 자본주의의 가장 큰 폐해인 빈익빈 부익부 현상이 심화됨에 따라 이를 극복하기 위해 인간은 많은 노력을 하였습니다. 우선 사회주의를 들 수 있는데 지구상에 북한을 제외하고 거의 모든 국가가 자본주의 체제로 전환한 것을 보면 사회주의는 실패하였다고 볼 수

있습니다. 그리고 자본가의 부의 편중을 막기 위한 노동조합이 있는데 이는 현재까지도 계속투쟁 및 협상중이라 볼 수 있으므로 협동조합이 자본주의의 폐단인 빈익빈 부익부 현상을 막을 수 있는 유일한 방법이라 생각됩니다.

🔁 사회자 : 자본주의의 문제점인 빈익빈 부익부 즉 약자들의 경제적·사회적 지위향상을 위해 협동조합이 필요하다는 것이군요. 다음으로 협동조합의 경영원칙에 대해서 보면 조합원은 봉사주의를 주장하고 직원은 경영주의를 주장한다고 하는데 이에 대해서 말씀해 주시지요.

② 경영주의와 봉사주의

🔁 신인식 : 협동조합 경영은 조합원의 이윤극대화라고 볼 수 있는데 이를 위한 두 가지 경영원칙을 주장하기도 합니다. 하나는 운동체적 성격으로 조합원에 대한 봉사주의 즉 협동조합주의는 조합원을 위한 사업 및 서비스가 조합경영에 우선한다는 것이라고 볼 수 있고, 경영체적 성격으로 보는 경영주의는 조합원의 편익에 우선하여 조합경영을 고려하므로 양자 간에 갈등이 있다고 볼 수 있습니다. 가끔 현실적으로 신규 사업에 대해서 직원은 적자가 예상되어 농협경영에 부정적 영향을 미칠 것을 우려하여 사업을 하지말자는 주장을 하는 경향도 있고, 반면에 조합원이나 표를 의식하는 조합장 및 임원은 조합원의 편익에 도움

이 된다면 사업을 해야 한다는 주장을 하기도 합니다. 이러한 양자 간의 주장이 갈등을 가져온다고 하는 견해도 있습니다.

🔁 **사회자** : 협동조합경영에 대해 경영주의와 봉사주의를 각각 주장하는 이유를 설명하였습니다. 그러면 양자를 어떻게 융합해야 하는지요.

🔁 **신인식** : 국제협동조합연맹(ICA)은 협동조합의 경영체적 성격을 강조하였습니다. 이는 자본주의체제하 협동조합이 경쟁력을 가지려면 경영을 우선하여야 한다는 것입니다. 그런데 두 주장은 절대로 경합관계가 아닌 보완관계라 생각합니다. 협동조합의 목적이 조합원의 편익 극대화이므로 경영체적 성격에 의한 경영(수단)으로 사업의 경쟁력을 높여 그 결과로서 조합원의 편익을 증대(목적)하는 것이라고 봅니다. 경영이 잘되어야 일반기업체가 관심을 가지지 않는 여건불리지역(오지 등)에서 손실을 감수하고 사업을 수행함으로써 조합원의 편익을 극대화 할 수 있는 것입니다.

🔁 **사회자** : 협동조합 경영에 대한 운동체적 성격과 경영체적 성격은 상호갈등 관계가 아닌 보완관계이군요. 그러면 앞으로는 어떤 추세로 가고 있는지 말씀해 주시지요.

🔁 **신인식** : 협동조합의 새로운 추세를 알아보면 북미신세대협동조합은 부가가치 협동조합으로 가공·포장 등에 의한 부가가치를 창출하고 있습니다. 이는 자본조달 방법에서도 기존 협동조합과 다르게 조합원 출자와 주식 발행을 하고 있습니다. 일반주는 조합원 자격을 취득하

고 출하권리를 획득합니다. 비조합원으로부터 우선주를 발행하는 등 자금조달에 적극적입니다. 그러나 협동조합의 정체성유지를 위하여 1인 주식보유 한도를 제한하고 1인 1표 및 이용고배당을 고수하고 있습니다. 그리고 유럽의 협동조합기업은 협동조합의 장점과 기업운영 방식의 장점을 살려 진화된 협동조합 모습을 보이고 있습니다.

③ 조합원 요구의 다양화

📀 **사회자** : 협동조합의 추세는 협동조합의 정체성을 유지하면서 기업경영방식을 도입하는, 즉 두 마리 토끼를 잡는 전략이군요. 이제 농협으로 초점을 맞추어 얘기해 주시지요. 우리나라 농협 조합원들은 벼농사를 주로 하는 농업인에서 다양화·전문화 되었으며, 농업·농촌·농협 및 농협직원에 대한 인식도 많이 변하였습니다. 이러한 변화는 농협경영에 큰 영향을 미친다고 볼 수 있습니다. 이에 대해 간략하게 말씀해 주시지요.

📀 **신인식** : 과거 농협 조합원은 벼농사를 위주로 하였으므로 농협사업도 이에 맞추어 농용자재 구매를 위한 구매사업, 생산 농산물 판매를 위한 판매사업 및 자금융통을 위한 신용사업을 하였습니다. 그러나 조합원이 벼농사 위주에서 채소·과수·축산·관광농업 등으로 다양화됨에 따라 농협에 대한 요구사항도 다양화 되어 이의 요구사항 충족에 어려

움을 느낄 것입니다. 또한 조합원 중에서 예금을 많이 하는 조합원과 대출을 많이 받는 조합원의 요구사항도 극과 극입니다. 뿐만 아니라 조합원의 영농규모도 양극화 현상이 갈수록 심화되어 조합원들의 요구도 다양화되고 있습니다. 그리고 농협 사업이용자도 조합원 위주에서 준조합원, 비조합원의 이용비율이 점점 더 높아지고 있습니다.

📌 **사회자** : 조합원의 다양화로 조합원의 조합에 대한 요구도 다양하여 조합원 만족경영이 쉽지 않겠군요. 더욱이 농협 주변 환경이 결코 사업하기에 좋은 것만이 아니라고 생각되는데요.

📌 **신인식** : 그렇습니다. IMF를 거치면서 우리나라도 농업·농촌·농협·농협직원에 대한 비농업인의 인식 등이 동정에서 경쟁의 대상으로 변화하였습니다. 농업이 수익성이 낮고 힘든 직업이라는 생각에서 농업부문 수익이 상대적으로 안정적이라는 생각으로 바뀌고 있습니다. 농촌에 대한 생각도 생활이 불편하다는 생각에서 교통 및 편이시설의 증대로 전원생활이라는 생각으로 바뀌고 있습니다. 농협의 보수적인 경영에 대해서도 배울 점이 있다는 생각으로 바뀌었으며, 농협의 직원에 대해서도 좋은 직장에 다닌다는 생각을 가지게 되었다고 봅니다.

이와 같이 외부의 농협에 대한 사고의 변화는 농업·농촌 부문의 정책적 지원을 어렵게 만들고 농협사업에 대해서도 경쟁적으로 생각하는 등 농협경영에 많은 어려움이 있을 것입니다. 그러므로 협동조합의 장점을 최대한 살리면서 기업경영의 장점도 도입하는 등 여건변화에 능동적으로 대응하여야 진정한 조합원 만족 경영을 실현하는 농협이 될 것입니다.

사회자 : 농업·농촌·농협에 대한 외부의 시각이 동정에서 경쟁으로 바뀌었다는 것은 상대적으로 좋아졌다는 얘기도 되는 군요. 다음은 협동조합의 적정규모에 대해 논의하도록 합시다.

4 협동조합의 규모

신인식 : 협동조합 경영자의 목표와 적정규모를 알아보겠습니다. 기업의 목표는 이윤극대화이나 협동조합은 경영을 위한 최소한의 적정 이윤이 보장되는 조합원을 위한 사업량의 극대화라고 봅니다. 협동조합 규모에 대한 많은 이론과 실증적 검토는 있었으나 현실 적용 가능한 적정규모에 대한 명확한 이론과 실증분석은 없는 것 같습니다.

사회자 : 협동조합경영의 목표는 최소한의 적정이윤이 보장되는 조합원을 위한 사업량의 극대화이군요. 이를 위한 방안이 있는지요?

신인식 : 대부분의 나라에서는 자본주의 체제하에서 살아남기 위해서 합병을 하고 있으며, 우리나라 농협도 규모화를 위해 합병을 유도하고 있습니다. 특히 우리나라 농협은 종합농협으로 2개 이상의 사업을 하고 있기 때문에 규모의 경제(Economies of scale, 전문화)보다 범위의 경제(Economies of Scope, 다양화)를 생각해야 한다고 생각합니다.

사회자 : 농협은 종합농협으로서 다양한 사업을 하므로 범위의 경제를 생각해야 하는 군요. 그러면 협동조합규모의 측정은 기업과 다르겠군요.

신인식 : 협동조합의 규모는 조직규모와 경제규모로 구분해 볼 수 있습니다. 경제규모는 조합원수와 조합원의 조합사업 이용도에 의해, 조직규모는 조합원수와 조합원 상호간의 결합도에 의해 결정됩니다. 그러므로 경제규모는 조합사업량의 크기, 조합사업이용량의 크기, 조합원 경제향상에의 기여도, 조합원에 대한 봉사도로 측정하는 것이 합리적일 것입니다. 조직규모는 조직력에 의해서 결정되는데 조합사업 이용을 하지 않는 휴면조합원 보다 많이 이용하는 활성조합원수가 많아야 조직규모가 확대됩니다. 그러므로 조합원수보다 조합원조직력 즉 조합이용도가 높은 조합원이 많아야 조직규모가 크게 됩니다.

사회자 : 협동조합의 규모는 조직규모와 경제규모로 구분하였는데 그러면 규모화 방안은 무엇인지요.

신인식 : 협동조합 규모는 기본적으로 조합원수가 많아야 하고 조합원의 결속력이 강화되어 조합이용도가 높아져야 합니다. 그런데 조합원수가 많으면 조직력(결속력)이 약화되는 경향이 있어 적정규모를 얘기하기가 더욱 어렵습니다. 그러므로 잘되는 농협은 조합원의 조합사업이용도가 높은 농협입니다. 즉, 조합원의 조합이용도를 높이도록 농협을 경영해야 합니다.

사회자 : 협동조합의 적정규모는 조합원의 사업이용도가 최대가 되는 규모라고 할 수 있군요. 다음으로 협동조합의 주인인 조합원의 조합에 대한 태도와 협동조합구성원 간 상호관계를 알아보는 것도 조합경영에도 도움이 될 것이라 생각합니다.

5 조합원의 조합에 대한 태도와 구성원 간의 상호관계

신인식 : 먼저 조합원의 협동조합에 대한 태도를 논의해 보겠습니다. 일반적인 조직 구성원의 조직에 대한 태도를 협동조합에 적용해 보면, 협동조합의 지도자라고 할 수 있는 열성파 10%, 협동조합사업에 적극적으로 참여하는 협력파 20%, 조합사업보다 필요에 따라 조합에 참여하거나 하지 않는 중간파 40%, 협동조합의 필요성을 회의적으로 생각하는 회의파 20%, 협동조합 운영을 비판하는 비판파 10%로 구성되어 있다고 볼 수 있습니다. 성공한 협동조합은 조합장의 리더십에 의해 비판파의 비판내용을 수용하거나 설득으로 비판파의 비율을 5%이하로 낮추고, 회의파에 대해 협동조합의 필요성을 주지시켜 회의파를 10%이하로, 조합원에 이익을 주는 사업에 중점을 둠으로써 중간파 비중을 낮추어 최소한 열성파와 협력파의 비중을 70% 이상으로 높여야 할 것입니다.

사회자 : 협동조합의 경쟁력을 높이려면 조합원의 결속력이 있어

야 하는데 이를 위해서는 협동조합에 대한 적극적 조합원의 비중이 70%

이상은 되어야겠군요. 그런데 협동조합의 구성원은 크게 보면 직원과

조합원으로 구분되며, 조합원은 조합장 등 임원인 경영자와 대의원 및

일반조합원으로 구분해 볼 수 있으며, 직원은 책임자와 일반직원으로

구분해 볼 수 있습니다. 이들 상호간의 관계가 협동조합 경영에도 중요

하지만 임원 및 조합장 선거에도 크게 영향을 미친다고 생각합니다. 이

에 대한 견해를 간략하게 정리해 주시기 바랍니다.

  ⟳ **신인식** : 어느 조직이나 구성원 간의 상호관계가 중요하다고 생각

합니다. 특히 협동조합은 인적단체이므로 더욱 중요합니다. 협동조합

은 일반기업과 다른 노사관계의 특수성을 가지고 있습니다. 직원은 피

고용자로 노동을 제공하고 급여를 받는 노동자 성격과 협동조합을 위

한 사명감을 갖는 봉사자 성격 즉, 이중적 성격을 가지고 있습니다. 협

동조합사업은 봉사를 목적으로 하므로 직원은 협동조합 운동가로 볼

수도 있습니다. 그러므로 경영자와 직원의 관계는 사용자와 노동자의

관계로 보면 대등(대립)한 관계이나 운동가로서는 동지적 관계이므로

노사 대립이 아닌 상생의 원리가 도입됩니다.

  ⟳ **사회자** : 그렇다면 직원과 조합원간의 상생에 대해 논의해 보아야

겠군요.

  ⟳ **신인식** : 노사갈등(적대적)으로 보는 견해는 마르크스 경제학이나

영미 주류경제학에서 노사관계를 적대적 제로섬게임 즉, 기업이익을

고정된 것으로 보기 때문에 임금(노동자)과 이윤(자본가)을 상충관계로

보기 때문입니다. 이는 자본가와 노동자 간의 상생관계를 간과하였을 뿐만 아니라 동태적으로 노사 간 협력에 의해 총 수익이 증대하면 노사 몫 모두 증대되므로 플러스 게임 가능성을 간과하였습니다.

경제체제별 인력관리를 보면 사회주의는 경영을 잘못하면 벌을 주는 채찍을 쓰며, 자본주의는 경영성과에 대한 당근 즉 이익을 보며 경영 비성과는 손실을 보게 됩니다. 신자유주의는 경영에 실패하면 해고 및 도산을 하며, 성공하면 고액의 연봉을 받는 채찍과 당근으로 인간을 동물화하고 있습니다. 그러나 협동조합주의는 신뢰와 이성적 설명으로 설득과 감동을 주어 마음을 움직여 자발적인 노력을 하게 합니다.

사회자 : 협동조합의 인력관리는 자본주의, 사회주의와 달리 신뢰와 감동에 의한 자발적인 노력을 하게 하는 것이군요. 너무 추상적인 것 같은데 경영자와 직원 간의 관계를 원활하게 하는 구체적인 방법은 없는지요.

신인식 : 노사 간의 관계를 원활하게 하는 것은 쉬운 것이 아니나 방안을 생각하여 본다면, 우선 경영자나 조합원은 직원의 노동자성을 인정해야하며 운동가가 되기를 강요하기보다 동참하도록 리더십을 발휘해야 합니다. 반면에 직원은 협동조합의 특수성을 인정하고 운동가로서의 모습을 보여야 할 것입니다. 이를 위해서 무엇보다 중요한 것은 조합원은 직원에 대한 기대수준을 낮추어야 한다고 생각합니다. 기대수준을 낮추면 직원에 대한 만족도가 높아 질 것입니다. 또한 직원은 직원으로 전문성을 갖추어 업무능력을 높여야 하며 조합원이 주인이라

는 의식을 가져야 할 것입니다. 무엇보다도 구성원 및 이해관계자 각자의 주장은 개인으로 보면 진리이겠으나 조합으로 보면 합리적일 수 없습니다. 그러므로 조합은 이해관계자. 구성원 간 상호 공감과 배려에 의한 상생이 중요하다고 봅니다.

사회자 : 협동조합 구성원은 상호대립이 아닌 보완관계로서 상생을 해야겠군요. 협동조합 경영의 궁극적 목적을 달성하기 위한 조합원 만족 경영전략을 위해서는 어떤 것이 주어진 여건에서 최고의 조합원 만족인지를 알아야 하는데 쉽지 않을 것 같습니다. 그러나 조합원 만족도 제고방안에 대해 논의해 볼 필요가 있다고 생각되는데…….

6 조합원 만족도 제고방안

신인식 : 우선 협동조합뿐만 아니라 자본주의 체제하의 모든 조직이 과거 공급자 중심에서 수요자 중심으로 바뀌었다고 볼 수 있습니다. 그러므로 협동조합도 사업 중심과 조합원중심의 두 마리 토끼를 잡아야 한다고 생각합니다. 그러므로 사업양의 증대도 중요하나 사업의 질 즉, 사업수혜자 측면도 생각해야 할 것입니다.

사회자 : 인간의 욕구가 무한하듯이 조합원이 조합에 바라는 것도 무한 할 것인데 어떻게 만족도를 높일 수 있습니까? 그러니까 최대만족도보다 적정만족도에 대해 먼저 논의를 해야 하지 않을까요?

신인식 : 그렇습니다. 조합에서 아무리 서비스를 잘해도 조합원의 욕구를 충족시키기는 어려울 것입니다. 그래서 어렵겠지만 적정만족도에 대해 애기하고자 합니다.

먼저 조합원의 조합의사결정에 대한 참여에 대한 요구는 당연히 전 조합원이 의사결정에 참여하여야 만족도가 높을 것입니다. 그러나 현실적으로 조합장선거 등을 제외하고는 전 조합원이 참여하기는 운영 등 여건상 거의 불가능하므로 대의원회와 이사회에서 대부분의 의사결정이 이루어집니다.

사회자 : 그러면 전 조합원이 조합의 의사결정에 참여할 수 없다면 조합원을 대표하는 적정 대의원의 수는 몇 명으로 보십니까?

신인식 : 적정이라는 말은 참 어렵습니다. 그러나 말하자면 주어진 여건에서 조합원의 의견을 최대한 반영할 수 있는 숫자라고 할 수 있겠지요. 각 나라마다 국민을 대표하는 적정 국회의원 수가 몇 명이냐, 인구기준, 면적기준 등 논란이 많습니다. 협동조합 대의원수가 많으면 대표성은 높으나 운영의 효율성은 낮을 것이며 대의원수가 적으면 대표성은 낮으나 운영의 효율성은 높을 것입니다. 그러므로 이를 고려하여 적정대의원수를 결정하여야 할 것입니다. 농협의 경우 현재 대의원수를 보면 조합원 30여 명 당 대의원 1명이며, 도시농협일수록 대의원 1명당 조합원수가 많은 것으로 나타났습니다.

사회자 : 다음으로 어렵겠지만 조합원의 적정만족도에 대해 애기해 주시지요.

신인식 : 조합원의 만족도는 조합원의 조합에 대한 기대수준과 조합사업 서비스로 인한 조합원의 편익크기에 의해 결정된다고 볼 수 있습니다. 즉, 조합원의 조합에 대한 기대수준이 높으면 만족도는 낮을 것이며 낮으면 만족도는 높을 것입니다. 그리고 조합사업의 성과로 조합원편익이 높으면 만족도는 높을 것입니다. 그러므로 협동조합 및 조합경영에 대한 이해로 조합여건에 맞는 기대수준을 가져야 할 것이며 조합은 신용·경제·지도사업 등의 활성화로 조합원편익증진에 노력함으로써 최대만족도 보다 주어진 여건에서 적정 만족도를 달성하는 것이 현실적이라고 봅니다.

사회자 : 적정이라는 것이 이론적으로 가능하지만 현실적으로는 어렵군요. 조합원 만족도를 높이기 위해서는 조합원의 조합에 대한 의식이 어떤지를 아는 것도 중요하다고 봅니다.

신인식 : 조합원의 조합에 대한 의식은 시대에 따라 다르다고 볼 수 있습니다. 과거 소규모 조합일 때는 조합원의 주인의식이 강해 조합에 대한 충성심이 높았다고 볼 수 있습니다. 그러나 최근 규모화, 도시화로 인해 약해지는 경향이 있습니다.

최근 설문조사결과를 보면 협동조합 거래 이유로 조합원이니까 거래한다는 비율이 가장 높았고 다음으로 직원의 권유 등이었습니다. 만족도를 유형별로 보면 조합원이 비조합원보다 만족도가 높고, 도시지역이 농촌지역보다 높으며 연령이 높을수록 만족도가 높게 나타났습니다. 다음으로 조합이 경영적자가 발생했을 때 손실부담을 감수하겠다는 조합원은 소수로 나타났으며, 조합이 나에게 실익이 되지 않는다면 탈퇴하겠다는 조합원 응답자 비율은 높게 나타났습니다.

🔄 **사회자** : 조합원의 조합에 대한 충성도가 높지 않는 상황에서 사업성과도 올리고 조합원 만족도도 높여야 한다는 얘기군요. 그러면 구체적으로 어떻게 해야 두 마리 토끼를 잡을 수 있는지요.

🔄 **신인식** : 조합원 만족도를 높이기 위해서는 먼저 조합원이 원하는 것(Needs)을 파악하기 위한 조합원 만족도, 다시 말해서 불만사항을 알아야 합니다. 이를 위해 조합원 만족도 조사가 필요한데 이는 계속성·정량성·정확성을 높여 결과의 타당성과 신뢰성을 높여야 합니다.

🔄 **사회자** : 타당성과 신뢰성이 있는 조합원 만족도 조사를 하는 것이 우선이라는 얘기군요. 그러면 구체적으로 방법론을 설명 해 주시지요.

🔄 **신인식** : 조합원 만족도 조사보다 조합원 불만조사라 해야겠지요. 일반적으로 설문응답자는 자기의 진정한 의사를 표시하지 않는 경향이 있지요. 그러므로 진정한 속마음을 알아보는 것이 조사의 목적이라 할 수 있겠습니다. 이는 일종의 조사기법이라 할 수 있겠는데, 이를 위해서는 조사자가 제3자라야 한다고 생각하며, 설문 항목에서 항목 간 상호연계에 의해 정확한 설문대상자의 의사를 파악해야 한다고 생각합니다.

🔄 **사회자** : 조사는 제3자가 해야 하며 조사문항 간 상호연계에 의해 정확한 의사를 파악해야 한다고 하셨는데 추상적이고 딱히 와 닿지 않는 군요.

✿ **신인식** : 그렇습니다. 그러면 구체적인 예를 들어 설명을 하지요. 협동조합의 조합원이 조합에 대해 어떤 불만을 가지는지를 차원별(큰 범위에서 세부적으로) 문항에 대해서 5단계(매우만족, 만족, 보통, 불만, 매우불만)로 파악해야 된다고 생각합니다. 예를 들어 1차로 조합에 대한 일반적(총체적)인 만족도 즉, 조합원으로서 조합에 대해 만족하십니까?

다음 2차는 부문별로 첫째, 사업실익성(사업별, 조합원 실익제공여부), 둘째, 변화대응성(내·외부 환경변화, 조합원 의사 수용 변화 등), 셋째, 신속·정확성(직원의 업무처리 신속·정확·공정·결과통보 등), 넷째, 접근용이성(직원태도, 업무절차 등), 다섯째, 이용·편리성(주차, 편의시설, 사무실환경 등), 여섯째, 지배구조(조합장, 이사회, 대의원회 등) 등으로 합니다. 그리고 3차로 세부적 설문 항목을 설정합니다. 사업실익성을 예를 들면 ① 조합의 신용사업 업무는 조합원에게 큰 도움을 주었다 ② 조합의 판매사업은 조합원에게 실익을 제공해주었다 ③ 조합의 구매사업은 조합원에게 실익을 제공해주었다 ④ 조합의 마트사업은 조합원에게 실익을 제공해주었다 ⑤ 조합의 공제사업은 조합원에게 큰 도움을 주었다 ⑥ 조합의 지도·교육사업은 조합원에게 큰 도움을 주었다 등으로 합니다.

✿ **사회자** : 설문을 큰 범위에서 세부적으로 조사함으로서 상호 논리성도 확인하는 군요. 그러면 조사 이후 어떻게 분석을 합니까?

✿ **신인식** : 조사결과에 의한 개선방안을 찾아 조합원 만족도를 높일 수 있는 방안을 찾아야 할 것입니다. 그러나 불만사항을 모두 한꺼번에

해결하는 것은 어려우므로 항목별 가중치 부여에 의한 중요도와 만족도를 측정하여 포트폴리오 분석에 의해 중요도가 높으며 만족도가 낮은 불만 사항부터 먼저 해결하여야 할 것입니다.

🔄 **사회자** : 조합원 불만사항을 조사한 후 중요도에 따른 우선순위에 의해 해결을 한다는 말씀이군요. 그러나 조합원의 조합에 대한 기대에는 한계가 없으므로 무조건 만족도를 높인 다기 보다 적정한 만족도 수준이 있어야 한다고 보는데…….

🔄 **신인식** : 그렇습니다. 인간의 욕망은 끝이 없듯이 조합원은 조합에 대해 무한한 기대와 요구를 한다고 볼 수 있겠지요. 조합의 입장에서 경영여건에 따라 조합원의 기대를 충족시키기에는 한계가 있겠지요. 그러나 주어진 여건에서 조합원의 적정 만족도 즉, 적정 서비스수준은 측정하기 어렵다고 생각합니다.

그러나 이론적으로 본다면 조합원의 조합에 대한 경제적·비경제적 가치에 대한 기대수준과 조합원 편익을 위한 조합서비스 수준이 일치하는 수준이 주어진 여건에서 최적의 조합원 만족 수준이라고 생각합니다. 그러므로 조합원 만족도를 높이려면 조합원이 조합경영여건·협동조합·직원 등을 이해함으로서 조합에 대한 합리적 기대수준을 갖게 해야 하는 반면 각 사업의 성과를 높여 조합원 편익을 높여야 할 것입니다.

🔄 **사회자** : 조합원 만족도를 높이기 위한 전략은 조합원의 조합경영에 대한 이해를 높여 합리적 기대수준을 가지게 하고 사업성과를 높여 조합원 편익사업을 많이 해야 된다는 얘기군요.

제18장

조합원의 지지 확보 전략

1 조합원과 대화 방법

> 🔄 **사회자** : 조합임원에 출마하고자 하는 분은 평소에 조합원과 대화를 할 때 남과 달라야 한다고 봅니다. 그러나 무엇보다 중요한 것은 서로 간에 대화를 하면서 생각을 정확하게 전달하고 호감과 신뢰를 가지도록 해야 할 것입니다. 그러면 조합원과 대화를 할 때 특별한 대화방법이 있는지 말씀해 주시지요.

> 🔄 **신인식** : 특별한 대화방법이라기 보다 어떻게 대화를 하면 신뢰와 호감을 갖도록 하는지 알아보겠습니다. 임원 출마자가 만나는 유권자가 아무리 많아도, 그리고 자주만나도 서로 통하지 않으면 유령인간과의 만남이지 의미가 없다고 봅니다.
>
> 사람이란 자기 말에 귀 기울여 주고, 가치를 인정해 주며, 의견을 물어주는 사람에게 보답하는 것이 인간의 본성입니다. 그러므로 조합원과 대화 시 농협을 어떻게 운영해야 조합원에게 도움이 될까요? 항상 조언을 듣겠습니다. 이렇게 말을 하면 호감을 가지게 될 것이라 생각합

니다. 유권자(조합원)와 만날 때 성함을 기억하여 얼굴을 혼돈하지 말도록 노력하고, 여성은 아주머니, 할머니라고 부르는 것보다 이름을 불러주는 것이 더욱 친밀감을 가지게 될 것입니다.

🔄 **사회자** : 조합원과 대화 시 상대방의 말에 귀를 기울이고 상대방의 호칭에도 주의를 하여야겠군요. 다음은 효율적인 대화내용에 대해서 알아봅시다.

🔄 **신인식** : 대화에서 목적을 달성하기 위해서는 상대에게 거슬리는 발언(자기자랑, 불공정한 지적)을 적게 하고, 가능하면 공통사항에 대한 발언을 하고, 비난은 적게, 가끔 들은 내용을 요약하여 말해주면 상대방이 존중 받는 느낌을 가질 것입니다. 특히 상대방의 체면을 살려주는 대화는 특히 한국 사람에게 중요합니다. 또한 너무 성급하게 해결책을 찾지 말고 점진적으로 하는 것도 중요합니다. 즉, 너무 큰 변화를 시도하면 상대방이 위협을 느낄 수 있습니다. 특히 굳은 신념을 가진 상대방(상대후보지지자 등)을 설득하기 위해서는 더욱 점진적인 것이 좋겠습니다. 하고 싶은 말 나의 주장만 하지 말고 상대방의 믿음을 존중해 주고, 긴장이 고조되면 다음에 대화를 하는 것이 좋습니다. 조합원(유권자)은 거짓말을 한다고 느끼거나, 다른 사람을 모함하거나, 무엇을 안다고 등 무시하는 발언을 하거나, 다른 사람(경쟁자나 사이가 좋지 않은 사람 등)을 칭찬하거나 비교할 때에는 감정적으로 변하기 쉬우므로 유의해야 합니다.

🔄 **사회자** : 대화할 때 자기자랑이나 지적을 하지 말고 상대방을 존

중한다는 느낌을 주도록 해야겠군요. 그리고 대화의 타이밍도 중요하다고 생각되는데……

신인식 : 조합원을 대할 때 조합원이 바쁘거나 다른 생각을 함으로써 얘기를 들을 준비가 되어있지 않다고 생각하면 다음 기회에 하는 것이 좋습니다. 아무리 말을 잘 해도 듣지 않으면 아무 의미가 없습니다.

사회자 : 조합원과 대화를 할 때 인내심을 가져야겠군요. 가끔 조합장 출마자가 조합원을 만나고 나서 무엇인가 잘못했다고 후회감이 드는 경우도 있을 수 있겠습니다. 이를 사전에 막거나 다시 반복하지 않기 위해서 매일 점검하는 방법은 어떤지요.

신인식 : 조합장에 출마하기를 희망하거나 출마자는 항상 조합원(유권자)을 만나고 있습니다. 그러므로 무계획적으로 만나는 것보다 계획적이고 체계적일 필요가 있다고 봅니다.

먼저 조합원을 접촉하기 전에 해야 할 사항을 보면, 내일은 몇 명의 조합원을 접촉할 것인가를 결정하고, 접촉 예정인 조합원의 신상을 정확하고 상세하게 파악한 후 조합원의 성격에 따른 분류 즉, 젊은 층·중년층·노년층, 남자·여자, 나에게 우호적인가·아닌가 등으로 유형화 한 이후 어떻게 하면 상대방에게 좋은 이미지를 줄 수 있는지와 조합원의 애로사항이나 예상 대화내용을 예측하고 답변을 준비하는 것이 좋습니다.

사회자 : 조합원을 접촉하기 전에 상대방에 대한 신상과 성격을 파악하고 대화내용을 미리 준비해야겠군요. 그리고 조합원을 만난 이

후 결과를 분석해야 도움이 된다고 생각되는데……

🔄 **사회자** : 조합원을 접촉한 이후 그 결과를 다시 분석함으로서 내일 좀 더 좋은 결과를 얻을 수 있는 방법을 찾을 수 있을 것입니다. 이를 위하여 저녁에 오늘 접촉한 조합원 각자의 성향과 사고에 맞게 대화를 했는가? 대화 중 일방적으로 내 의견만 얘기하지 않았는가? 한 사람과 너무 오래 혹은 너무 간단하게 대화하지 않았는가? 오랫동안 대화한 조합원이 있다면 이유는 무엇인가? 대화 결과 부정적 인상을 준 것은 아닌지? 종합적으로 분석한 후 보수적으로 몇 명의 지지자를 확보 했는가 파악하여 다음날 참고로 하여야 할 것입니다.

🔄 **사회자** : 조합원을 유형화하고 유형별 성향과 사고에 맞는 대화를 하고 매일 결과를 분석한 후 다음날 참고해야겠군요. 그런데 조합원에게 좀 더 공감을 얻을 수 있는 대화방법이 없을까요?

🔄 **신인식** : 특별한 대화방법이 있을까요? 우선 대화를 할 때 역지사지의 마음 즉, 상대방에 대해서 상대의 입장에서 생각하고 말을 해야 호감을 받을 것입니다. 예를 들어 출마자가 벼농사를 짓는다면 채소, 화훼, 축산 등 다른 작목에 대한 폭넓은 이해를 가져야 할 것입니다. 그리고 상대방이 재배 작목에 대해 어떻게 생각하고 있는가? 서로의 인식 차이가 무엇인가? 등을 알아야 할 것입니다.

예를 들면 내가 벼농사를 하고 있는데 돈이 1년에 한번 들어오고 쌀값이 낮아 어려움이 있는데 채소는 어떤 어려움이 있습니까? 상대방이 얘기를 할 때 답답하더라도 가능하면 상대방의 말을 끊지 말고 듣는데 치중하는 것이 좋습니다. 그리고 내 의견에 대해 상대방이 지적을 하면 감정을 배제하고 앞으로 계속 지적해주고 조언을 부탁하는 것이 좋습니다. 그러나 옳고 그름을 논쟁하지 않고 말을 들은 후 관계를 손상시키지 않는 선에서는 확고한 태도를 취하는 것이 좋습니다.

사회자 : 학연, 지연 등 무엇인가의 동류의식이 지지의 동기가 될 수 있다고 봅니다. 그렇다면 조합원과 어떻게 대화하면 동류의식을 가지게 할 수 있을까요?

신인식 : 동류에는 여러 가지 유형이 있겠지요. 동향, 동창, 동성, 동연배, 부자, 가난한자, 공부 잘하는 자, 못하는 자, 강자, 약자 등 어느 곳, 어느 부문이나 동류가 있을 것입니다. 외국에서 한국 사람을 만나면 반갑고, 타 도시에서 자기지역 자동차 번호만 보아도 반갑다는 얘기도 있지요. 그러면 조합원을 대할 때 중요한 것은 상대방이 동류의식을 가지게 하여야 합니다. 벼농사를 짓는 사람을 만나면 벼농사를 지금 짓지 않더라도 전에 해본 경험을 얘기한다든가, 정부나 농협에 대한 불만을 얘기한다면 일단 동조를 하고 차분하게 얘기해야겠지요. 조합원이 나와 다른 부류라고 느낀다면 지지자가 되기 어렵겠지요.

사회자 : 동류의식을 가지게 하려면 조합원에 대한 파악을 하고 대화 시 공감을 가지도록 하는 것이 중요하군요. 그러면 어떠한 태도가 공감의식을 가지게 하는지요.

신인식 : 조합원을 만날 때 고급 승용차나 외제차를 타거나 정장

을 하면 동류의식을 느끼기 어렵겠지요. 그러므로 기사 없이 소형차를 이용하고 옷은 검소하게 하는 것이 좋다고 봅니다. 허물없이 같이 막걸리 한잔 할 마음이 생기는 것이 좋겠지요. 물론 도시농협의 경우는 조금 다를 수도 있겠습니다. 가능하면 조합원을 만날 때 걷거나 대중교통을 이용하는 것이 좋다고 봅니다. 특히 고려할 것은 인간은 본능적으로 약자에게 동류의식을 가지거나 마음이 간다는 것입니다. 그러므로 조합원과 대화를 할 때 잘 난체, 돈이 많은 체, 집안이 좋은 체 등 허세는 절대로 유리하지 않다고 봅니다.

사회자 : 동류의식을 가지게 하려면 눈높이를 상대방에게 맞추도록 노력해야겠군요. 동류의식을 같게 하는 방법으로 공공의 적을 찾는 방법이 있다고 합니다. 술좌석에서 제3자를 같이 비난하거나 칭찬하는 것 등도 생각해 볼 수 있으나 칭찬보다 불만 비난 및 불평이 더욱 효과적이라고도 하는데……

신인식 : 공공의 적을 찾는 것은 동료가 되는 확실한 방법 중 하나라고 볼 수 있습니다. 공공의 적이란 개인, 집단, 특정한 생각 등이 공공의 적이 될 수 있을 것입니다. 인간은 같은 편이 되면 묘하게도 강한 친밀감을 느끼게 되는데 가장 쉽게 공공의 적을 찾는 것이 날씨, 정부정책에 대한 불평 등이라고 볼 수 있습니다. 예를 들면 히틀러는 유태인을 공공의 적으로 하여 단결력을 높였습니다. 정부정책·농협운영에 대한 손실·시간낭비·인재유출·기회상실 등도 공공의 적으로 제시할 수 있을 것입니다. 그리고 사적인 관계 즉, 재능의 낭비·외로움·질병 등도

공공의 적이 될 것입니다.

예를 들면 조합원을 만나려고 하는데 상대방이 바쁘다고 하는데 약속을 해야 할 경우 먼저 상대방이 바쁘다는데 공감을 하고 내가 도울 것이 없는지 알아보고 상대방을 바쁘게 만드는 사항에 대한 공공의 적을 찾아 동료의식을 느끼게 끔 하면 약속을 할 수 있을 것입니다.

무엇보다 가장 확실한 동류의식을 가지는 경우는 너의 기쁨을 나의 기쁨처럼 배 아프지 않고 더불어 기뻐하는 자, 즉, 조합장이 되면 나의 기쁨이 되는 유권자가 확실한 동료이며 이러한 유권자가 많아야 조합장에 당선될 것입니다.

사회자 : 농협도 도시농협, 농촌농협, 품목농협 등 다양합니다. 이에 따라 조합원의 성격도 더욱 다양하겠지요. 그러면 이러한 다양성과 연대감에 대해 알아보는 것도 중요하다고 봅니다.

신인식 : 다양성이란 인종·종교·언어·음식·의복·음악·성별·국적·나이·직업 등 외적요소의 차이가 아니라 자신의 정체성에 기인한다고 봅니다. 정체성은 외적요소에 의해 형성되기도 하지만 많지는 않다고 합니다. 그러므로 상대방을 설득 시 외적 요소의 동질성 보다 심리적 연대감을 이루는 것이 훨씬 중요할 것입니다.

종교나 문화가 같다고 반드시 동류의식이나 연대감이 있다고 보기 어렵습니다. 그러므로 상대방을 잘 모르면서 지연, 학연 등 피상적 공통점에 의존해서는 실패할 수도 있습니다. 진정한 공통점을 찾아내려면 실로 많은 노력이 필요하며 조합원의 마음을 얻는데 중요한 것은 나의 전문지식이나 경영능력이 아니라 호감이나 신뢰처럼 인간적인 요소로서 내가 아닌 상대가 동류의식을 느껴야 합니다. 그러므로 조합원의 유형에 따라 조합원을 만날 때 대화하는 방법이나 태도가 달라야 한다고 봅니다.

사회자 : 사람을 많이 만나다 보면 겉으로 보이는 직업이나 모습뿐만 아니라 성격이 다양합니다. 그렇다면 사람의 성향에 따라 대응방법이 달라야 한다고 보는데 어떻게 생각하십니까?

신인식 : 사람의 성향을 구분해보면 공격적 성향, 협조적 성향, 절충적 성향 등으로 구분해 볼 수 있습니다. 공격적 성향인 사람은 상대방을 이용하여 목표를 달성하려 하며 자기주장을 강하게 밀어 붙이며 일방적이므로 대화 시 한발 물러서서 상대의 말을 듣고 상대가치를 인정하면서 얘기하는 것이 좋습니다. 협조적 성향인 사람은 창의적 방식에 의한 공동이익 추구로 파이를 키우는 형으로 합리적 논리적인 대화가 필요하다고 봅니다. 그리고 절충적 성향인 사람을 대할 때는 해결속도에 초점을 두고, 목표미달에 만족하여야 하며 의견 차이에 대해서는 절충을 시도하되 절충은 마지막 카드로 접근하는 것이 유리할 것입니다.

사회자 : 조합원의 성향에 맞추어 대화를 하는 것이 좋군요. 다음은 대화 시 상대방의 감정변화에 어떻게 대처해야 하는 것이 좋은지요.

신인식 : 사람을 대할 때 특히 목적을 가지고 사람을 만날 때는 상대방 감정이 변하는 순간을 포착하고 상대방의 감정과 인식에 대해 이

해하려고 노력함으로써 상대방 감정의 근원을 파악해야 하며 내가 상대방을 자극하는 것은 아닌지 유의해야 합니다. 양보로 상대방 감정에 호응하고 감정적으로 변하면 진정하라고 하지 말고, 논리나 이성을 내세우지도 말고 이해하려고 노력하는 것이 좋다고 봅니다. 예를 들면 제3의 적 혹은 공공의 적을 내세워 같이 욕을 하는 것도 방법이라고 생각합니다. 상대방의 의견에 찬성하거나 칭찬을 할 때는 의례적인 말이 아닌 구체적이고 증거를 가지고 얘기를 해야 효과가 큽니다.

🔄 **사회자** : 역지사지의 마음으로 대화를 해야겠군요. 조합장 선거에서 조합원 마음을 읽을 수 있다면 지지를 받을 수 있다고 생각합니다. 사람의 마음은 신만이 알 수 있고 인간이 서로의 마음을 모르기 때문에 사회가 유지된다고 봅니다. 그러나 조금이나마 사람의 마음을 알 수 있는 방법이 없겠는지요.

2 조합원 마음 읽기

🔄 **신인식** : 참 어려운 이야기지요. 글을 읽을 때 "행간의 의미를 파악하라" 혹은 "증권시장에서 주식은 소문에 사고 뉴스에 팔아라" 등은 사람은 진실을 말하지 않는다는 것입니다. 인간관계에서 다른 사람과의 관계 형성과 유지를 위해서 마음 읽기가 중요합니다. 인간관계에서 친밀하고 깊이 있는 관계로 발전하려면 속마음을 이해해야 합니다. "천

길 물속은 알아도 한 길 사람 속은 모른다"는 속담이 있듯이 마음을 읽는다는 것은 어렵습니다.

인간의 마음은 미묘하고 복잡한 생각과 감정들이 흘러가기 때문에 가끔 본인의 마음도 모르겠다고 합니다. 그러므로 속마음을 다른 사람에게 전달하기도 어려울 뿐만 아니라 다른 사람의 속마음을 이해하기는 더욱 어렵습니다. 우리나라 사람은 직설적으로 마음을 잘 드러내지 않는 문화에 속하고, 마음을 우회적으로 표현하는 경우가 많아 더욱 파악하기가 어렵습니다. 마음읽기는 상대방의 말과 행동을 통해 마음을 추측하는 것입니다. 정확하게 다른 사람의 생각과 감정을 추측한다면 지지확보에 매우 유리할 것입니다.

사회자 : 우리나라 사람은 마음을 잘 들어 내지 않고 우회적으로 표현하는 경향이 있어 마음을 읽기가 어렵군요. 그렇지만 생각을 알 수 있는 어떤 행동은 있다고 보는데…….

신인식 : 예를 들어 말을 하면서 얼굴에 손이 자주 가는 것은 불안한 심리상태를 나타내는 것이며 나약한 내면을 본능적으로 감추려는 행동으로 볼 수 있습니다. 사람들이 곤란한 일, 고민거리 등이 생기면 얼굴을 감싸 쥐거나 안경을 벗고 미간을 누르는 행동을 합니다. 이러한 행동을 보이면 후보자의 의견에 동조하지 않는다는 표시로 볼 수도 있습니다. 그리고 대화를 부드럽게 하다가 갑자기 무표정으로 변하는 사람은 대체적으로 계산적이고 치밀한 사람이라고 볼 수 있으므로 대화 시 유의하여야 할 것입니다.

💬 **사회자** : 조합원의 마음을 읽기가 쉽지 않겠지요. 그러나 상대방의 행동을 보면 어느 정도 마음을 읽을 수 있다고 하는데 출마자에게 호감을 가지지 않는 조합원은 대화 시 어떤 행동을 보이는가요.

💬 **신인식** : 조합원 중에는 지지자도 있겠지만 상대후보 지지자, 무관심한자 등 여러 부류가 있을 것입니다. 그러므로 상대방의 태도로서 정확하지는 않더라도 후보자에게 어떤 생각을 가지고 있는지 알아보는 것이 도움이 될 것입니다. 일반적으로 상대방과 대화를 할 때 깍지나 팔짱을 낀다면 상대방을 신뢰하지 않거나 경계하고 있다고 볼 수 있습니다. 조합원과 대화할 때 깍지나 팔짱을 낀다면 악수를 청하거나 어떻게 하든 팔짱과 깍지를 풀게 만들어 이야기를 들을 자세가 되도록 하는 것도 방법입니다.

💬 **사회자** : 다음은 우호적일 경우에는 어떤 행동을 보이는지요.

💬 **신인식** : 대화를 하면서 우호적이거나 관심이 많으면 상대방 쪽으로 몸을 숙이는 것이 사람의 본능입니다. 습관적이거나 특별한 이유가 없는데도 다리를 꼬거나 등을 기대어 앉는 것은 지루하다거나 자기방어의 의미일 수 있습니다. 물론 지루함을 느끼는 표시로서 시계를 자주 보거나 휴대폰을 만지든가 하는 경우도 있습니다. 이런 경우 다음 기회에 이야기하거나 아니면 관심을 갖는 대화로 전환할 필요가 있습니다.

💬 **사회자** : 대화를 할 때 상대방의 태도를 보면 어느 정도 마음을 파악할 수 있군요. 유권자에게 친밀감을 주기 위하여 조합장 출마자뿐 아

니라 모든 선거 직의 출마자는 유권자와 악수를 많이 합니다. 악수에 대해서 이야기해 주시지요.

⟳ **신인식** : 앵글로 색슨계 민족들 사이에서 자연스레 생겨났다는 악수의 유래를 보면 좀 살벌합니다. 중세 유럽은 전쟁이 많았으며 칼이나 창 같은 무기를 사용하였습니다. 그래서 악수를 하는 것은 내 손에 무기가 없다. 즉 싸울 의사가 없다는 것을 표시하기 위한 것입니다.

⟳ **사회자** : 조합장 출마자는 조합원을 많이, 자주 만나게 되며 이때마다 악수를 하게 됩니다. 악수에는 규칙이 있는지요.

⟳ **신인식** : 악수에는 일정한 규칙이 있습니다. 동성 간에는 손윗사람이 손아랫사람에게, 선배가 후배에게, 기혼자가 먼저 손을 내밀어서 악수를 청합니다. 그리고 여성은 남성과 일반적으로 악수를 하지 않으며 여성 쪽에서 먼저 손을 내밀면 남성은 악수를 합니다. 또한, 오른손으로 해야 하며 여자는 장갑을 긴 채 악수해도 괜찮으나 남성은 장갑을 벗고 악수를 하며 악수할 때 상대의 눈을 봅니다.

⟳ **사회자** : 악수할 때 주의사항과 악수의 방법에 대해서 알아야겠지요.

⟳ **신인식** : 악수는 우정의 표시인 만큼 너무 느슨하게 잡으면 성의가 없는 느낌을 주며, 손가락 끝을 잡거나 스치듯 가볍게 쥐는 것도 실례입니다. 그러므로 적당하게 힘을 주고, 손을 너무 오랫동안 잡고 있지 않아야 합니다.

손을 쥐고 상하로 가볍게 흔들되 어깨보다 높이 올려서는 안 되며,

여성과 악수할 때는 조금만 움직이는 것이 좋습니다. 그리고 상하로 흔들면서 눈을 똑바로 보며 가벼운 미소를 띠는 것이 기본입니다. 고개만 까딱하지 말고 허리부터 굽히는 것이 좋습니다. 그리고 인상적인 인사 말을 한마디 하는 것이 좋으며 악수하는 몇 초 동안 상대방이 둘이만 있는 것 같은 기분을 느끼게 하는 것이 좋습니다. 그러나 손에 땀이 나거나, 손이 더럽다고 생각한다면 양해를 구하거나 악수를 피하는 것이 좋습니다.

③ 현직 조합장과 인지도가 낮은 출마자의 전략

🔹 **사회자** : 조합장 출마자는 인지도가 높은 현직 조합장뿐만 아니라 인지도가 낮은 출마자도 있습니다. 먼저 현직 조합장이 재선·삼선 등을 위하여 출마하는 경우 유리한 점도 있고 불리한 점도 있겠지요. 이점에 대해서 얘기해보도록 하는 것이 좋겠습니다.

🔹 **신인식** : 앞에서 통계를 보았습니다만 현직 조합장의 재선·삼선이 어려워 과거보다 다선 조합장의 수가 점차 감소하는 경향을 보이고 있습니다. 일반적으로 현직 조합장이 유리하다고 하는 사람도 있고 불리하다고 하는 사람도 있습니다. 그럼 현직 조합장은 어떻게 하면 재선·삼선이 가능 할까요? 물론 재직 중 탁월한 업적으로 조합원에게 실익을 주고 조합원이나 임직원 모두에게 호평을 받는다면 당연히 당선

이 되겠지요. 그러나 실적과 평은 보는 측면에 따라 다를 수 있으므로 양면성이 있습니다.

🔁 **사회자** : 현직 조합장에 대한 실적과 평은 보는 관점에 따라 다를 수 있군요. 그러면 어떻게 하는 것이 유리한 지요.

🔁 **신인식** : 현직 조합장은 조합의 임원 혹은 발언권이 강한 대의원 및 조합원과 접촉이 많은 편이고 그 사람들의 의견이 경영에 많이 반영되는 경향이 있습니다. 그러나 이사조합원, 대의원조합원, 일반조합원, 복수조합원 등 누구나 모두 똑같이 1표라는 것을 명심하여야 할 것입니다. 그러므로 모든 조합원의 의견을 존중하고 의견에 대한 결과는 반드시 답변해주는 것이 좋다고 생각합니다.

🔁 **사회자** : 모든 조합원이 똑같이 1표이라고 각자의 의견을 다 존중하기는 어렵다고 생각되는데…….

🔁 **신인식** : 어렵지요. 소수(개인)의 주장은 진리는 될 수 있지만 합리는 될 수 없다고 봅니다. 그러므로 합리보다 진리를 더욱 중요하게 생각하면 조합장을 하지 말고 과학자가 되어야 할 것이며 조합장이 되려면 진리가 아닌 합리를 추구해야 할 것입니다. 그러므로 소수조합원이 진리(원칙)를 주장하더라도 조합장은 경영에 있어서 조합원 다수의 최대공약수를 찾는 합리를 추구하는 방법으로 조합을 경영한다는 이미지를 주어야 다수의 지지를 받을 것입니다.

🔁 **사회자** : 현직 조합장은 임직원뿐만 아니라 조합원과 접촉할 기회

가 많아 유리한 측면도 있으나 경영능력의 시험대상이 되는 등 불리한 점도 있다고 보는데……

🌀 **신인식** : 현직 조합장은 조합원에게 능력의 시험대상이 되는 경우가 많습니다. 예를 들면 결산총회 시 농협 현황 및 결산 등에 관한 철저한 준비로 어떤 질문이나 의혹에 대해서 명확하게 설명할 수 있어야 할 것입니다. 운영공개 등 1년에 한두 번 마을별로 조합원과 대화의 시간도 기회가 될 수도 있으나 위기도 될 수 있습니다. 그러므로 애로 및 건의 사항을 이야기 하면 반드시 성의 있게 기록을 하고 즉시 답하기 곤란하면 후에라도 반드시 직접 설명해주는 것이 좋다고 생각합니다. 당연한 것은 모든 업무집행에 있어서 반드시 정관·규정 등을 준수하여야 할 것입니다. 특히 관심을 가져야 할 부문은 원로조합원이나 신규조합원에게 소외감을 느끼지 않게 배려를 하여야 할 것입니다.

🌀 **사회자** : 현직 조합장이라고 반드시 유리하지만은 않군요. 현직 조합장이 특히 유의하여야 할 점은 무엇입니까?

🌀 **신인식** : 현직 조합장은 항상 조합원의 문제점과 해결방안을 생각해야 하며 조합장이 된 이후 조합장이 되기 전과 많이 다르다, 건방지다 등의 평을 들으면 곤란하니 항상 겸손하고 너무 나서지 않는 것이 좋을 것입니다. 현직은 많은 부문이 비판 및 네거티브 선전의 대상이 됩니다. 혼자서 조합장을 하려고 한다, 오래하면 매너리즘에 빠진다. 너무 많이 알면 부정을 저지를 수 있다 등 많은 부정적인 말을 할 수 있습니다.

사회자 : 조합원이 현직 조합장에게 요구하는 것이 많을 것입니다. 이를 어떻게 해결하는 것이 좋은지 현직 조합장으로서는 가장 큰 고민이라고 생각합니다. 그리고 요구하는 것도 중요하지만 조합원이 원하는 바를 미리 파악하여 이를 들어주도록 노력하는 것이 더욱 효과적이라고 생각하는데 어떻습니까?

신인식 : 전적으로 공감합니다. 상대가 원하는 것을 파악하는 것이 중요한데 사람마다 가치의 기준이 다르므로 상대방이 의미를 두는 가치를 알아야 할 것입니다. 그러므로 조합원이 중요하게 생각하는 분야와 가치의 정도를 알면 좋을 것입니다.

그리고 조합원이 요구하는 사항을 들어주기 어려운 경우가 있습니다. 이런 경우에는 차선의 방법을 찾는 노력을 해야 할 것입니다. 조합원이 항상 경제적인 이득만 요구하는 것은 아닙니다. 그러므로 조합원의 감정적이고 비합리적인 요구까지 파악해야 할 것입니다. 조합원이 농협에 바라는 바가 많다고 해서 골치 아픈 것이 아니라 오히려 해결해 줄 사항이 많다고 보는 것, 즉, 조합원의 불평이 골치 아픈 것이 아니라 도와줄 것이 많다고 생각함으로써 조합원의 만족도를 높여야 할 것입니다.

사회자 : 기업의 주가변동과 경영성과가 최고경영자의 교체에 영향을 미치듯이 조합의 경영성과가 조합장교체에도 영향을 미친다고 볼 수 있습니다. 그러므로 이에 대해 알아보는 것도 의미가 있다고 하겠습니다.

신인식 : 최고경영자 교체가 경영성과에 미치는 영향에 관한 연구를 보면 대체로 강압적인 교체가 자발적인 교체보다 경영성과가 개선되는 것으로 나타났습니다. 선거에 의한 조합장 교체가 강압적 교체의 한 유형으로 가정 할 때, 선거 이전의 경영성과 악화가 조합장 교체로 이어졌을 유의한 가능성이 있습니다. 그러므로 선거 이전의 양호한 경영성과는 선거에서 유리할 것이며, 저조한 경영성과는 선거에서 불리할 것입니다.

사회자 : 조합의 경영성과가 조합장선거에 영향을 미친다고 하였는데 구체적인 경영성과지표를 알아보는 것도 중요하다고 생각합니다.

신인식 : 조합장은 순매출 이익률과 같은 질적인 성장보다는 당기순이익과 같은 양적인 성장률이 선거에 미치는 영향이 크지 않을까 생각합니다. 그리고 당기순이익도 전국평균보다 같은 그룹의 당기순이익과 비교하는 경향이 강하다는 것도 참조해야 할 것입니다.

사회자 : 인지도가 높은 현직 조합장의 조합원지지 확보전략에 대해서 알아보았습니다. 지금부터는 인지도가 낮은 조합장신인 출마자의 지지자 확보전략에 대해 논의해 봅시다.

신인식 : 처음 출마자는 조합원에게 검증이 되지 않아 사소한 부정적 정보도 선거에 크게 영향을 미칠 것입니다. 선거신인은 장점을 크게 부각시키고 적극적인 홍보로 약점을 보완해 가야하며 상대방의 공격에 흔들리지 말고 적극적인 방어논리와 대비책을 강구하여야 할 것

입니다.

　신인은 주변조합원 등 소수에게만 알려져 있으므로 출마의 동기와 명분을 명확하게 하고 다른 출마자와 조합경영 및 조합원을 위한 차별화 이미지를 심어주는데 노력하여야 하며 연고, 인맥 등에 의한 적극적인 지지자를 확대하여야 할 것입니다. 그리고 조직 확보에 노력하되 적극적 지지자에 대한 주변의 평판을 고려하여야 하며, 경험이 부족하므로 정보는 혼자 판단하지 말고 경험 있는 선배의 조언을 구하는 것이 좋습니다. 무엇보다 검증이 되지 않았기 때문에 조합원에게 조합 경영 능력이 있다는 확신을 주어야겠지요.

❹ 출마자와 적극적 지지자의 자세

　🔹 **사회자** : 모든 선거의 당락에 출마자의 자세가 가장 크게 영향을 미치지만 적극적 지지자의 자세도 출마자의 당락에 영향을 줄 것입니다. 먼저 조합장 출마자의 자세에 대해서 말씀해 주시지요.

　🔹 **신인식** : 조합장에 출마하고자 하는 자는 평소에 교육·독서·대화 등에 의한 재충전과 재교육으로 경영능력과 지도력 향상에 노력하여야 할 것입니다. 그리고 부정적 이미지가 아닌 비전 있고 기대심리를 가지게 하는 이미지 메이킹을 해야 할 것입니다.

　🔹 **사회자** : 그렇다면 평소 어떻게 하는 것이 이미지 메이킹에 도움

이 되겠습니까?

🔹 **신인식** : 유권자의 표는 누구나 똑같이 한 표이므로 가까운 친인 척부터, 동창·동문·종친회·계·상조회 등 접근이 쉬운 곳부터, 지역행 사장, 재래시장, 경조사 등 사람이 많은 곳부터 노력하여야 할 것입니 다. 그리고 친밀감을 가지는 것이 중요하므로 평소에 등산·목욕탕·공 원·약수터 등에서 조합원과 자연스럽게 접촉하고, 항상 인사하고 겸손 하게, 기회 있을 때 사진 같이 찍으며 사진은 반드시 보내주어야 하며, 이질감을 느끼지 않게 학력·재력·경력을 과시하지 말며, 항상 감정노 출은 자제하고, 교통위반·담배꽁초·침 뱉기·쓰레기 투기 등 기초생활 질서를 철저하게 지켜야 할 것입니다.

🔹 **사회자** : 다음으로 조합장 출마여부의 판단에 영향을 주는 요인을 설명해 주시지요.

🔹 **신인식** : 출마의 동기는 당연히 조합발전에 기여하여 조합원의 이 익증진에 있겠으나 당선 가능성이 있어야 출마를 할 것입니다. 그러므 로 조합의 문제 해결자로 다수의 인정을 받고 있다고 생각하므로, 지지 표 계산 결과 당선 가능성이 높다고 판단하여, 조합임직원 및 유력조합 원의 지원 약속을 받아서, 학연·혈연·지연·경력·인맥으로 출마 권유를 받아서, 여러 번 낙선으로 동정표 기대 등으로 당선가능성이 있다고 판 단하기 때문일 것입니다. 그리고 차기를 위해, 특정후보와 개인적 감정 으로, 직계존속이 조합장으로 승계를 위해, 지역유지 반열 진입 등 여 러 가지 이유가 있을 것입니다.

✪ 사회자 : 출마자의 출마 동기는 조합발전을 통한 조합원의 이익증진에 있다고 하였는데 좀 추상적인 것 같습니다.

✪ 신인식 : 조합장 출마자는 출마의 동기가 분명해야 합니다. 후보자가 조합장이 되려는 목적이 명확해야 조합원에게 강한 이미지를 줄 수 있습니다. 예를 들어 "조합원이 생산한 농산물을 100% 팔아드리겠습니다" 등 장황한 설명 없이 명료하게 출마의 목적을 나타내고 이를 실현할 수 있는 방안을 강구하고 설명할 수 있어야 합니다.

✪ 사회자 : 출마 동기는 명확해야 되겠군요. 다음 출마자는 어떤 자세를 가져야하는지요.

✪ 신인식 : 자신의 강점과 약점을 냉정하게 분석한 후 약점에 대한 대응논리를 준비해야하며 강점과 약점을 적극적 지지자와 공유하고 이해와 의견을 구해야 합니다. 특히 학력과 경력은 정확하게 하고, 과거 행적에 있어서 불투명성을 제거하는 것이 중요합니다. 그리고 상대방의 강점, 약점도 정확하게 파악하되 지나친 상대의 비방은 역효과를 가져올 수 있습니다.

조합원과 농협직원에 대한 현황 및 정보를 파악하고 이를 바탕으로 조직과 홍보에 대한 큰 틀을 세웁니다. 보다 중요한 것은 선거법을 정확하게 알고 지키는 것입니다.

✪ 사회자 : 자신에 대한 모든 것은 투명해야 하고 선거법을 지키는 것이 중요하군요. 다음은 출마자가 준비하여야 할 것은 어떤 것인가요.

⚙ **신인식** : 조합장이 되고자 하는 자는 평소에 나보다 다른 조합원을 이해하는 자세를 보여야 하며, 항상 행동에 조심하고 포용할 수 있는 도량이 필요합니다. 조합원 앞에서 절대로 부정적인 말을 하지 말고 인간관계에서 일관성을 유지함으로써 신뢰를 구축해야 할 것입니다. 그리고 농업·농촌·농협에 대한 정책 등을 항상 숙지하고 설명할 수 있어야 하고 조합원 편익 및 농협 발전방안에 대한 식견을 가져야 하며 용어·계수 등의 정확한 인용이 필요하므로 항상 노력하는 자세를 가져야 할 것입니다.

⚙ **사회자** : 출마자는 모든 면에서 투명·정확하고 신뢰를 주어야 하며 식견이 있어야 하는군요. 어렵겠지만 좀 더 구체적으로 말씀해 주십시오.

⚙ **신인식** : 좀 더 구체적으로 설명하도록 노력해 보겠습니다. 우선 기본적으로 조합장도 공인이므로 참을 수 있는 인내심이 있어야 하고, 구역이 좁으므로 직접 발로 뛰어야 하며 항상 건강에 유의하여야 할 것입니다. 조금 불리하다는 생각이 들어도 누구에게도 약한 모습을 보이지 말고 확신을 심어주도록 노력하여야 합니다. 농협 방문 시 하위직급의 직원에게도 정중하게 응시하며 정감 있게 악수를 해야 하며, 평소에도 조합원을 대할 때 어떤 경우에도 감정을 노출하지 말고 겸손이 생활화되도록 하여야 합니다.

여성조합원의 수가 많아지는 추세이며 여성의 지위가 높아지고 있으므로 이에 대한 고려를 해야 할 것입니다. 조합원 간·집안·동문 등에서 상호간 대립관계가 있다면 중립적인 입장을 고수하는 것이 좋습니다. 조합원과 대화 시 부인 앞에서 남편을 적극적으로 칭찬하는 것은 좋으나 남편 앞에서 부인을 칭찬하는 것은 자제하는 것이 좋다고 생각되며, 사진은 자주 찍는 것이 좋고 둘이 찍은 사진을 보내주면 더욱 좋을 것입니다. 조합원과 대화 시 귀엣말을 하는 것도 상호 친밀감과 공감을 더욱 불러일으킬 수 있다고 생각합니다.

사회자 : 출마자의 자세에 대해서 말씀하셨습니다. 다음으로 모든 선거에는 적극적 지지자가 있는데 조합장 선거에도 마찬가지 아니겠습니까? 그런데 적극적 지지자는 어떻게 활용하는 게 효율적입니까?

신인식 : 무슨 선거든 선거에서 가장 고생하는 것은 후보자이며 당선 후에도 가장 보람을 느끼겠지요. 그러나 조합장 후보자는 국회의원 선거 등과 같이 지역이 넓지 않고 유권자도 많지 않을 뿐만 아니라 혼자 선거운동을 해야 함으로 적극적 지지자가 도움이 된다고 생각합니다. 적극적 지지자가 주변의 평이 좋지 않아 표를 감소시키는 경우도 있습니다.

사회자 : 적극적 지지자나 친인척이 도움이 되지만 표를 감소시키는 경우도 있으므로 유의해야겠군요.

5 상대후보 지지자와 마음이 변한 지지자와의 대화

🔄 **사회자** : 조합원 중에서는 상대후보를 지지하거나 출마자에 대해 부정적인 시각을 가진 조합원이 있을 수 있을 뿐만 아니라 마음이 변한 지지자도 있을 수 있습니다. 이런 조합원과는 어떻게 대화 하는 것이 좋은지…… 먼저 상대후보지지자와의 대화에 대해서 말씀해 주시지요.

🔄 **신인식** : 가장 어려운 문제라고 생각이 됩니다. 조합장이 되려면 표를 얻어야하기 때문에 소통을 해야 되는데 의견은 다르고……. 그러나 피할 수 없다고 봅니다. 아니 피해서도 안 된다고 생각합니다. 조합원이기 때문에 조합장이 되고나서도 밀접한 연관이 있으므로 적극적으로 대화를 하는 것이 좋다고 생각합니다.

조합원은 성별·연령·작목·부락·학연·성씨 등 여러 측면에서 상호 다릅니다. 특히 상대후보를 지지하거나 나에 대해 부정적인 시각을 가지는 조합원도 있습니다. 그러나 중요한 것은 성별·연령·학력·성씨 등이 상대후보와 같은 성씨이니까, 같은 마을에 사니까, 같은 학교를 졸업했으니까 상대후보를 지지할 것이라는 선입관과 추측을 해서는 안 되며, 다른 사람의 생각은 참고만 하여야 하며 완전하게 믿어서는 안 된다고 봅니다.

🔄 **사회자** : 특정조합원이 나에게나 상대후보자에게 우호적이거나 비우호적이라고 미리 추측을 해서는 안 되겠군요.

🔄 **신인식** : 반드시 명심할 것은 여러 측면에서 나와 다르다고, 상대

후보와 같다고 반드시 나를 지지하지 않고 상대후보를 지지할 것이라는 선입견을 가져서도 안 된다고 봅니다. 즉, 학연 및 지연이 같다고 해서 모두 같은 의견을 가지는 것은 아닙니다. 그래서 대화를 해서 직접 확인을 하는 것이 중요하다고 봅니다. 여러 가지 측면에서 판단하건데 상대후보 지지자가 확실하다면 나와 다른 측면을 이해하고 생각의 차이로부터 새로운 것을 배운다는 생각으로 대화를 하는 것이 좋습니다. 상대 후보자의 친한 친구, 친인척, 친가 및 처가의 문중 중에서도 상대 후보와 의견이 다를 수도 있습니다. 이 경우에는 조심스럽게 설득을 시도할 필요가 있다고 봅니다.

⬆ 사회자 : 출마자에 대한 조합원의 의사결정이 반드시 학연·지연 등에 의한 것이 아니라는 말씀을 하셨습니다. 그러면 상대후보 지지자에게는 접근을 하는 것이 좋다는 말씀이지요?

⬆ 신인식 : 결론부터 말씀드리면 가능하면 대화를 하는 것이 좋다고 봅니다. 상대후보 지지자도 조합원으로서 누가 조합장이 되든지 조합장이 농협발전에 큰 기여를 할 것이라는 기대와 조합원에게 이익을 주는 방향으로 농협경영을 하기를 바랍니다. 그러므로 조합장이 되었을 경우를 생각해서라도 상대방을 이해하려고 노력해야 한다고 봅니다. 그러면 상대방지지자와 대화 시 상대후보를 지지해야 하는 이유를 이해하려고 노력해야 하고, 상대방의 입장에서 대화를 해야 하며, 본인과 상대방 모두 중요하게 생각하는 제3자를 찾는 것도 필요합니다. 대화 중 반대의견을 얘기한다고 해서 절대로 흥분하지 말아야 합니다.

사회자 : 더욱 중요한 것은 상대후보 지지자라도 설득을 해서 마음을 돌리게 하는 것이라고 봅니다. 이에 대한 방법은 없겠습니까?

신인식 : 상대후보 지지자를 완전하게 설득하기에는 쉽지가 않겠지요. 어떤 후보자에게도 절대적 반대자가 있을 것인데 이들을 완전한 지지자로 설득하기보다 상대후보에 대한 최소한의 소극적 지지자로 만들어야 된다고 생각합니다. 상대후보 지지자 즉, 반대편이라도 적으로 돌리지 말고 반대를 이해해주면 소극적 반대자가 될 수 있을 것입니다.

상대후보 지지자를 설득할 때, 상대방에 대한 기대치를 낮추면 대화 시 기분이 좋아 부드러운 대화가 가능하며 상대방이 화를 내도 같이 화내지 않게 될 것입니다. 이 사람은 상대후보 지지자이니까 나에게 소홀하게 혹은 기분 나쁘게 대할 것이라는 등 상대방에 대한 기대치를 낮추면 상대가 조금만 친절하게 해주어도 기분이 좋아 대화가 매우 부드럽게 될 겁니다. 대화 끝에 상대후보 지지자가 도와드리지 못해 죄송합니다. 인척관계라서 혹은 학교동창이라서 등 개인적인 관계가 있어서 이해해 주세요라고 한다면 최소한 본인은 아니라도 더 이상 파급효과는 적을 것이며 조합장이 되고 난 다음에는 우호적이 될 것입니다. 조합원을 대할 때 선거의 유권자라는 생각 외에 당선이후 같이 농협발전을 위한 중추적인 역할을 할 분이라는 생각을 한다면 더욱 대화하기 편할 것입니다.

사회자 : 상대를 지지하던 나를 지지하던 농협조합원으로서 농협발전을 원하겠지요. 반대자를 설득하는 것은 매우 중요하다고 생각되

므로 설득방법을 좀 더 논의하여 보는 것이 어떨까요.

🔁 **신인식** : 그럼 통상적인 반대자 설득방법에 대한 설명을 시장교섭
력을 응용하여 말씀 드리겠습니다. 상대를 설득하는 방법으로 시장교
섭력 제1형 즉, 내가 어떤 이익을 줄 것이니까 나를 지지해달라는 방법
과, 제2형 나를 지지하지 않으면 어떤 불이익이 있을 것이므로 지지를
하라는 방법이 있습니다. 나를 지지하면 어떤 자리를 보장 하겠다 등
이권을 약속한다면 불법이지요, 이것보다 농협운영에 대한 구체적 비
전을 설명하여 내가 조합장이 된다면 농협발전으로 조합원에게 얼마나
이익이 된다는 것을 설명하고 설득하는 것이 제1형이 되겠지요.

그리고 내가 조합장이 안 되면 농협운영이 어려울 것이라는 즉 나의
능력을 보여주고 내가 아니면 농협발전이 늦을 것이라는 것을 설명하
고 설득하는 것이 제2형이지요. 여하튼 쉽지는 않을 것입니다.

🔁 **사회자** : 상대후보 지지자와 대화를 할 때 제3자 즉, 상대와 친분
이 있거나 상대가 존경하는 분의 도움을 받는 것은 어떤지요.

🔁 **신인식** : 어떤 문제 해결에 대해 제3자를 활용하는 것은 매우 효
과적이라고 봅니다. 제3자의 조언을 구할 때는 솔직하게 현황을 설명하
는 것이 좋습니다. 그러나 제3자는 도움이 될 뿐이지 근본적으로 문제
를 해결하는 방법은 아니라고 봅니다. 특히 선거 등은 비밀투표이기 때
문에 제 3자의 효과에 대해서 확인 할 방법은 없습니다. 그러므로 제3
자에게 얘기한 것과 실제의 행동은 다를 수 있습니다.

💫 **사회자** : 상대후보 지지자와도 대화를 함으로써 반대의 파급효과를 막을 수 있고 당선 후 조합운영에 도움이 되겠군요. 이제 반대로 지지자 즉 믿었던 사람의 마음이 변하였다고 생각되면 난감하겠지만 어떻게 대처하는 것이 좋을 까요?

💫 **신인식** : 심리학자 「로이 바우마이스터」의 논문 "선보다 악이 강하다"(Bad is Stronger than Good)에서 나쁜 이미지는 쉽게 형성되고 떨쳐 내기 어렵다고 하였습니다. 즉, 얻는 기쁨보다 무언가를 잃었을 때 고통을 더욱 크게 느낀다고 하였습니다. 예를 들면 믿었던 사람이 등을 돌리면 더욱 큰 배신감을 느끼게 될 것입니다.

지지자의 마음이 변하였다는 얘기를 들으면 화가 날 것입니다. 그러나 먼저 해야 할 것은 확인을 하는 겁니다. 제3자의 얘기를 들은 후 직접 확인해야 할 것입니다. 제3자의 예기는 와전되었을 수도 있으므로 오해가 더욱 깊어질 수도 있습니다. 지지를 철회했다면 즉, 마음이 변하였다면 그럴만한 이유가 있을 것입니다. 마음이 변하게 된 이유를 들어보고 사안에 따라 설득이 되면 좋겠지만 그렇지 않더라도 감정조절을 하여 파급효과를 막아야 할 것입니다.

💫 **사회자** : 마음이 변한 지지자는 반드시 직접 확인을 하고 이유를 들어 보고 대처방안을 강구하여야겠군요.

💫 **신인식** : 지지하던 사람이 등을 돌려 상대진영으로 간다면 상대방에게 그만한 장점이 있거나 본인에게 더욱 유리한 면 등 어떤 이유가

있을 것입니다. 그러므로 오히려 이를 참고로 하여 대처할 것이며 상대 후보가 능력이 있어 지지자의 마음이 변한다면 즉, 능력 있는 경쟁자는 나를 키우는 것이라고 생각해야 됩니다. 특히 유의할 점은 친구, 동창 등 각종 모임의 참석자가 모두 지지자라고 생각하지 말고 이탈자 방지에 노력해야 됩니다. 가끔 친구나 아는 사람이 오히려 잘되는 것을 시기하여 겉으로는 아니지만 내심으로 반대하는 경우가 있다는 것을 유념해야 할 것입니다.

🔁 **사회자** : 지지자의 변심에 분노만 할 것이 아니라 영향력을 최소화하는 것이 최선이라고 생각되는 데요…….

🔁 **신인식** : 지지자의 변심에 분노할 것이 아니라 노력해야 하며 안되면 영향력을 최소화해야 할 것입니다. 조합장 선거에는 몇 표 차이로 당락이 결정되는 경우가 많습니다. 물이 끓으려면 100℃가 되어야 하므로 끓지 않는 0℃에서 99℃까지는 같다고 볼 수 있습니다. 100℃와 99℃는 1℃의 차이이지만 1℃가 아흔아홉 마리 양보다 잃어버린 한 마리가 더욱 소중한 것처럼 매우 중요하다는 것을 알 수 있습니다. 그러므로 조합장이 되려면 99℃는 의미가 없고 100℃는 되어야 당선되므로 유권자 한 분 한 분 모두 소중하게 생각해야 할 것입니다.

6 회의와 연설

🔄 **사회자** : 협동조합은 조합원이 소유자·이용자·경영자로서 모든 의사결정은 조합원이 합니다. 그러므로 이러한 의사결정을 위한 회의와 조합원 지지를 얻기 위한 연설 등에 대해 알아보는 것도 중요하다고 생각됩니다. 모든 사람이 어떤 형태의 회의에서 어떤 역할을 하던 회의에 참석하고 있습니다. 특히 조합장에 출마하고자 하는 자 중 현직 조합장, 작목반장, 이사, 감사, 지방자치의원(시도의원) 등은 사회자(좌장) 역할로서 회의의 주체자로서 참가하기도 하고 반대로 회의의 구성원으로 참가하기도 합니다. 그러므로 회의에 대해서 알아보는 것도 도움이 되리라 생각합니다.

🔄 **신인식** : 사회는 서로 다른 생각과 의견을 가진 사람이 어울려 살고 있으므로 타인의 생각과 인격을 존중하고 의견이 다르면 협의를 함으로써 사회발전과 민주사회를 이룩해가고 있습니다. 그러므로 관련자(회원 등)가 모여 문제해결을 위해 생각을 발표·질의·토론과정을 거쳐 해결방안을 마련하는 것을 회의라고 할 수 있습니다. 회의 방식을 말하자면 토의와 토론으로 구분하기도 하나 토론은 토의의 한 방법으로 볼 수도 있습니다.

🔄 **사회자** : 먼저 일반인에게 많이 익숙해 있는 토의와 토론의 다른 점에 대해서 말씀해 주시지요.

신인식 : 토의와 토론의 차이점을 보면 첫째, 토의는 주어진 문제에 대한 의논으로 해답을 찾고자 하는 반면, 토론은 토론자마다 이미 해답이 나와 있는 것을 상대방을 설득하는 데 중점을 두며, 둘째, 토의는 서로 협력해 의논하면서 생각의 범위를 넓혀 나가는 것이며, 토론은 대립을 전제로 자기 의견을 정면으로 주장하며, 셋째, 토의는 자유스럽게 의논하고 발언하며 아무런 제약 조건이 없으나, 토론은 규칙과 절차, 그리고 방법 등이 정해져 규칙에 따라 의논을 전개해 나가며, 넷째, 토의는 이기고 지는 문제가 아니며, 남의 의견을 무시하고 깎아 내리려고도 무시하여서도 안 되나, 토론은 찬/반의 뚜렷한 의견을 자기 마음속에 얻어진 결론으로 '가, 부'를 결정하게 되는 차이점이 있습니다.

이해를 돕기 위해 농협의 회의 종류를 구분해보면 직원회의는 토의에 가깝고, 이사회·대의원회(선거직) 등은 토론에 가깝다고 볼 수 있습니다.

사회자 : 토론은 토의의 일종이며 문제에 대한 찬반의 의견이 분명한 사람들이 논리적 주장으로 옳음을 입증하는 것이군요. 다음은 효율적인 토론의 구비조건에는 어떤 것이 있습니까?

신인식 : 효율적인 토론을 위한 구비조건을 보면, 첫째, 긍정이나 부정의 형식을 갖출 수 있는 명확한 토론 주제가 있어야 하고, 토론을 공정하고 효율적으로 진행할 사회자, 찬반 주장이 분명한 의견을 가진 토론자, 발언시간이나 순서 등을 공평하게 정한 토론 규칙 및 심판을 포함한 청중이 있어야 합니다.

사회자 : 다음은 토의의 절차에 대해서 설명해주시지요.

신인식 : 토의는 공동의 관심사가 되는 어떤 문제에 대하여 가장 바람직한 해결 방안을 찾기 위하여 집단 구성원이 협동적으로 의견을 나누는 과정으로서 아주 일상적인 일에서부터 국가의 정책을 결정하는 일에 이르기까지 광범위하게 이루어지고 있습니다. 토의의 절차를 보면 첫째, 문제의 필요성, 중요성 등을 고려하여 토의할 문제를 확정하고, 둘째, 문제의 원인과 실태 및 앞으로의 전망 등에 대한 정보와 지식, 의견 등을 서로 교환함으로써 문제를 철저하게 이해를 한 후 문제를 해결할 수 있는 여러 해결안을 검토, 평가 후 가장 바람직한 해결안을 결정합니다.

사회자 : 토의와 토론의 차이점 등을 소상하게 설명하였습니다. 물론 모든 것을 알면 좋지만 협동조합 회의에 적합한 방법을 구체적으로 예를 들어 설명해 주시지요.

신인식 : 세미나는 특정 주제 분야에서 전문적 식견을 갖춘 10~40명 정도의 권위 있는 전문가들에 의해서 수행되는 토의 방식으로 작목반 같은 동일품목 경영자들끼리 토의 연구하는 경우는 세미나방식이 좋을 것입니다. 동일 품목 재배농가끼리 품목에 대한 지식·정보·경험·견해 등을 발표하고 토의하는 과정에서 학습효과의 극대화를 기할 수 있을 것입니다. 그러므로 세미나는 집단구성원들의 적극적이고 능동적인 참여로 토의 주제 분야에 대한 깊은 연구와 참가자에게 전문연수의

기회를 제공하는 등의 장점이 있습니다.

다음으로 회사 등에서 연말에 집단적인 사고 및 작업을 통하여 전문적인 성장과 업무수행 상의 문제점 등을 지적하고 해결하기 위해서 워크샵을 가집니다. 이는 농협 대의원이나 임원 및 직원이 농협운영 효율화 등을 위한 회의 방법으로 좋다고 생각됩니다.

사회자 : 조합장은 많은 회의를 의장으로서 주도하게 되므로 조합장 출마자에게 보다 중요한 것은 회의 주도자(좌장)의 역할과 책임에 대해서 아는 것이 중요하다고 생각합니다. 이에 대해 설명해 주시지요.

신인식 : 먼저 의장은 기본적으로 회의 진행에 관한 지식과 의제를 명확하게 알고 있어야 하며, 회원을 공정하게 대우해야 하며, 예의를 갖추되 위엄이 있어야 됩니다. 그리고 회의 시 설명은 가능하면 간단명료하게 하고 유도질문과 편파적 진행을 하면 안 됩니다. 반드시 정시 개회 및 폐회를 하고 올바른 결론을 유도하는데 최선을 다해야 할 것입니다.

회의 순서대로 의장 직무를 요약하면 개회시간을 엄수하여 개회를 하고 발언자를 지명하며 각종 선언(통과 등)을 합니다. 그리고 발언 내용을 정리하고, 발언질서 유지·권유 및 회의 의제파악 등을 합니다.

의장의 직권으로는 불법·부당한 제안을 거절할 권한, 발언중지 및 퇴장명령 권한, 토론종료 선언 권한, 혼란 시 폐회선언 권한, 가부동수 시 결정권한 및 회의 중 휴식, 휴회선언 등이 있습니다.

🔹 **사회자** : 회의 의장의 책임과 의무에 대해서 얘기하셨으니 다음으로 회원(회의 참석자)의 책임과 의무에 대해서 말씀해주세요.

🔹 **신인식** : 모든 회의에서 회원으로서 가장 중요한 자격은 미리 알려진 의제 및 문제에 대해 필요하다면 전문가의 의견을 청취하더라도 자기 생각을 정리하고 문제에 대한 확고한 판단력을 가져야 합니다. 그리고 자기생각을 발표할 용기, 자기발언에 대한 책임, 회의 규정 숙지 및 의견이 다르면 협의를 할 자세가 되어 있어야 합니다. 회원이 발언을 할 경우 반드시 의장의 허가를 받아야 하며, 다른 사람이 발언을 할 경우 발언하지 않는 예의를 가져야 합니다.

발언을 할 때 자기 제안의 목적을 명확하게 인식하고 발언의 근거제시와 제안 동기를 명료하게 설명하고 제안 실행 시 장단점의 설명뿐만 아니라 단점 방지방안을 제시해야 합니다. 회의 구성원이 많을 경우 의견진술시 의제에 대해 찬성인지 반대인지 결론부터 토론하고 이유를 설명하는 역산법이 효과적일 수도 있습니다.

🔹 **사회자** : 어떤 회의나 회의 참가자는 미리 의제에 대해 충분하게 검토를 하고 자기 의견에 대해 소신을 가지고 예의를 갖추어 표현하여야겠군요. 회의 과정을 보면 가끔 질서가 없고 토의가 아닌 감정싸움을 하는 경우가 종종 있습니다. 그러니까 회의 구성원으로서 임무와 책임에 대해서 좀 더 구체적으로 설명해 주시지요.

🔹 **신인식** : 회의 참석자는 미리 알려진 의제에 대해 자신의 생각을 미리 정리하고, 필요시 자기발언 내용과 다른 사람과의 협력을 모색하

며, 전문가의 의견을 미리 청취하는 등의 노력으로 찬반 및 대안을 미리 생각하고 참석하는 것이 좋습니다.

회의 중 자제해야 할 부문에 대해서 설명하면 의견 대립을 인간관계와 결부시키지 말고, 발언시간을 독점하여 다른 사람의 발언기회를 빼앗지 말고, 개인을 공격하거나 감정적 발언으로 다른 참석자를 불쾌하게 만들지 말아야 할 것입니다. 체면·입장 때문에 타협하거나 영합하지 말아야 하며, 상대방을 존경·이해하고, 회의내용과 관계없는 발언은 삼가며, 철저하게 폭력·폭언을 배제하여야 하며, 끝으로 소수의견을 존중하나 다수결의 원칙은 지켜야 합니다.

회의 구성원은 의장에 대해 예의를 갖추어야 하며 회의 진행에 대해 의장과 함께 책임의식을 가지고 의장의 진행을 도와야 효율적인 회의 진행이 됩니다. 회의의 결론은 반드시 확인 후 회의장을 떠나야 하며 결론을 충분하게 이해해야 합니다. 회의 결과에 대해서는 참석자 모두 책임이 있으며 회의 결론에서 맡은바가 있다면 적극성을 가지고 수행해야 할 것입니다.

사회자 : 회의에서 발언을 할 때 인신공격과 감정적 발언을 하지 말며, 다수결원칙을 지켜야 한다는 말씀이군요. 조합장 선거운동 방법 중 합동연설회가 있습니다. 그러므로 효과적인 연설방법에 대해서 알아보는 것도 중요하다고 생각합니다. 먼저 연설방법에 대해서 말씀해 주시지요.

신인식 : 중요한 것은 주어진 시간에 여러 차례 박수를 받을 수 있도록 핵심과 결론을 말하는 것입니다. 출마자의 연설 목적은 조합장이

되어야 하는 당위성을 조합원에게 이해시키고 찬성을 얻어 표를 얻는 것입니다. 표현방법이 문자에 의한 문장문이나 음성에 의한 연설언어는 다르므로 연설언어를 써야합니다. 원고의 내용은 논리적·관념적·추상적인 것 보다 구체적이고 익숙한 생활언어를 사용하는 것이 조합원이 이해하기 쉽고 공감대 형성에 도움이 될 것입니다. 연설은 유명인의 모방보다 자기 스타일의 연설이 조합원에게 감명을 줄 것입니다. 무엇보다 조합장 출마자가 자신감을 가져야 감명을 주는 연설이 될 것입니다.

가끔 연설을 들어보면 주어진 시간이 남거나, 모자라 당황하여 횡설수설함으로써 연설을 망치는 경우를 종종 봅니다. 그러므로 시간이 부족하면 마무리를 잘 할 수 있도록 준비해야 하며 시간이 남으면 연설시간 연장을 위한 임기응변도 준비해 두어야 할 것입니다.

연설을 할 때 조합원이 전달하고자 하는 내용을 이해하기 쉽게 간편한 내용, 정확한 발음, 복잡하지 않은 내용으로 준비를 하고 말의 속도는 너무 빠르거나 느리지 않도록 충분히 연습을 하는 것이 좋습니다. 그리고 연설을 할 때에는 모든 후보자가 끝날 때까지 후보자석에 앉아 있어야 됩니다. 이때 조합원들이 주시하고 있으므로 거만한 자세, 불안한 태도, 흐트러진 행동을 하지 말아야 할 것입니다.

사회자 : 연설할 때 생활언어로 자기스타일에 의한 자신감을 가져야겠군요. 다음으로 연설을 할 때 유의사항에 대해서 얘기해주세요.

신인식 : 연설을 할 때 유의사항을 말하는 (표현)방법, 태도, 말의 내용 등 세 가지로 나누어 볼 수 있습니다.

연설을 할 때 편안하게 하기 위하여 호흡을 조절하며 목이 쉬지 않도록 너무 큰소리로 말하지 말고, 같은 말의 사용을 피하는 것이 좋으며 충분한 연습 후 실전에 임해야 할 것입니다. 그리고 과장된 표현보다 성실하고 솔직한 표현을 써야 하며, 말을 자주 끊는 것보다 열거형식이 좋으며 적절한 수사법인 강조·과장·감탄·대조·반복·열거 등을 사용하되 말의 기교를 부리는 것은 피하는 것이 좋다고 생각합니다.

연설을 할 때 어조가 자신감이 있되 겸손해야 하며, 눈은 항상 유권자를 향하여야 하며, 유권자들이 냉담한 반응을 보이거나 야유를 보내더라도 횡설수설하거나 흥분하지 말고 이성을 가져야 합니다.

연설의 내용은 당연히 후보자 성명·기호 등을 여러 차례 주지시켜야 하며 자신의 경험, 시각적·청각적 관찰에 의한 지식을 내용으로 해야 하고 일상생활 중 남들이 알지 못했던 일, 또는 유권자들과 직접 관계가 있는 내용으로 해야 하며, 광범위한 내용을 담지 말고 능력 이상의 어려운 문제를 피하고 누구나 실생활에서 체험할 수 있는 문제를 제기해야 합니다.

사회자 : 연설의 내용은 후보자를 주지시킬 수 있는 내용, 자신의 경험, 유권자 등과 직접적 관계가 있는 내용이 포함되어야 하는군요. 가끔 연설장에서 다른 후보 지지자들이나 의견차이가 있는 조합원으로부터 야유를 받을 때 당황하게 되는데 어떻게 대처하는 것이 좋은지요.

신인식 : 특별한 대처방법이 있는 것은 아니나 슬기롭게 대처해나가야 할 것입니다. 우선 대처방법 중 강공 법으로 야유를 보내는 방향

을 노려보거나 야유를 상대방에게 되돌려주는 방법도 있습니다. 가벼운 유머나 큰소리로 연설을 하는 방법도 생각해 볼 수 있습니다. 그리고 야유를 보내면 잠시 중단하고 야유를 보내는 방향을 향해 여유 있는 미소를 지으며 야유가 끝나기를 기다린 후 다시 연설을 시작하는 방법도 있습니다. 중요한 것은 어떤 경우에도 흥분하지 말아야 한다는 것입니다.

맺는 말

사회자 : 협동조합의 탄생부터 시작하여 협동조합기관, 조합장선거 및 조합원 만족경영전략, 조합을 위한 중앙회사업 등 디지털시대 농업·농촌·지역의 지도자인 농협의 임원 및 조합장이 갖추어야 할 소양 등에 대해서 오랜 시간 말씀해주셨습니다. 이제 마무리를 해야 될 것 같습니다.

신인식 : 2023년 3월 8일 농협·산림조합·수협 등 1,300여 조합의 조합장 동시선거가 있습니다. 현직 조합장뿐 아니라 조합의 임원 및 조합원 중에서 조합과 조합원을 위해 봉사하겠다는 일념으로 출마를 결심할 것입니다. 그러나 다양한 사업과 조합원의 다양한 요구에 부응하기가 쉽지 않을 것입니다. 그러므로 디지털시대 농업·농촌·지역의 리더인 조합장과 임원의 조합경영능력과 조합원만족도제고 역량을 높이는데 조금이라도 도움이 되는 글로서 이론에 치우치지 않고 실천적이며 쉽게 읽을 수 있는 책이 되도록 노력하였습니다.

사회자 : 조합장은 열정만 가지고 되는 것이 아니라 협동조합의 원리 및 경영능력뿐만 아니라 농업·농촌·지역의 리더로서 다양한 소양

을 가져야 된다는 말씀이지요. 전반적으로 간략하게 요약해 주시지요.

🔄 **신인식** : 조합장 직선제도는 이제 안정화 단계에 들어섰습니다. 조합장이 되려면 가장 우선적으로 조합원으로서 경제사업 이용금액이 조합원평균이용금액의 40/100 이상을 선거공고일 전일까지 1년(2년) 이상을 유지하여야 하는 등 기본적인 자격을 갖추어야 할 것입니다. 그리고 기부행위 제한 등 선거운동제한에 대해 구체적으로 숙지하여 위반하지 않도록 주의하여야 할 것입니다. 초선조합장 비율이 40%를 상회하는 것을 보면 현직 조합장이 반드시 유리한 것만은 아니라고 볼 수 있습니다. 현직 조합장이나 처음 출마자나 결코 조합장이 되는 것이 쉽지는 않을 것입니다.

조합장은 조합원 구성 변화 등 협동조합 사업 환경변화를 이해해야 조합경영에 도움이 될 것이며, 조합원의 다양한 요구를 파악하여 조합원 만족경영전략을 세우고 실천하여야 하겠습니다. 조합원 및 임직원의 의견도출 및 집약을 위한 회의 등에 대한 기술도 익혀야 할 것입니다.

무엇보다 중요한 것은 조합장과 임원이 되려면 조합원의 지지를 얻어야 하겠지요. 지지를 받기위해서는 조합원에게 신뢰를 주어야 합니다. 신뢰관계는 단기간에 형성될 수 있는 것이 아닙니다. 지식을 갖추어 조합경영능력이 있다는 자질과 조합원을 위해 봉사한다는 봉사자세 즉, 조합경영도 잘해야 하고 조합원에게 봉사할 자세가 되어 있다는 신뢰를 주어야 할 것입니다. 이를 위해 이 책이 조금이나마 도움이 되기를 바랍니다.

협동조합 발전에 열성을 가지는 모든 분들의 건투를 빕니다!

디지털시대 조합원을 위한
조합장이 되는 길

인쇄 2022년 5월 16일
발행 2022년 5월 30일

지은이 | 신인식
발행인 | 이낙용

발행처 | 도서출판 범한
출판등록 | 1995년 10월 12일(제2-2056)
주소 | 10579 경기도 고양시 덕양구 통일로 374 우남A 101-1301
전화 | (031) 976-6195
팩스 | (02) 6008-9167
메일 | bumhanp@hanmail.net
홈페이지 | www.bumhanp.com

정가 25,000원 **ISBN** 979-11-5596-200-8 [93320]

* 잘못 만들어진 책은 구입하신 곳에서 바꾸어 드립니다.
* 이 책의 무단 전재 또는 복제 행위는 저작권법에 의거,
  5년 이하의 징역 또는 5,000만 원 이하의 벌금에 처하게 됩니다.